基于图画书阅读的儿童友好课程生成与发展

浦东新区靖海之星教育集团　编著

图书在版编目(CIP)数据

基于图画书阅读的儿童友好课程生成与发展 / 浦东新区靖海之星教育集团编著. -- 上海：文汇出版社，2024.12. -- ISBN 978-7-5496-4455-1

I. G613.2

中国国家版本馆CIP数据核字第2025CW3550号

基于图画书阅读的儿童友好课程生成与发展

编　　著 / 浦东新区靖海之星教育集团
责任编辑 / 张　涛
封面装帧 / 梁业礼

出　版　人 / 周伯军
出版发行 / 文汇出版社
　　　　　　上海市威海路755号　（邮政编码：200041）
经　　销 / 全国新华书店
排　　版 / 南京展望文化发展有限公司
印刷装订 / 启东市人民印刷有限公司

版　　次 / 2024年12月第1版
印　　次 / 2024年12月第1次印刷
开　　本 / 720mm×1000mm　1/16
字　　数 / 400千字
印　　张 / 22.25

ISBN 978-7-5496-4455-1
定　　价 / 80.00元

· 版权所有　侵权必究 ·

本书编委会

丁惠芳　唐叶红　姚　红

倪红心　石　丽　季春华

储展宏　刘　红　邵兰红

目录

第一部分 研究报告

基于图画书阅读的儿童友好课程生成与发展……………………丁惠芳 / 003

第二部分 经验论文

基于"本源"开展图画书"多元"阅读的探索
　　——以绘本《小海螺和大鲸鱼》为例………………………陆　叶 / 025
借助图画书阅读培养小班幼儿归属感的活动设计思考
　　——以图画书《抱抱》为例…………………………………徐　琳 / 032
以图画书为载体，多途径开展自然探究活动的实践与思考
　　——以中班主题活动"遇'稻'一粒米"为例………………冯　怡 / 039
在图画书阅读情境中培养儿童关爱行为的实践研究……………朱春萍 / 047
以绘本为载体的大班幼儿生态文明教育实践探究
　　——以《一条大河》为例……………………………………黄诗婷 / 055
"1+N"模式下亲子成语故事阅读新探……………………………付　佳 / 062
儿童友好视角下家园协同开展图画书阅读的实践………………王玉英 / 069
图画书阅读在儿童户外友好探究活动中的实践
　　——以小班"落叶"为载体…………………………………王天治 / 075
图画书阅读助力幼儿情感教育的实践探究………………………陈　茜 / 082

在体验式阅读活动中培养中班幼儿的情绪管理能力……严荪佳 / 085
小班儿童友好图画书的选择初探……陈晓燕 / 091
图画书共读，促进幼儿情绪管理能力发展
　　——以师幼共读图画书活动"情绪小怪兽成长记"为例……沈　蕾 / 096
以绘本为载体，培养幼儿积极情绪的实践探索……乔华红 / 100
儿童友好视角下大班多元阅读环境的实践与思考……沈妮丽 / 109
儿童立场下以图画书为载体开展安全教育的实践研究……唐页页 / 113
基于儿童友好的托班幼儿图画书"乐阅读"活动实践……戚佳妮 / 121
依托国风图画书探索班本化德育活动……龚　凤 / 127

第三部分　课　程　故　事

"莓"好之旅
　　——基于图画书阅读开启幼儿的自然探究之旅……谈军妹 / 137
向日葵笑了
　　——基于图画书阅读的自然角探究活动……赵秀梅 / 149
哇！水母……庄雪红 / 156
即将到来的"小宝宝"……王佩蓓 / 162
小小蚂蚁大力士
　　——"立足儿童，探秘自然"图画书阅读故事……周佳怡 / 168
守护童心，共享阅读
　　——以《别让太阳掉下来》阅读分享会为例……庄琳琳 / 173
遇见蒲公英……瞿　萍 / 183
妈妈，我来帮你吧
　　——一个关于劳动节的阅读活动故事……姜黎婷 / 187
"豆"趣横生
　　——由图画书《蚕豆大哥的床》引发的种植活动……严婉婉 / 192
小小人儿为爱行动……王　微 / 197
遇见，地上的小精灵……陈鑫舟 / 202

| 哟呵！韭菜呀！ | 徐晓琳 / 206 |
| 我是京剧小达人 | 陈　琳 / 209 |

第四部分　活动案例

"兔"然遇见你	谈冰洁 / 217
用"绘本"点亮分享之路	张　丽 / 222
土豆，我的土豆	
——图画书阅读助推幼儿友好种植探究	孙红卫 / 226
图画书与艾草的视觉交响：探索艾草的多元魅力	冯　怡 / 233
我们的"菇"事	诸丽君 / 237
寻找好朋友	程　琳 / 244
果实与种子：孩子的自然探秘之旅	
——从师生共读图画书《果实是种子的旅行箱》说起	施光美 / 248
"美言美语"促成长	
——从"脏话"到"有魔力的话"的转变	张佳闻 / 254
面食之旅	曹颖莹 / 259
合作的学问	唐舒芸 / 263

第五部分　活动方案

小班

我爸爸超级厉害	曹晨洁 / 269
小蓝和小黄	袁　霖 / 271
最好吃的蛋糕	倪　清 / 274
脸，脸，各种各样的脸	李淑雯 / 276
小兔的连衣裙	赵紫杰 / 279
神奇的连衣裙	施光美 / 282
温暖的围巾	徐桃慧 / 284

妈妈抱抱我……………………………………………… 钟丽杰 / 287
迎春花开………………………………………………… 郁燕华 / 289
你来帮帮我，我来帮帮你……………………………… 祝丹芸 / 292

中班

猜猜我有多爱你………………………………………… 唐云霞 / 295
奶奶的青团……………………………………………… 陶仕娴 / 297
鼹鼠爸爸的鼾声………………………………………… 茅庆花 / 300
善平爷爷的草莓………………………………………… 谈军妹 / 303
挤一挤，让一让………………………………………… 沈诗瑜 / 306
果实是种子的旅行箱…………………………………… 夏　洁 / 309
谁偷吃了包子…………………………………………… 严钦君 / 312
西瓜和蚂蚁……………………………………………… 胡时敏 / 314
我也要搭车……………………………………………… 金　致 / 316

大班

温情的狮子……………………………………………… 茅庆花 / 319
种子的旅行……………………………………………… 闵　英 / 322
花娘谷…………………………………………………… 傅熙哲 / 325
大熊抱抱………………………………………………… 钟丽杰 / 328
意想不到的动物朋友…………………………………… 吴雨萌 / 331
爱心树…………………………………………………… 朱亦非 / 334
叼来的收获……………………………………………… 叶金频 / 337
花婆婆…………………………………………………… 王玉英 / 340
彼得的椅子……………………………………………… 赵　倩 / 342
收集东　收集西………………………………………… 沈嘉敏 / 344
我不想生气……………………………………………… 沈嘉敏 / 347

第一部分

研究报告

基于图画书阅读的儿童友好课程生成与发展

丁惠芳（上海市浦东新区靖海之星幼儿园）

一、引言

（一）研究背景

1. 政策背景

国家发展和改革委员会在《关于推进儿童友好城市建设的指导意见》中提出，儿童友好城市建设是一个全面且系统的过程，它涉及为儿童提供适宜的成长条件、环境和服务，以确保儿童的生存权、发展权、受保护权和参与权得到切实保障。儿童友好城市建设的总体要求包括坚持以人民为中心的发展思想，坚持以立德树人为根本，坚持儿童优先发展，从儿童视角出发，以儿童需求为导向，以儿童更好成长为目标。这涉及完善儿童政策体系，优化儿童公共服务，加强儿童权利保障，拓展儿童成长空间，改善儿童发展环境。

在推进儿童友好城市建设中，有以下几个关键的方面需要关注。

（1）社会政策友好：推动儿童优先发展，制订城市经济社会发展规划时优先考虑儿童需求，推进公共资源配置优先满足儿童需要，并在城市发展重大规划、政策、项目决策中引入儿童影响评价。

（2）公共服务友好：包括支持发展普惠托育服务、促进基础教育均衡发展、加强儿童健康保障、服务儿童看病就医和医疗保障、丰富儿童文体服务供给。

（3）权利保障友好：关爱孤儿和事实无人抚养儿童，推进残疾儿童康复服务，加强困境儿童分类保障。

（4）成长空间友好：推进城市公共空间适儿化改造，改善儿童安全出行体验，拓展儿童人文参与空间，开展儿童友好社区建设，开展儿童友好自然生态建设。

（5）发展环境友好：优化儿童健康成长的社会环境，包括家庭、学校、网络和社区等多个层面。

通过这些措施，可以确保儿童友好理念深入人心，并逐步成为全社会共识和全民自觉，从而为儿童创造一个更加美好的生活环境。

2. 课程背景

源于"慧阅读"课程实践的基础。一是幼儿阅读路径从模糊到固化的探究。幼儿的一日活动是孩子阅读的基本路径。结合每一个环节的特点，我们把孩子的阅读路径在生活、学习以及环境和亲子活动中重点实践。二是阅读方式从单一到"五慧并举"的实践。慧：本义聪明、智慧，具有形容词性，如慧齿、慧目。为此，将慧延伸为慧眼、慧耳、慧齿、慧手、慧心不同的学习方法，融入我们的慧阅读课程。慧眼：灵秀双眼会观察。慧耳：灵敏双耳会倾听。慧齿：灵慧口齿会表达。慧手：灵巧双手会创造。慧心：聪慧之心会感悟。五慧并举、自由组合、各有侧重、相互融通。三是阅读内容从书面走向对生活、社会的探索。孩子的阅读是声情并茂、活色生香的，因此，在前十年的阅读实践中，我们不仅进行图画书的阅读，还充分利用乡村区域特有的阅读资源，积极开展生活中阅读与社会中阅读的实践。

3. 实践背景

源于儿童友好课程的探索。在全社会对儿童友好发展关注度不够的前提下，我园将在原有实践的基础上，进一步深化"图画书"阅读的教育价值，基于图画书阅读生成和发展"儿童友好"的课程，探讨儿童在真实社会环境中，是否能成为对同伴及成人、自然与动物友好的主体角色。从儿童视角出发，顺应儿童友好发展的理念，以"图画书"阅读为路径构建起儿童友好的发展空间，使之成为落实立德树人的一个有效载体。

（二）理论价值和实践意义

1. 更好促进儿童社会性发展

（1）为幼儿健全人格奠定基础。《3—6岁儿童学习与发展指南》中指出，"幼儿社会领域的学习和发展过程是其社会性不断完善并奠定健全人格基础的过程"，"人际交往和社会适应是幼儿社会学习的主要内容，也是其社会性发展的基本途径"；"幼儿在与成人和同伴的交往过程中，不仅学习如何与人友好相处，也在学习如何看待自己，对待他人，不断发展适应社会生活的能力"；并提出了与友好相关的目标，如愿意与人交往，能与同伴友好相处，具有自尊、自信、自主的表现。

（2）环境对幼儿社会性发展的影响。从环境心理学、儿童心理学和生命历程观等理论出发,人的行为与物质环境、心理环境、自然环境之间有密切关联,环境对于儿童这一群体的作用更加显著。童年期处在儿童友好的环境中,对个人的未来发展及地球的未来均会产生影响。因此,我们必须站在儿童立场,努力为儿童创设安全的、发展的、符合年龄特征的图画书阅读环境并提供适宜的各类设施设备。

2. 更好挖掘德育新途径

(1)大力发展儿童友好城市建设。联合国儿童基金会和联合国人类住区规划署共同发起儿童友好城市倡议,旨在推动全球各地更好地把儿童福祉融入社会发展和城市治理中。国家发展改革委在《关于推进儿童友好城市建设的指导意见》中提出,推进儿童友好理念融入城市规划建设,把儿童友好的理念向全社会推广,推动儿童友好理念深入人心。儿童友好主要关注以下两点。一是成长空间友好,就是要让城市空间适应儿童身心发展特点,做到安全、便利、亲近自然,为儿童成长营造良好的外部环境。二是发展环境友好,就是要聚焦儿童日常学习生活等场景,塑造健康、文明、向上的社会人文环境。

(2)以图画书为媒介开展儿童友好教育。图画书阅读作为儿童常见的学习方式,渗透在孩子的日常生活中。适宜的图画书和阅读活动有利于支持儿童全面个性发展,能够让儿童具备相应的知识、态度和技能,正确认识并管理情绪,树立并实现人生目标,关心他人,建立并保持良好的人际关系,做出负责任的决定,有效处理人际交往中出现的问题。把德育"儿童友好发展"融入儿童日常生活,家园社协同设计与开发图画书阅读课程,建立儿童与人、与自然、与动物之间的友好关系,为儿童道德文化素养及社会性培养营造理想的环境和氛围,让儿童友好教育根植于幼儿园、家庭、社会,从而为幼儿终身发展奠基。

二、研究综述

(一)核心概念界定

1. 图画书

图画书是一种结合了图画和文字的童书,它通过视觉艺术和语言艺术的结合,为儿童提供了一个丰富的叙事体验。图画书不仅是儿童早期阅读的重要工具,也是培养儿童想象力、创造力和审美能力的重要媒介。在儿童友好城市建设中,图画书可以作为推广阅读文化、提升儿童文化素养的重要资源。本研究将图画书的概念界定为一种以图画与文字相辅相成、共同叙事的童书。

2. 儿童友好

在儿童友好城市建设中,儿童友好是一个全面的概念,它涵盖为儿童提供一个适宜成长的环境,包括社会政策、公共服务、权利保障、成长空间和发展环境等多个方面,以确保儿童的生存权、发展权、受保护权和参与权得到充分保障。本研究基于教育环境视角,儿童友好指向基于儿童立场、尊重他们的权利与需求,通过创设对儿童友好的物质及人文环境,建立儿童之间、儿童与成人之间、儿童与自然和动物之间友好的关系,促进儿童健康和谐成长。

3. 基于图画书的儿童友好课程

基于图画书的儿童友好课程是一种以儿童为中心,旨在促进儿童全面发展的教育模式。它通过图画书这一媒介,为儿童提供了一个充满想象和创造的学习环境,同时也培养了他们的语言能力、审美情感和社会责任感。

(二)"儿童本位"故事教学法理论研究

故事法德育依托于故事教学法,与传统德育的最大不同是以儿童为中心。在"儿童本位"价值观的驱动下,实现故事教学与德育的有机结合。杜威(1896)的"儿童中心观"让儿童处于教学的中心,故事教学也应以儿童的兴趣作为中心,进行教学设计与教学生成。在更多地考虑幼儿个性特征的情况下进行故事教学,实现幼儿的私人订制。在故事教学运用方面,当代西方的一种文学批评模式"读者反应批评"(Reader Response Criticism)认为文学作品应该着重于读者的主观反应。罗宾森(Robinson)的"SQ3R"技术将会取得良好的效果。S是指Survey,阅览,幼儿自主阅读。Q是指Question,问题,向幼儿提问。3R是指Read、Recall、Review,阅读、回忆、复习,带着问题阅读、围绕问题进行教师讲解与幼儿讲述、深度理解、消化阅读材料。在幼儿故事教学法中,高宽课程的经验值得借鉴。幼儿与教师的关系不再是上下级,而应该是同伴。让孩子参与到课程的走向设计中,体验互助式的教学。美国高宽课程博士爱泼斯坦(2012)提出的语言领域教学策略为本研究提供了研究思路。为提高幼儿的理解力和叙事能力,教师引导幼儿进行的重复阅读、讨论、回顾、预测、表演等方法,是促进幼儿主动学习的教学策略。在故事教学法中应该提倡幼儿的主动参与,对图画进行解读,运用想象和文本、自我经验进行互动,体验阅读的成就感。故事法德育就是要将幼儿摆在首位,关注他们的阅读体验,引导他们大胆进行经验讲述,故事的工具性价值将被弱化,而幼儿在故事听赏、绘本阅读过程中的内在感受将会受到重视。从观念上来说,故事化德育正是"儿童本位"教育观之下的产物。

(三) 幼儿德育理论与实践研究

　　幼儿的道德发展一直都是被关注的焦点。1978年，由李伯黎教授领衔德育心理科研组跨15个以上地区进行研究，于1984年发表《儿童道德判断发展研究阶段报告》，其中运用了故事法进行道德判断测验，研究认为，6—9岁是客观判断转向主观判断的过渡时期，在犯错动机上，幼儿已经有了一定的发展。1995年，南京师大卢乐珍教授确立课题"当前我国道德启蒙教育研究"，并启示幼儿在家园表现存在差异，认为亲师德育行为应一致，并指出德育应突破陈旧性别角色的束缚。在当代以"幼儿德育"为研究点的著作有杨桂荣、王丽君主编的《幼儿教师德育预设技巧66招》，书中以给教师和家长提供相关德育建议为主要内容，介绍了家庭和幼儿园进行幼儿德育时的技巧、方式等。2014年，郑慧英主编的《幼儿教育学》作为幼儿教师专业理论书籍，介绍了幼儿的品德发展规律、内容及方法。书中明确了幼儿德育需要从幼儿、教师、家庭、家园合作等多方面出发进行研究，用潜移默化的方式支持幼儿品德发展。

(四) 用故事法进行德育的实践研究

　　以"幼儿德育""故事法"为关键词进行搜索，搜索到袭祥荣撰写的硕士论文《以童话为载体的幼儿园道德教育研究》和霍仙丽撰写的硕士论文《儿童道德教育中的故事法探析》两篇文章，袭祥荣以幼儿园教师为研究对象进行访谈，发现借童话进行幼儿园德育的弊端，并提出解决方法，这一研究思路为本文撰写提供了研究方向。

　　综上所述，当前大家都在关注儿童友好这个理念，也在实践中做尝试，但是实践成果比较少，并且很少有园所会在实践工作中使用图画书阅读来进行儿童友好教育这项工作。因此，我们开展这一工作在一定程度上能够弥补当前这一实践研究的空缺，能够为其他相关园所和实践提供参考与借鉴。

三、研究设计

(一) 研究目标

　　从儿童视角出发，以适合儿童年龄特点的图画书为资源，通过儿童友好主题环境的创设，探索实践儿童友好教育内容、阅读方法、指导方法以及教育途径，开展基于图画书资源的儿童友好教育活动，满足儿童友好发展的新需求，促进儿童全面、自主成长。

（二）研究内容

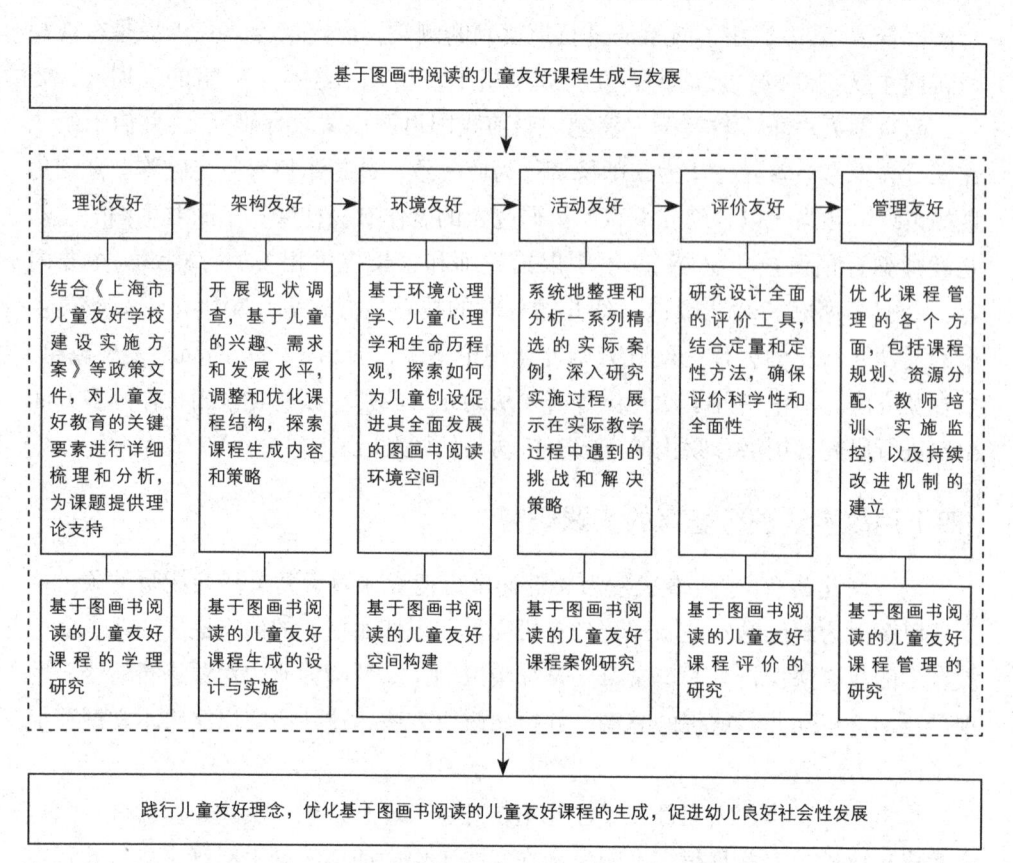

```
                    基于图画书阅读的儿童友好课程生成与发展
                                    ↓
    ┌──────────┬──────────┬──────────┬──────────┬──────────┬──────────┐
    │ 理论友好 │→│架构友好│→│环境友好│→│活动友好│→│评价友好│→│管理友好│
    └──────────┴──────────┴──────────┴──────────┴──────────┴──────────┘
```

理论友好	架构友好	环境友好	活动友好	评价友好	管理友好
结合《上海市儿童友好学校建设实施方案》等政策文件，对儿童友好教育的关键要素进行详细梳理和分析，为课题提供理论支持	开展现状调查，基于儿童的兴趣、需求和发展水平，调整和优化课程结构，探索课程生成内容和策略	基于环境心理学、儿童心理学和生命历程观，探索如何为儿童创设促进其全面发展的图画书阅读环境空间	系统地整理和分析一系列精选的实际案例，深入研究实施过程，展示在实际教学过程中遇到的挑战和解决策略	研究设计全面的评价工具，结合定量和定性方法，确保评价科学性和全面性	优化课程管理的各个方面，包括课程规划、资源分配、教师培训、实施监控，以及持续改进机制的建立
基于图画书阅读的儿童友好课程的学理研究	基于图画书阅读的儿童友好课程生成的设计与实施	基于图画书阅读的儿童友好空间构建	基于图画书阅读的儿童友好课程案例研究	基于图画书阅读的儿童友好课程评价的研究	基于图画书阅读的儿童友好课程管理的研究

践行儿童友好理念，优化基于图画书阅读的儿童友好课程的生成，促进幼儿良好社会性发展

图1　基于图画书阅读的儿童友好课程生成与发展研究框架图

1. 理论友好——基于图画书阅读的儿童友好课程的学理研究

本课题将深入探究儿童友好的核心内涵及其在教育实践中的具体表现维度。儿童友好的概念着重于保障儿童的生存权、发展权、受保护权和参与权，为儿童提供全面发展的支持环境。

本研究将从这些权利的角度出发，结合《上海市儿童友好学校建设实施方案》《上海市学前教育课程指南》《3—6岁儿童学习与发展指南》以及《中华人民共和国家庭教育促进法》，对儿童友好教育的关键要素进行详细梳理和分析。

本研究在现有研究基础上，探讨如何将儿童友好的理论融入图画书阅读课程的生成与发展中，分析集团各成员校在园本特色课程结构中已有的研究成果、内容和经验，以及这些与集团课题研究内容的关联性。通过学理分析，构建具有连续性、关联性和生长性的友好课程内容体系。

具体来说，靖海之星教育集团各成员校将运用"显微镜"分析法研究园本特色课程内容内部的关键元素关联性，以形成完整的本园课程系统；同时，运用"放大镜"分析法来探讨集团课题研究内容与园本相关课程内容、特色研究内容之间的关联性，从而形成集团层面的友好课程研究体系；最后，运用"望远镜"分析法来探究子课题内容与相关领域内容、其他相关学科及幼儿广阔生活世界的结构性关联，旨在构建跨年龄段、跨领域、跨学科乃至跨文化的教育系统。通过这种结构性、整体性、系统性的关联思维，不断提升教师在友好课程生成方面的行动力，并进一步丰富和完善园本友好课程的建设内容。

这一部分研究内容将为基于图画书阅读的儿童友好课程的生成与发展提供坚实的理论框架和基础。通过对儿童友好的深入理解和应用，以及对教育实践中各关键要素的细致分析，构建全面、系统的理论体系。这一理论框架不仅有助于指导后续的实践活动，还将为课程内容的持续优化和创新提供理论支撑。

2. 架构友好——基于图画书阅读的儿童友好课程生成的设计与实施

本课题将通过问卷调查、访谈法，对集团内各成员校在图画书使用及课程生成方面的实践进行调查，梳理各园在使用图画书进行课程生成的现状，发现课程生成中的薄弱点和挑战，找到课程生成改进的方向和切入点。问卷将包含定量问题（五点量表评分）和定性问题（开放式问题），捕捉教师在图画书使用和课程创生方面的深层见解与实际需求。根据调查的现状分析找准问题所在，设计并实施以下课程关键要素。

（1）儿童友好的视角下"阅+"课程内容的研究

本课题将探索如何基于儿童的兴趣、需求和发展水平，不断调整和优化课程结构与内容。本研究将着眼于"阅+"模式的课程目标体系的进一步定位和系统构建，探讨如何将共同性课程与选择性课程有效整合，使之相互融合，更好地适应幼儿的全面发展。本研究将基于儿童立场，确立"阅+"课程目标。在明确目标系统基础上，对课程目标进行具体化，对课程内容进行筛选、调整和扩充，建立"儿童与自己""儿童与他人""儿童与自然""儿童与环境"四个课程板块，探索基于图画书阅读的儿童友好课程的生成与发展。

（2）基于图画书阅读的儿童友好课程策略的研究

本研究将结合以下两个视角，探索课程生成策略，包括如何选择和利用图画书，以及如何根据儿童的年龄和发展水平，设计符合儿童友好原则的环境和教学方法。幼儿园将重点关注活动的互动性和教育性，确保课程内容既吸引儿童参与，又促进其全面发展。从儿童视角出发，本研究将深入分析中国传统图画书中的故事内容，特别是那些展示儿童之间、儿童与成人、儿童与自然、儿童与环境和谐相处的故事，支持儿童在理解和实践和谐共处的价值观方面的发展。

3. 环境友好——基于图画书阅读的儿童友好空间构建

本研究将基于环境心理学、儿童心理学和生命历程观，探索如何为儿童创设促进其全面发展的图画书阅读环境空间。包括设计能够调节高低的图书架、电子阅读器，以及提供与当前主题内容匹配的丰富图书资源和互动设备。此外，幼儿园将重视心理环境的营造，建立互相尊重、信任、帮助、体谅、鼓励、配合、亲近的氛围，支持儿童在安全、发展性和符合年龄特征的环境中成长。

4. 活动友好——基于图画书阅读的儿童友好课程案例研究

本课题将通过系统地整理和分析一系列精选的实际案例，深入研究基于图画书阅读的儿童友好课程的实施过程。

案例将涵盖课程的具体建构、实施和评价等多个方面，展示如何在幼儿园环境中将图画书有效融入教学。

案例分析将重点关注教师如何选择适合不同年龄段和发展水平儿童的图画书，如何设计与图画书内容相匹配的教学活动，以及如何在课程中实现儿童友好的教育理念。

此外，案例分析还将展示在实际教学过程中遇到的挑战和解决策略，例如如何处理儿童之间的互动、如何评价和反馈儿童的学习进展，以及如何调整和优化课程以更好地适应儿童的需求。通过这些具体案例的展示和分析，形成辐射效应，为基于图画书阅读的儿童友好课程的有效实施提供有力的理论和实践指导。

5. 评价友好——基于图画书阅读的儿童友好课程评价的研究

（1）评价工具

针对"基于图画书阅读的儿童友好课程评价的研究"，评价工具的设计是关键环节。本研究旨在开发一系列科学、有效且专门针对图画书阅读课程的评价工具，全面准确地衡量课程对儿童各方面发展的影响。

教学观察表：教学观察表作为过程性评价工具，用于细致记录和评估儿童在基于图画书阅读的友好课程中的表现与进步。教学观察表专注于捕捉儿童在课堂上的具体行为和互动，为教师和研究人员提供关于课程实施效果的直接见解。教师在课程实施过程中实时填写，以确保所收集的信息准确、及时，有助于及时捕捉和响应儿童的学习需求与反馈，为课程的持续改进提供宝贵的数据支持。

评价指标：用于结果性评价的指标将包括定期的综合评估，依据《上海市幼儿园办园质量评价指南（试行稿）》《3—6岁儿童发展观察指引》《中国学生核心素养》等材料，制定幼儿评价指标，每学期两次由教师对幼儿进行全面评价。

（2）评价方法

本研究将结合定量和定性方法来收集与分析数据，确保评价过程的科学性和全面性。首先，定量评价方法将包括标准化测试和统计分析，量化儿童在课程中的学习成果。这可能包括对儿童的语言能力、认知发展、社交技能等方面的评估，通过标准化的评估工具来收集可比较、可量化的数据。其次，在定性评价方面，研究将采用案例研究和焦点小组讨论等方法。案例研究将允许我们深入探索个别儿童或特定教学活动的具体情况，以获得更深层次的理解。焦点小组讨论则可以集中在教师、家长或儿童身上，收集他们对课程的看法和体验，从而提供更为丰富的洞见。

（3）评价对象

课程的效果主要通过幼儿的发展、教师行为这两方面做出评价。幼儿的发展：掌握与课程有关的具体知识的情况，在学习活动过程中的态度、方法、行为方式等。教师的行为：从设计、准备直到实施每一个阶段所进行的各项教育教学工作，包括工作的技巧和态度。

幼儿的发展评价：本研究将综合考察幼儿在接受基于图画书阅读的儿童友好课程后各方面的表现。首先，我们将关注幼儿对课程内容的掌握程度，包括他们对图画书中具体知识点的理解和记忆。其次，评价还将涵盖幼儿在学习活动过程中的态度、方法和行为方式，例如他们参与活动的积极性、与同伴的互动情况、问题解决和创造性思维的展现等。此评价旨在深入理解课程对幼儿认知发展、社交技能、情感表达和创新能力等方面的具体影响。

教师行为的评价：本研究将从课程设计、准备到实施的每个阶段，全面审视教师的教育教学工作。这包括教师在选择和使用图画书时的专业判断，课程活动的设计创新性，教学材料的准备充分性，以及课堂管理和师生互动的效果。此外，还将关注教师在实施图画书阅读课程过程中所展现的工作技巧、教育态度和对学生需求的响应能力。通过对教师行为的评价，我们将能够全面了解教师在实施儿童友好课程中的能力和效果，以及他们在课程实施过程中可能面临的挑战和需要进一步培训或支持的领域。

（4）评价内容

课程方案的评价：各集团成员校在比较选择课程时，对备选课程方案的课程理念、课程结构、课程资源等要素的科学性、合理性、可操作性等特点进行分析和判断。方案及方案中的各个要素、部分是否依据了科学的原理、原则，是否以先进的课程理论为指导；课程结构是否合理，各要素之间是否具有较高的内部一致性，是否符合原先的指导思想。

课程实施过程的评价：了解幼儿在课程活动中的反应（主动性、参与程度、情绪等），教师的态度和行为（对儿童的控制程度、管理方式、教育机制和技巧等），师幼互动的质量，学习环境（条件和利用方式）等。

课程实施效果的评价：课程的效果主要通过幼儿的发展、教师行为这两方面做出评价。幼儿的发展：掌握与课程有关的具体知识的情况，在学习活动过程中的态度、方法、行为方式等。教师的行为：从设计、准备直到实施每一个阶段所进行的各项教育教学工作，包括工作的技巧和态度。

6. 管理友好——基于图画书阅读的儿童友好课程管理的研究

本课题将优化课程管理的各个方面，包括课程规划、资源分配、教师培训、实施监控，以及持续改进机制的建立，重点研究如何高效管理和利用教育资源，包括图画书的选择和采购、教学空间的布局和环境设计，以及相关教学辅助材料的配置。此外，本研究还将探讨教师培训和专业发展计划的设计，提升教师在实施图画书阅读课程方面的能力和信心。同时，园所将建立持续改进机制，通过定期评估和反馈循环，不断优化课程内容和教学方法，确保课程的长期有效性和持续性发展，为基于图画书阅读的儿童友好课程提供坚实、高效的管理框架。

（三）研究方法

1. 文献法：了解现有理论基础

通过查阅、研究有关文献资料，收集国内外关于图画书阅读、儿童友好教育等方面的文献，为本研究提供一定的理论基础，并在分析总结已有研究的基础上，提出本研究的研究方向。

2. 问卷调查法：了解儿童友好发展现状

通过对家长进行问卷调查，了解家长对儿童友好现状的评价、对儿童友好教育的看法、家庭教育中进行儿童友好教育的具体情况，分析家园合作可能对儿童友好发展的影响。

3. 访谈法：了解儿童友好发展现状

（1）以儿童为访谈对象。分别对小、中、大班儿童进行访谈，了解儿童对友好的理解，了解可能影响儿童友好教育的因素。

（2）以教师为访谈对象。分别对小、中、大班老师进行深入的开放式访谈，重点了解教师对儿童友好教育的理解、观念和儿童友好教育实施的情况来分析可能影响儿童友好教育现状的因素。

4. 观察法：了解儿童与教师在友好教育过程中的信息

对儿童在园一日生活进行观察，了解儿童对同伴、对自然等相关友好行为的信息；了解教师对儿童友好行为的态度、认识及相关教育方法。

5. 行动研究法：实施儿童友好教育活动生成课程

对基于图画书阅读的儿童友好发展的教育内容、幼儿阅读方法、实施途径及指导方法进行实践研究，通过不断调整与完善研究过程，促进儿童友好教育的实施。

四、研究过程

（一）基于图画书阅读生成儿童友好发展的计划设计

1. 组织全体课题组成员设计课题的研究目标、研究内容、研究思路、研究方法，完成课题计划方案。

2. 明确课题实施进度安排（每月工作重点、研究内容、责任人）。设计制作课题实施计划表、调查问卷。

（二）基于图画书阅读生成儿童友好发展的现状调查

我们采用问卷调查与现场访谈相结合的方式，收回有效问卷832份，对问卷进行汇总分析后得出如下结论。家庭成员对图画书阅读不够重视，经常阅读的占48.6%，参与者多为孩子的母亲，占比78%；教师和家长对儿童友好发展的认识不全面，觉得这是入小学后的事情；无论是幼儿园还是家庭中，儿童友好发展教育的内容、途径、方法单一。

（三）基于图画书阅读生成儿童友好发展的主题图书馆创设

成立独立的图画书阅读室，以儿童友好发展为主题，定期增加图画书数量和丰富种类，增加各类设施设备，包括适合儿童阅读的电子产品、书柜、空调、灯光、地毯、朗读亭、空调等。

（四）基于图画书阅读生成儿童友好发展内容的实践探索

随着新时代发展的到来，社会、家庭提供的大量案例体现了对"友好"内涵的新认知。在古典研究中，友好体现的更多是人与人之间的关系，但现如今"友好"已经发生了极大的内涵上的拓展。"儿童友好发展"实施具体化，行为发展习惯化。我们把友好化作具体的一种行为，同时，要将"友好发展"培养成一种习惯，内化于心，外化于行。

儿童友好理念下幼儿园基于图画书阅读的"儿童友好"课程内容建构包含两个基本维度，即在具体内容上以大自然、大社会中的人、事、物为对象，以及在实践方式上凸显图画书的重要价值。"儿童友好"课程强调内容要具有真实性、多样性和持续性，必须将课程内容建立在幼儿亲身经历的现实生活基础之上。此外，"儿童友好"课程所依托的图画书内容要能契合幼儿对积极情感体验的需求，建构属于儿童自己而非成人的课程内容。

课程的内容可以从儿童同伴、成人、自然环境三个维度来构建，以便幼儿在与人、社会环境、自然环境的接触和互动中更好地实现其在社会性适应及健全人格等方面的发展。

从幼儿体验和探究的需要出发，"儿童友好"课程应该在大的友好概念下将家园社不同的资源纳入课程内容建设体系，通过这三条途径共同作用，将与孩子生活生长有关的所有环境高度密切联系来实现儿童友好行为的发展，通过建立儿童发展生态圈的共同价值观，最终形成共同促进儿童发展的良好环境，为儿童道德文化素养及社会性培养营造理想的环境和氛围，让儿童友好教育根植于幼儿园、家庭、社会，从而为儿童终身发展奠基。

1. 开展基于图画书阅读生成儿童友好发展教育内容的探索

根据儿童友好的课程目标即帮助儿童建立与儿童之间、成人之间、自然之间的友好关系，以适合儿童年龄特点的图画书为资源，开展符合儿童兴趣、适宜儿童发展需要的教育活动。基于儿童的经验和需要，以儿童生活中的实际问题为核心进行建构，在与儿童的互动中逐步形成互相尊重、互相关心、互相帮助、和睦友好四个课程内容板块，每一个板块有明确的主题内涵和子主题：互相尊重系列将尊重教育作为友好的核心内容，包含儿童对自己、对成人和对自然环境中其他物种的尊重；互相关心系列包括关心自己、关心他人、关心动物等方面；互相帮助系列包括帮助自己学会收获、帮助他人获得快乐、帮助集体学习成长等方面；和睦友好系列是幼儿能够在日常生活中与周围人建立宽松和谐的关系，包括同伴关系、母子父子关系、朋友关系等。

（1）互相尊重系列：尊重教育是友好的核心内容，包括人对自己、人与人之间的尊重和人对自然环境中其他物种的尊重。

① 学会尊重自己；

② 学会尊重他人；

③ 学会尊重自然和动物。

（2）互相关心系列：包括关心自己、关心他人、关心动物等方面。

① 关心自己；

② 关心身边的人；

③ 关心身边的大自然、动物。

（3）互相帮助系列：互相帮助是人际交往的重要形式，是儿童学习社会交往的初始阶段。

① 帮助自己学会收获；

② 帮助他人获得快乐；

③ 帮助集体学习成长。

（4）和睦友好系列：和睦友好是幼儿能够在日常生活中与周围人建立宽松和谐的关系，包括同伴关系、母子父子关系、朋友关系等。

① 我和小伙伴；

② 我和爸爸妈妈；

③ 我和好朋友（动物朋友、大自然里的朋友）。

2. 开展基于图画书阅读生成儿童友好发展阅读方法的实践

基于我们对儿童阅读过程的长期观察发现，孩子每次阅读图画书没有固定的方法，他们会根据图画形象，以及它们之间发生的事件的有趣或紧张程度，产生不同的状态，如开心、难受、焦虑等，从而自言自语，或找朋友一起分享，或反复阅读。李林慧、周兢等教授在"学前儿童图画故事书阅读理解研究"中得出结论，4—6岁汉语儿童对图画故事书中图画形象、事件行动和角色状态的理解水平随年龄增长而显著提高；儿童对图画故事书的理解遵循由图画形象到事件行动再到角色状态的发展顺序，对图画形象的理解是儿童理解相关事件行动和角色状态的基础。因此，儿童友好发展阅读方法是伴随儿童通过观察图画形象而理解图画书内容的整个认知过程。

方法一：找到关键角色法。是否能找到同一个角色在不同画面的变化。

例：《小金鱼回家》（大班）——找一找图画书里小金鱼在迷路过程中的状态变化。（图2）

一条迷路的小金鱼，非常渴望回到自己的家，它一路寻找。路上遇到了帮助，也遇到了危险，在善意与危险并存的大河里，它学会了互相帮助，也学会了坚强勇敢。

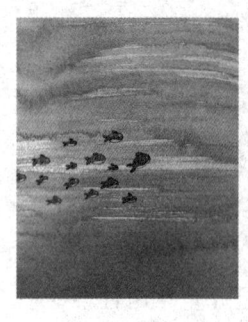

1. 主人公出现 　　2. 与家族走散 　　3. 寻求青蛙帮忙 　　4. 寻求虾帮忙

5. 寻求螃蟹帮忙   　　　　　　　　　　　　　　6. 发现危险降临

7. 回头通知朋友们危险 　　8. 难过没有找到家族 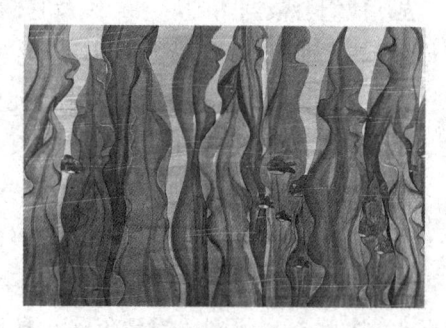　　9. 在朋友们的帮助下找到家族

图2

方法二：理解关键情节法。是否理解了角色之间发生的事件，以及不同角色的行动轨迹。

例：《老鼠嫁女》（大班）——设计一张图画书里的角色关系图。（图3）

老鼠爸爸决心为女儿挑选一位天底下最厉害的伴侣。他的候选人包括无所不能的太阳、遮天蔽日的乌云、力大无穷的大风和固若金汤的围墙，可最终却得到一个令人哭笑不得的答案：猫比他们都厉害。

太阳——害怕乌云
乌云——害怕大风
大风——害怕围墙
围墙——害怕老鼠
老鼠——害怕猫
选择猫→结果
《老鼠嫁女》角色关系

图3

方法三：发现关键细节法。是否能发现画面上不易被发现的符号或者标记。

例：《小鼹鼠安安》（小班）——找出一本图画书里的细节标志图。（图4）

不要把自己的内心封闭起来，要学会走出去与人交流沟通。和其他人交朋友，你便会收获很多快乐。

1. 鼹鼠独自写生　　2. 画花时蝴蝶出现　　3. 鼹鼠不高兴

4. 选择离开　　5. 画树时鸟出现　　6. 鸟和树都很开心

7. 鼹鼠选择离开　　8. 朋友与鼹鼠打招呼　　9. 鼹鼠不再排斥　　10. 两人相处愉悦

图4

3. 开展基于图画书阅读生成儿童友好发展阅读指导方法的实践

周兢教授的很多研究结果告诉我们，在教育与干预实践中，我们首先需要帮助儿童观察与理解图画故事中的图画形象，在此基础上进一步帮助他们理解相关的事件行动和角色状态；其次要考虑图画对儿童注意力的影响，引导儿童关注承载了关键内容信息但是不太容易引起注意的图画形象；最后应事先对儿童图画书阅读材料进行分析，把握儿童理解图画书的关键信息，注意儿童阅读理解可能存在的难易点，以便有针对性地指导儿童的阅读。

方法一：情节导向法。根据图画书中的角色、情节、时间和情感等线索，指导幼儿理解图画和语言符号图画书进行精读。

方法二：问题探究法。结合科学探索类的图画书，以孩子提出的问题为主线，师生共同探寻答案。在此过程中，通过老师的引导，帮助孩子在图画书阅读中有所获得，促进儿童友好发展。

方法三：讨论互动法。根据图画书里的情节矛盾点，进行师生、生生之间的讨论、辩论等互动活动，帮助孩子学会清晰表达意见，以及发现问题、质疑问题、提出问题的能力，并展开寻找答案的探索活动。

4. 开展基于图画书阅读生成儿童友好发展途径的实践

儿童友好发展教育的途径，首先是幼儿园教育，其次是家庭培育，最后是家园共育。通过这三条和孩子生活生长环境高度密切相关的途径共同来实现儿童友好行为的发展。

家庭是幼儿生活的主要场所，友好培育环境对幼儿是直接发生作用的；幼儿园开展的各类图画书阅读亲子教育活动以指导类和体验类的为主，活动的环境布置和互动环节的安排都需要精心设计；家园共育共同发挥各自的教育优势，才能真正达到"友好发展"的目的。

途径一：幼儿园教育

（1）创设儿童友好发展环境。

（2）引导儿童友好行为改善。

（3）开展儿童友好发展学习活动。

途径二：家庭培育

（1）营造和谐家庭氛围。

（2）借助社会环境开展家庭教育。

（3）亲子游戏助推家庭培育。

途径三：家园共育

（1）发挥幼儿园主导作用，建立家庭与幼儿园合作教育意识。

（2）顺应时代发展潮流，丰富家庭与幼儿园合作形式。

（3）整合社会资源，促进幼儿家庭友好教育的发展。

五、"基于图画书阅读的儿童友好课程生成与发展"成效初显

（一）实现了三个拓展

"友好"是中国传统的道德理念，我们通过幼儿园教育、家庭培育及家园共育，为儿童道德文化素养的培养营造理想的环境和氛围，实现了三个拓展。

一是教育内涵的拓展。幼儿友好的对象从自己与同伴拓展到对自己、对自然和动物的尊重、关心、友爱等内容。

二是教育场所的拓展。从幼儿园与家庭分割的教育状态，到幼儿园、家庭、社会和幼儿之间建立了关系，使其达到一个相互联系的"三育"状态，凸显亲子教育的价值，形成了一个共生共长的大空间。

三是教育方法的拓展。从成人的教育角度到基于幼儿发展优先的视角，我们不断探索适合孩子当前经验和兴趣的儿童阅读与指导方法。

（二）助推了儿童成长

1. 情感和社交技能的发展

儿童友好课程的不同主题对于幼儿的情感与社交技能发展有显著影响。如相互尊重主题下的图画书提供的角色和情境可以作为幼儿讨论情感与社交问题的基础，帮助儿童理解和表达自己的感受，以及理解他人的感受。这种共情能力的培养对他们的社交技能发展至关重要。相互关心主题下的图画书故事往往涉及不同角色的情感和观点，通过阅读，幼儿可以学习如何理解和感受他人的情感，从而培养同理心，理解和表达爱、友谊、同情等复杂的情感，尝试关心他人。此外，一些图画书中也会包含冲突和问题解决的情节，幼儿通过观察角色如何处理冲突，学习到解决社交问题的方法，通过故事中的角色学习如何与他人分享和合作。图画书中的正面角色可以成为幼儿的行为模范，幼儿通过模仿这些角色的行为，学习到积极的社交行为和习惯。

2. 价值观和文化认同的塑造

儿童友好课程下的图画书包含反映社会价值观和文化元素的故事，这有助于儿童形成正确的价值观和文化认同。在课程活动实施的过程中，儿童可以了解和尊重不同的文化与生活方式。

3. 满足儿童发展需求，助推终身学习

儿童友好课程强调内容的真实性、多样性和持续性，这意味着课程内容建立在儿童亲身经历的现实生活基础之上，提供与他们生活紧密相关的学习材料，从而提高学习的相关性和吸引力。且图画书内容契合儿童对积极情感体验的需求，通过故事中的正面角色和情节，儿童可以体验到成功、喜悦和爱，这些积极的情感体验对他们的情感发展至关重要。另外，儿童友好课程鼓励儿童成为学习的主人，通过图画书阅读和相关活动，儿童可以主动探索和学习，这种参与感和自主性是儿童终身学习的基础。

（三）创新了育德途径

1. 整合自然资源和社会文化

儿童友好课程内容以大自然、大社会中的人、事、物为对象，通过图画书中的故事和图像，引导幼儿理解和尊重自然，学习社会规则和文化传统。例如通过图画书《一条大河》等原创图画书，让幼儿了解中国的地理和文化，培养他们的爱国情感和文化自信。

2. 强调真实性、多样性和持续性

儿童友好课程内容建立在幼儿亲身经历的现实生活基础之上，反映真实的社会情境，提供多样的视角和故事，以及持续的德育主题。这样可以帮助幼儿在日常生活中实践和深化在图画书中学到的道德观念与行为规范。

3. 满足积极情感体验的需求

图画书内容契合幼儿对积极情感体验的需求，如友谊、爱、合作和分享等，通过故事中的角色和情节，让幼儿体验到这些积极情感，从而内化为自己的道德行为。

4. 亲子共读和社区参与

将幼儿育德的场所拓展到家庭和社区，通过亲子共读和社区阅读活动，让幼儿在家庭和社区环境中得到有效的道德教育。

5. 利用线上平台拓展教育空间

通过线上平台进行亲子友好教育，将幼儿育德的环境拓展到云端，实现线下和线上双通道教育。这种方式可以为幼儿提供更宽广的学习空间，增加教育的趣味性和互动性。

六、后续推进的思考

1. 开展"基于图画书阅读的儿童友好课程生成与发展"实践的图画书资源要基于儿童的现有经验和需要。

不同年龄阶段的幼儿,其身心发展的需求,以及认知、语言等方面的发展有一定差异。基于儿童现有经验和需要,选择儿童喜爱的图画书开展对应的主题活动,是成功阅读的基础。

生活经验贴合、内容以认知和趣味性为主、情节简单、结构重复,拥有简单角色形象和明显造型特征的图画书与小班幼儿的当前经验较匹配。

中班幼儿则偏向于那些以想象、幻想为主要内容、故事情节离奇的图画书,且图画书内的角色要性格鲜明、具有正面性,符合中班幼儿的认知特征。

大班幼儿喜欢主题偏向求知探索、内容富含知识性的图画书,故事情节须丰富且内容篇幅较长。

2. 开展"基于图画书阅读的儿童友好课程生成与发展"实践的主题形成要基于以下思考。

(1) 如何处理好主题带来的核心价值与孩子已有经验之间的关系?

(2) 儿童友好的内涵如何在主题目标中细化?

(3) 如何带着儿童友好的理念去欣赏新兴城市文化的美好?

第二部分

经验论文

基于"本源"开展图画书"多元"阅读的探索
——以绘本《小海螺和大鲸鱼》为例

陆　叶（上海市临港新城海音幼儿园）

《上海市学前教育课程指南》明确指出，图画书不仅是幼儿语言教育的重要资源，也是幼儿认知、情感、个人品质等多方面发展的有效工具。图画书即绘本，是用图画和简洁的文字共同讲述一个故事。同时，每个绘本故事都蕴含着作者想要表达的深层含义。孩子们在阅读和理解故事的过程中，会尝试关联自己的生活实际，并逐渐体会到绘本的"本源"（中心思想），收获不同的体验。

近期跟随孩子们热衷的"鲸鱼"话题以及遇到的问题，我投放了绘本《小海螺和大鲸鱼》。绘本讲述了一只小海螺在大鲸鱼的帮助下经过重重困难完成了出海远航的梦想，并在旅途中救了大鲸鱼的故事。那么，如何在赏析绘本的基础上找到绘本"本源"？如何开展"多元"阅读，丰富孩子们的体验呢？以下就以绘本《小海螺和大鲸鱼》为例，分享我的思考和做法。

一、赏析绘本，追溯"本源"

（一）初步阅读，赏析内容

1. 封面和封底

绘本《小海螺和大鲸鱼》的封面，首先映入眼帘的是巨大的鲸鱼身影。那故事的主人公小海螺在哪里呢？需要仔细地观察，才能发现它正稳稳坐在大鲸鱼的尾巴上，两者形成鲜明的对比，给人一种强烈的视觉冲击。封底则展示了一群小海螺一动不动地坐在黑色的岩石上。它们目光呆滞、身体舒展地依靠在不会移动的岩石上。它们的神态动作与封面上的小海螺截然不同。主人公小海螺眼神坚毅地看向远方，它的身体紧紧地贴着大鲸鱼的尾巴，显得如此特别和鲜活。这样的设计一下子就激发了读者对这个故事的好奇心和探索欲望，想要打开绘本一探究竟。

2. 扉页和正文

扉页部分简洁明了，只展示了小海螺和大鲸鱼两个主人公。它们一同来到海岸边，海面平静却又暗藏危机，好像为后面大鲸鱼的搁浅埋下伏笔。正文部分，小海螺怀揣着出海远航的梦想，面对同伴的不理解，它毅然决然地用自己的黏液在岩石上写下了求助信息——"请带我出海远航好不好"，希望获得帮助。终于，大鲸鱼来了，带着它出发去远航。它们一起畅游在大海里，游过了冰川、陆地、火山、沙滩，经历了惊涛骇浪、电闪雷鸣，看到了从未见过的风景。然而，意外突发，大鲸鱼在海湾搁浅了。小海螺机智求救，用它的黏液在黑板上写下"救救鲸鱼"，最终大鲸鱼在孩子们和消防员的帮助下脱困了。故事的结尾，小海螺和大鲸鱼回家了，它们把自己的经历告诉其他小海螺，也激发了它们一同出发去远航的梦想。

（二）反复研读，关联幼儿

这个绘本故事虽然简单，但在初步阅读绘本的基础上，我们还要进行反复研读，思考如何让绘本和孩子的实际生活相关联，激发幼儿的共鸣和阅读兴趣。

1. 梦想和行动

我们要像小海螺一样心怀梦想，就算自己渺小、就算不断地被别人否定，也不能放弃自己的梦想。因为梦想只有付诸行动，通过自己的不懈努力才能实现。当然，梦想可能对孩子来说有点难以理解，那么我们可以换一种说法，将梦想简化为"喜欢做的事"，引导孩子们说说自己喜欢做什么、想要做什么，从而和小海螺产生情感共鸣。

2. 勇敢和坚持

小海螺是勇敢的，当梦想被否定的时候，它没有随波逐流，而是继续坚持梦想。当它坐在大鲸鱼的尾巴上出海远航的时候，无论是惊涛骇浪、电闪雷鸣还是可怕的鲨鱼，都没有让小海螺退缩，它始终安坐在大鲸鱼的尾巴上。这里，我们可以鼓励孩子们和大家分享自己在生活中勇敢、坚持的经历，让他们从小海螺身上汲取力量。

3. 互帮和互助

当大鲸鱼看到了小海螺写在岩石上的求助信息时，立刻伸出自己的大尾巴带小海螺去远航，助力实现小海螺的梦想。而小海螺看到大鲸鱼搁浅时，也能立刻想出好办法，最终救了大鲸鱼。在故事的推进中很难不被两个主人公之间的友情打动，它们一路上互帮互助、共渡难关，最终完成了这次远航。其实在生活中也经常会出现互帮互助的情境，我们可以抓住这个机会，让孩子们来说一说自己帮助他人或被帮助的经历，体会主人公之间深厚的友谊。

（三）深层解读，追溯"本源"

在反复研读绘本内容后，我们需要更深层地去解读绘本中蕴藏着的深刻思想和价值，溯本求源，以领悟其中心思想。针对大班幼儿的年龄特点和发展需要，我梳理出以下三点"本源"。

1. 幼儿的个体价值

每个幼儿都是独一无二的个体，拥有独特的价值。就像大鲸鱼和小海螺，虽然体型差异巨大，但它们都有乐于助人的良好品质。故事伊始，大鲸鱼帮助小海螺；而后，小海螺救了搁浅的大鲸鱼。这"大小转换"的互帮互助，不仅触动人心，更能让孩子们领悟到：小海螺虽然很渺小，却也有能力帮助比它大很多的鲸鱼。这样的转折，使孩子们意识到就算自己还小，也能做到很多事，也能帮助他人。

2. 勇敢和坚持

绘本故事中，多次出现了小海螺在大鲸鱼的尾巴上"稳稳坐"的勇敢姿态，生动地诠释了小海螺无论面对什么危险与挑战都能勇敢地坚持下去。而它在故事中所表现出来的勇敢和坚韧不拔都是值得孩子们学习的良好品质，这种品质在孩子们的成长过程中是非常重要的，能让他们勇敢地面对困难、勇往直前。

3. 互助和感恩

小海螺歪歪扭扭的字一共出现了两次，却发挥着关键作用。第一次是求助，大鲸鱼看到了它的求助信息，所以才会来帮忙。这里告诉我们遇到困难的时候要勇于求助，这不是什么丢脸的事情。第二次是助人，当看到自己的朋友大鲸鱼搁浅的时候，小海螺勇敢地来到学校写下求救信息，帮大鲸鱼找来了"救兵"，成功脱险。这种互助和感恩的精神，正是孩子们在社交中需要学习和养成的。它能帮助孩子们建立良好的人际关系，懂得在遇到困难时寻求帮助，也懂得在别人需要帮助时伸出援手。

二、"多元"阅读，丰富体验

（一）自主阅读

自主阅读是孩子们阅读绘本的重要方式。在自主阅读的过程中，孩子们可以自由地翻阅绘本，观察画面，感受故事情节的起伏和变化。通过自主阅读，孩子们对《小海螺和大鲸鱼》有了初步的理解，他们会和同伴一起讨论"小海螺长什么样""小海螺救了大鲸鱼""出海远航好刺激啊，我也想去远航"等话题。孩子们在自主阅读中培养了阅读兴趣和自主学习的能力，也会在和同伴的讨论中发现自己没有关注到的画面，从而再次进行阅读、探索绘本。

（二）师幼共读

师幼共读，顾名思义就是指老师和孩子们一起阅读绘本。在孩子们自主阅读的基础上，师幼之间通过一系列（事先根据幼儿自主阅读中出现的问题梳理出来的）问答（表1），引导幼儿深入理解绘本，帮助幼儿把握故事情节、角色特点等。在生生互动和师生互动中，孩子们知道了小海螺的愿望是什么，了解了它面对困难时勇敢坚持的可贵品质，感受到了它和大鲸鱼之间互帮互助的珍贵友情，激发了孩子们珍惜友情、勇敢面对困难的情感。同时，我们还要鼓励孩子们积极表达自己的看法和感受、勇于提出问题，从而培养他们的语言表达能力，提高他们的思维能力。

表1 互 动 表

提　　问	孩子回答
小海螺的愿望是什么呢？	——它想出海远航，看看外面的世界
在出海远航的过程中，小海螺和大鲸鱼遇到了什么？	——它们遇到了巨浪翻滚 ——它们遇到了可怕的天气、电闪雷鸣，太吓人了 ——它们遇到了可怕的大鲨鱼 ——大鲸鱼搁浅了，在小海螺、小朋友和消防员的帮助下，它得救了
小海螺遇到这么多困难，它退缩了吗？	——没有，小海螺很勇敢，坚持到底不放弃
你喜欢故事的主人公吗？为什么？	——我喜欢小海螺，它很勇敢，还帮助了大鲸鱼 ——我喜欢大鲸鱼，它很大、很厉害，帮助了小海螺

（三）绘本教学

绘本是教学的重要资源，经常被幼儿园用来开展多领域的教学活动。教师通过反复阅读和深入解读，梳理出绘本故事的"主线"和"本源"，挖掘出文学作品中蕴藏的价值。教师要根据大班幼儿的年龄特点、认知水平和本班幼儿的发展需要，捕捉绘本中的教学素材点，进而设计出相应的目标、环节、提问，并对绘本内容进行"裁剪、整合"，使绘本内容更便于幼儿理解。

通过一系列的观察，发现本班幼儿在户外游戏中经常会出现玩到一半，甚至玩了几分钟就不玩了的现象，半途而废的情况很严重。同时，遇到一点困难就想放弃，缺少坚持和解决问题的勇气。这一情况和绘本"本源"中的"勇敢和坚持"相吻合，因此，我将活动目标定位于让孩子们感受小海螺的心怀目标、勇于克服困难、坚持不放弃的精神，从而帮助幼儿萌发完成一件事需要坚持不懈的意识。以下是生成的课程简案：

活动名称	小海螺和大鲸鱼
活动目标	1. 理解小海螺的远航经历，展开合理想象，尝试用较完整的语句表述 2. 感受小海螺的执着，萌发喜欢尝试，做事专注、坚持的意识
活动准备	多媒体课件、绘本若干
活动过程	一、激趣导入 1. 引出故事 提问：今天老师给你们带来一个特别好听的故事，瞧！它就是故事的主人公，是谁呀？ 2. 说说小海螺的愿望 提问：这只小海螺有个愿望，猜猜小海螺的愿望会是什么呀？ 过渡语：让我们一起来听一听、看一看。 二、理解故事 1. 讲述PPT2—4，了解小海螺的愿望与决心 （1）提问：小海螺的愿望是什么？ （2）提问：在无边无际的大海里，你觉得有哪位朋友会来帮助它实现出海远航的愿望？ 过渡语：朋友们说可能是大鲸鱼、海龟、海鸥来帮忙了，是真的吗？ （3）瞧！这时候真的有一位朋友来帮助小海螺实现愿望了！看看，谁来了？ 2. 出示PPT6，说说小海螺在海上的见闻 提问：小海螺在一路上看到了些什么？ 小结：小海螺在一路上发现了许多从来没见过的东西，有……的冰山、沙滩等。 3. 讨论PPT7—12，理解小海螺的坚持与勇敢 （1）提问：接下来又可能发生了什么事情啊？朋友们仔细听。 （2）过渡语：真的吗？让我们继续把故事看下去！

续 表

活动过程	（3）讨论：小海螺遇到了这么多危险，很害怕，但是它又该怎么做，才能实现它的愿望呢？你们谁来帮它想想办法？ 小结：小海螺虽然吓得直哆嗦，但正像你们说的那样，它不断地为自己打气加油，对自己说一定要勇敢、要坚强、不能放弃，有大鲸鱼的帮忙，危险总会过去的。 4. 继续讲故事PPT12—22，说说小海螺救大鲸鱼的经历 在它的坚持下，小海螺终于实现了自己的愿望。 （1）提问：正当小海螺实现了自己的愿望，在欢呼的时候，意外的事发生了，你们看明白了吗？发生了什么事？ （2）原来，大鲸鱼搁浅在沙滩上了，但是小海螺决定要救大鲸鱼。如果你是小海螺，你将怎样救大鲸鱼？ 小结：小海螺动脑想出了好办法，救了大鲸鱼一条命。它用自己的智慧，帮助了大鲸鱼，大鲸鱼得救了。 继续讲故事到结束。 三、谈谈感受 提问：这个好听的故事讲完了。故事的名字就叫小海螺和大鲸鱼。孩子们，你们从这个故事中知道了什么？ 小结：老师希望朋友们也能像小海螺一样，遇到困难能够勇敢地面对、坚持下去，一定会把事情做好的。
活动反思	本次活动比较成功，目标的完成度和幼儿的积极性都比较高。我在教学方法设计上尝试了一些突破，插入契合故事情境的音乐，引导孩子们沉浸在故事情境中，跟随小海螺一同去远航。同时，还为"危机四伏"的画面配上了特殊音效，为孩子们营造了一个强烈的视觉与听觉冲击，让孩子们仿佛跟着小海螺一起经历狂风暴雨、一起面对大鲨鱼的步步逼近，孩子们在身临其境中，充分感受到了小海螺和大鲸鱼所经历的冒险，激发幼儿与两个故事主人公进行情感的连接，体会绘本蕴藏的深意。 　　不足之处： 　　孩子们在活动中能够积极互动、表达自己的猜想和想法，但是整个活动老师把控得比较多，以后可以增加自主阅读的环节，让幼儿来提问。同时，自主阅读时，教师可以引导幼儿自己观察画面，感受绘本色彩、主人公表情等，尝试自己去探索绘本的"本源"。

（四）延伸活动

在理解绘本以后，孩子们可以根据自己的兴趣和需求开展延伸活动。

1. 个别化活动

小海螺的故事未完待续，绘本的最后一页，大鲸鱼携带着众多小海螺再次起航，这成为孩子们创意的源泉。在语言区，孩子们续编着《小海螺和大鲸鱼》的新篇章，我将他们生动有趣的讲述用视频的方式记录下来并分享给家长，把这份故事创编保存并传递下去。

与此同时，美术区里的孩子们拿起画笔，将心中的故事以画作的形式展现出来。他们绘制了一幅幅画面，将《小海螺和大鲸鱼》的故事继续创编下去。在我的引导下，孩子们将自己的作品装订成册，制作成自制小图书，放置在图书区与大家共享。这些《小海螺和大鲸鱼》的续集不仅丰富了班级的阅读资源，更让孩子们体会到了创作的乐趣和成就感。

2. 表演游戏

《3—6岁儿童学习与发展指南》强调，在幼儿自主表达创作的过程中，应尊重他们的意愿，避免过多干预。在户外游戏时，孩子们将《小海螺和大鲸鱼》的故事搬上了舞台。初次表演结束后，观众表示有点混乱，搞不清楚在演什么。于是，经过讨论，孩子们决定增加表演的道具。那需要什么道具呢？孩子们再次翻开绘本，将表演中需要的道具一一画了下来，并且分工准备。

第二天，孩子们从家里带来了各种各样的道具：海螺、头纱、自制的鲸鱼吊牌等。在表演前，他们还进行了分组——有表演组和道具组。道具组的孩子们一起创设了表演环境：拿蓝色的纱铺在地上做大海，将轮胎滚来当岩石，甚至还穿上了消防员的服装，推来了运动时的三轮车……孩子们一应俱全的准备，展现了他们解决问题的能力，让我深感欣慰。这场由孩子们自主筹备和呈现的表演游戏，不仅展现了他们的创造力和想象力，更让我深刻感受到了孩子们在游戏中的快乐与成长。

总之，教师在研读绘本后，要基于"本源"和孩子们一起挖掘绘本带来的启示。通过多元阅读的方式，让孩子们在主动学习的过程中，培养阅读的兴趣，提升语言表达能力、思维能力和想象力。同时，孩子们在更加深入地了解和感受绘本的魅力中，促进了自身良好品质的培养，并丰富了认知和情感体验。

借助图画书阅读培养小班幼儿归属感的活动设计思考
——以图画书《抱抱》为例

徐 琳（上海市浦东新区荡湾幼儿园）

根据美国心理学家马斯洛的需求金字塔理论，小班幼儿克服分离焦虑后，是在生理与安全需求建立的阶段，处于获得"归属和爱"需求的关键期。2021年教育部出台的《关于大力推进幼儿园与小学科学衔接的指导意见》指出，"3—6岁是为幼儿后继学习和终身发展奠基的重要阶段"，纠正了从大班开始幼小衔接的错误理念，强调了幼小衔接从小班开始的完整性与连续性。

上述《意见》指出了在小班阶段培养幼儿归属感的适宜性与必要性。2022年《幼儿园保育教育评估指南》中也提出，"幼儿在一日活动中是自信、从容的，能放心大胆地表达真实情绪和不同观点"，为我们提出了有归属感幼儿的具体行为表现。教师要创设一个能让幼儿自信表达观点的环境，图画书阅读活动正是这样一个平台。教师通过制定活动目标、活动环节、预设提问等，鼓励幼儿放心大胆地表达真实情绪和不同观点。下面以小班图画书《抱抱》为例，分享活动设计实践经验。

一、案例研究实践过程

（一）学习活动前期设计

在设计图画书阅读活动时，确立了三个观察点：① 以归属感行为导向为核心的目标完成度；② 图画书教学活动环节；③ 师幼互动中的生成与预设。

最初将活动目标落在：① 能分享动物抱抱的方式；② 乐于表达自己抱抱的经历，体会抱抱传达的温馨感觉。由于主基调定位在"大胆、自信表达自己的见解"，所以区别于一般语言集体教学活动，以阅读分享会的形式开展更为适合，也就要求幼儿前期是有阅读该图画书的经验的，不追求学习活动的"神秘感"。

1. 图画书重新排版

考虑到《抱抱》篇幅较长，以及小班幼儿学习活动的时间限制，如果照着故事脉络往下走，还要鼓励幼儿多分享、多表达，时间是不够的。所以在目标一分享动物抱抱的方式时，根据考量，选取了其中几个小动物（大象、狮子、变色龙、蛇、长颈鹿），并将其做成电子版，让家长带着幼儿共读图片，还要求家长记录"孩子最喜欢的一张图片，并说明理由"。

2. 设计活动框架

将学习活动定义为阅读分享会后，我预设了三个问题，问题一：小猩猩见到了哪些动物？它们是怎么抱的？问题二：你最喜欢哪一组小动物的抱抱，为什么？问题三：分享自己抱抱的经历。由图画书联系到自己，将分享会联结到自己的生活经验。整个分享会以三个问题贯穿，鼓励幼儿自信表达自己的观点。

（二）原生态的问题呈现

1. 问题呈现

第一次试教，展现课堂原貌，充分暴露问题。听课老师肯定了幼儿发言踊跃、课堂氛围活跃、教师掌控课堂节奏，但也暴露了一些问题。

在目标完成方面，很多幼儿能够实现目标一，其中也有预先阅读的缘故。而指向情感态度的目标二，我能感受到幼儿一知半解。

在活动环节方面，有点头重脚轻。幼儿一直在表达自己最喜欢的动物抱抱和原因，而忽略了后面的感知体验分享，就匆匆结束。

在预设问题方面，问题一："小猩猩见过哪些动物在抱抱？"幼儿都能在引导下说出来，或许有之前亲子阅读过的缘故。

问题二："你最喜欢哪对动物的抱抱？为什么？"

幼1："我最喜欢长颈鹿的抱抱，它们的脸碰在一起。"

幼2："我最喜欢大象，它用鼻子把宝宝抱着。"

幼3："我最喜欢狮子，它躺在地上，手里抱着小狮子。"

我发现这个问题和第一个问题重复了，孩子们虽然很踊跃，似乎达到了我制定的"自信表达观点"，但徘徊在浅层次的提问与回答上。

当我问到第三个问题"你有没有和谁一起抱抱过"时，孩子们总是回答和谁一起抱抱过，很开心。也没有达到我期待的能够说出为什么抱抱。

2. 我的反思

结合听课老师给予的意见，首先，忽略了图画书是一个整体，在进行重新排序后，还需要重新整合。对小班幼儿来说，去头去尾的故事会产生割裂，《抱抱》倾注了母子间、朋友间浓厚的情感，更应该注重其本身要传达的价值。这也是目标二给我感觉幼儿一知半解的缘故。

其次，目标定位浅层。《抱抱》最根本的价值是让幼儿感受到抱抱的温馨爱意，同时看到周围的人有需要的时候能够伸出手给予帮助、给予抱抱。它不仅在说亲情，还在说友情，诉说着"与人玫瑰，手有余香"。如果幼儿能够在这一层面上去探讨表达，那么关于"大胆表达"的归属感培养自然会水到渠成。

最后，提问回应浅白，和预设的问题封闭是分不开的。特别是问题三，一问下去全场举手，而回答全是"我和爸爸""我和妈妈""我和……抱抱，我很开心"，我也只能硬着头皮回应着。

（三）改进课的面貌呈现

	教学活动之一	教学活动之二
目标	1. 观察画面细节，分享绘本中几种动物抱抱的方式 2. 乐于表达自己抱抱的经历，体会抱抱传达的温馨感觉	1. 观察画面细节，分享绘本中几种动物抱抱的方式 2. 乐于表达自己的感受，体会抱抱是表达爱的一种方式
环节	1. 爱的抱抱（分享动物抱抱的方式、小猩猩找到妈妈） 2. 会说话的抱抱（说说自己抱抱的经历）	1. 爱的抱抱（了解幼儿对画面的解读、支持并理解幼儿的想法） 2. 寻找抱抱（关键词：妈妈、同伴、朋友、帮助、感谢） 3. 会说话的抱抱（由故事联想到自己）
关键提问	1. 小猩猩在大森林里遇到了哪些小动物？它们是怎么抱在一起的？ 2. 你最喜欢哪一对小动物的抱抱，为什么？ 3. 说说自己抱抱的经历	1. 你最喜欢哪一对小动物的抱抱，为什么？ 2. 看到小猩猩难过，你会对小猩猩说什么、做什么？ 3. 小猩猩为什么又和大象抱在了一起？ 4. 你们什么时候需要一个抱抱？

上表是活动方案前后修改的对比。第一，在目标定位上，深挖《抱抱》的教育价值，将"分享抱抱"变成"乐意表达自己的感受"，这种感受因人而异，每个孩子在读完图画书后都会有不同的见解。所以我通过关键提问，启发孩子去思考，比如"小猩猩难过，你会怎么办？""小猩猩为什么又和大象在抱抱？"目的是要引发幼儿的深度思考，这也是"归属感"中"自信表达"的关键所在。

第二，在环节设计上进行了重新排序融合，在课堂上完整呈现故事，凸显出温馨有爱的情节，感染幼儿。通过三个环节的衔接，有轻重缓急，篇幅比重适宜。

第二次试教，当问到"小猩猩难过，你会怎么做"时，好多孩子都像大人一样，和小猩猩玩偶对话，拍拍、抱抱、安慰小猩猩。

幼1："小猩猩难过是因为它想妈妈了，我会和它说别哭了，我们一起去找妈妈。"

幼2："它看到小动物们在和妈妈抱抱，它也想和它们抱抱，但不敢说出来。"

师："那你怎么帮助它？"

幼2："小猩猩可以自己去和它们说想要抱抱。就和我对小朋友们说'我能玩一下你的玩具吗？'一样。"

幼3："我觉得小猩猩可能走累了吧，它走了很久了，天也要黑了，它害怕了。"

师："这个很有可能，天黑了小猩猩会担心。你们觉得呢？"

幼4："如果天黑了，我陪它一起走回家。"

幼5："我会问小猩猩妈妈的电话，打个电话叫妈妈来接它。"

师："你们猜了很多小猩猩难过的原因，也说了一些解决困难的办法……一切都有可能。"当我说完再点开课件，所有小动物都围在小猩猩旁边。我接着说道："我们和它们一样，看到朋友难过，我们会担心和关心朋友们。大象妈妈还让小猩猩骑在背上……"

我又问道："小猩猩和妈妈抱抱了之后，为什么又去抱了大象？"

幼1："小猩猩在谢谢它。"

师："小猩猩怎么感谢的？"

幼1："就是趴在大象妈妈的鼻子上然后抱抱它。"

幼2："我觉得因为小猩猩要回家了，要见不到大象妈妈了。"

师："所以小猩猩这时候抱抱大象妈妈是为什么？"

全班回答："它在说'再见'！"

师："大家都这么认为吗？"

幼3："它不想和大象妈妈分开，大象妈妈帮助了它。"

师："是舍不得吗？"

幼4："对的，在和大象妈妈说'明天见'。"

师:"原来,一个抱抱可以表达很多不同的意思,你们都说得很对。抱抱代表了难过时的安慰、看到妈妈时的高兴、对大象妈妈的感谢与舍不得……那么你们什么时候需要一个抱抱呢?"

幼1:"我上次看到方方在哭的时候我过去给她擦眼泪了,我还抱了她。"

师:"方方你来说说看,——抱了你,你有什么感受。"

幼2:"我上次因为被小朋友在嘴巴上贴了贴纸,不过——和我坐在一起抱抱我,我不难受了。"

幼3:"我去上幼儿园的时候,我要和妈妈抱一抱,我不想和妈妈分开。"

师:"和妈妈抱抱后,最终还是分开了。你来上幼儿园,妈妈去上班,抱抱代表你的舍不得。"

幼4:"我和妈妈在家读这本书以后,妈妈抱我了,我感到很开心。"

幼5:"我也是,我最喜欢妈妈抱我,但妈妈总是生气,不抱我。"

师:"妈妈为什么一直生气?"

幼5:"我不乖,我哭的时候妈妈总是把我推开,我就哭得更大声了。"

师:"下次别哭,在妈妈快要发火的时候你走过去抱抱她,看看她会不会熄火。"

幼6:"杨杨想爷爷的时候就会哭,我和他说爷爷马上就要来了,不过我没有抱他,以后我会抱了。"

师:"那你觉得你的抱抱会让杨杨不哭吗?"

幼6:"会的,我会和他一边说、一边拍拍他、一边抱他,然后和他一起玩。"

幼7:"我和言言早上看我们种的萝卜,发现我们的萝卜长叶子了,我们太开心了,拿着萝卜抱在一起了。"

师:"你们分享了很多和家人、和朋友之间抱抱的故事,其中有快乐的抱抱、难过的抱抱、安慰的抱抱,有你们各种各样的感受。所有的这些感受,都是因为爱。抱抱就是表现爱的一种方法,其实还有很多种其他表达爱的方式,我们下次再聊。"

二、图画书活动设计思考

在"抱抱"活动设计一开始我并没有想很多,只是单纯地想要进行一次阅读分享会,能让幼儿大胆自信表达自己的观点。在这个层面上,其实第一次就已经实现,但并没有触发到归属感培养的内涵。

所谓归属感,即能够大胆自信地表达自己的观点,而观点是建立在幼儿深度学习与思考之上的。图画书教学以往多做语言活动，指向语言活动势必要和语言习得的指标契合，而指向归属感培养的图画书阅读活动，更多的是在深挖图画书教育价值之后，引导幼儿将自己的感受同自己的生活经验联系起来。而其对图画书价值理解的多少取决于其本身的见识，以及如何将自己的观点表达出来，同时也和教师的引导、课堂的氛围密切相关。

（一）挖掘图画书根本价值

《抱抱》乍一看，凸显了母爱，但是当反复品读之后会发现不只母爱，还有朋友之间的互帮互助、安慰，以及帮助别人之后的欣慰之情，而抱抱是大家表达这种感情的方式。所以在制定目标时，也难免陷入困境，到底要抓住哪一个点？我认为给予幼儿足够的空间与引导，让每个幼儿基于自己的理解出发去感受即可，所以情感目标定位可以大一些。

（二）图画书取舍与融合

以《抱抱》为例，讲述了一只小猩猩在朋友帮助下找妈妈的故事。故事中很大篇幅落在好多动物抱抱，以往教学语言活动会落脚在"小猩猩遇到了谁？它们是怎么抱在一起的？"在这种情况下幼儿很快会失去兴趣，他们很想知道接下来的情节，但以往老师上课的目的性太明显，总想要灌输点什么，于是我把这本图画书做了切割与融合，既保留了原本故事的完整性，又把冗长的故事放在了亲子阅读中。这样活动重点就不是要幼儿说出动物拥抱的方式，而是要通过分享、讨论、提问等方式领悟到故事传达的根本价值。

（三）问题预设搭建支架

阅读活动的根本骨架就是由几个关键问题串联而成的，问题之所以关键，是因为它们搭建了一个支架，辅以教师的引导、揣摩、课件的暗示，诱发幼儿的深度思考，从而实现目标。所以问题预设要有目标性与指向性，同时也要给予幼儿足够的开阔思维的时间和空间。比如"看到小猩猩难过，你会怎么做"及"为什么要抱大象"，就是从另一路径引导幼儿思考"互帮互助、感谢、快乐"之间的关系，这种深度思考下的自信表达观点就是归属感培养的底层逻辑。

（四）善用图画、符号表征

教师可以用一些表征符号帮助幼儿理解故事走向，比如小猩猩玩偶、箭头、开心和伤心表情、抱抱符号。随着课件的播放，让幼儿随着小猩猩情绪的起伏去体验。比如开头的小猩猩是"高兴的"，因为看到很多动物友善的抱抱；后来小猩猩又"难过了"，因为什么呢？这是幼儿需要联想的，那么我们该怎么做呢？鼓励幼儿和小猩猩之间的对话及动作。紧接着小猩猩又"高兴"了，这是为什么？它为什么又要抱大象？最后，小猩猩的故事结束了，那么小朋友们呢？接下来就是幼儿自信发言时间。

通过一些符号、箭头提示，能够帮助幼儿更快地理顺故事发展情节，随着人物情绪的变化深入其境。

三、图画书活动设计成效与反思

图画书阅读分享会的关键内涵，是要让幼儿基于内容理解及自身生活经验，大胆自信地表达自己的观点。它是培养小班幼儿归属感的一种途径。以"抱抱"为例，在教师指向理解故事内容的追问下，幼儿仔细观察画面，合理表达自己的猜想，在不同思维碰撞下使故事的发展变得"扑朔迷离"又不脱离实际。在教师指向唤醒幼儿经验的追问下，幼儿联系自己的生活经验，使图画书主角变成自己的缩影，代入自己的情感体验，衍生出被赋予多种情感色彩的抱抱。阅读分享会中的师幼互动，正契合了归属感中自信表达观点的价值目标，印证了借助图画书培养小班幼儿归属感途径的可行性。

在此阅读分享会中，是教师搭建支架，通过关键问题的串联，帮助小班幼儿理解图画书的故事内容及感悟其表达的价值。那么在接下来的阅读分享会实践中，可否通过幼儿的自主阅读，即幼儿提出阅读困惑，以幼幼互动的方式突破阅读难点。在这个层面上，对小班幼儿而言，自主阅读图画书并理解故事内容，也是培养幼儿归属感的另一种形式。不过，此种形式结构更低，对教师课堂的生成及把控有更高要求。

以图画书为载体，多途径开展自然探究活动的实践与思考
——以中班主题活动"遇'稻'一粒米"为例

冯 怡（上海市浦东新区宣桥幼儿园）

《3—6岁儿童学习与发展指南》中指出："幼儿科学学习的核心是激发探究兴趣，体验探究过程，发展初步探究能力。"图画书作为开展探究教育活动的媒介，能够助推幼儿探究能力的培养。我们尝试根据幼儿的兴趣所在，顺应他们内心的需求，以适宜的方式将图画书中丰富的内容融入幼儿的一日生活中，激发幼儿主动探究的兴趣，培养幼儿的观察、思考、动手实践、合作交流和记录等能力，丰富幼儿园课程资源。

在中班"在秋天里"主题探究中，我投放了一些与稻子相关的绘本故事书。有一天，我看到寒寒和子钦在图书区翻阅着《一粒种子改变世界》，寒寒指着绘本封面上的爷爷说："这个爷爷我认识，他是袁隆平，是杂交水稻之父！""老师老师，什么是杂交水稻呀？""是能吃的吗？""我们也能种水稻吗？"围绕这些问题，我们也开始了探索之旅……

因此，根据幼儿的年龄特点、活动目标进行价值判断，并做合理的筛选和整合，我们确立了微型主题"遇'稻'一粒米"，并精心筛选了《大米的由来》《跟着爷爷去割稻》《盘中餐》及《画说稻子》等图画书，引发幼儿的学习和思考，参与相关的系列体验活动。其网络图如图1、图2所示。

图 1

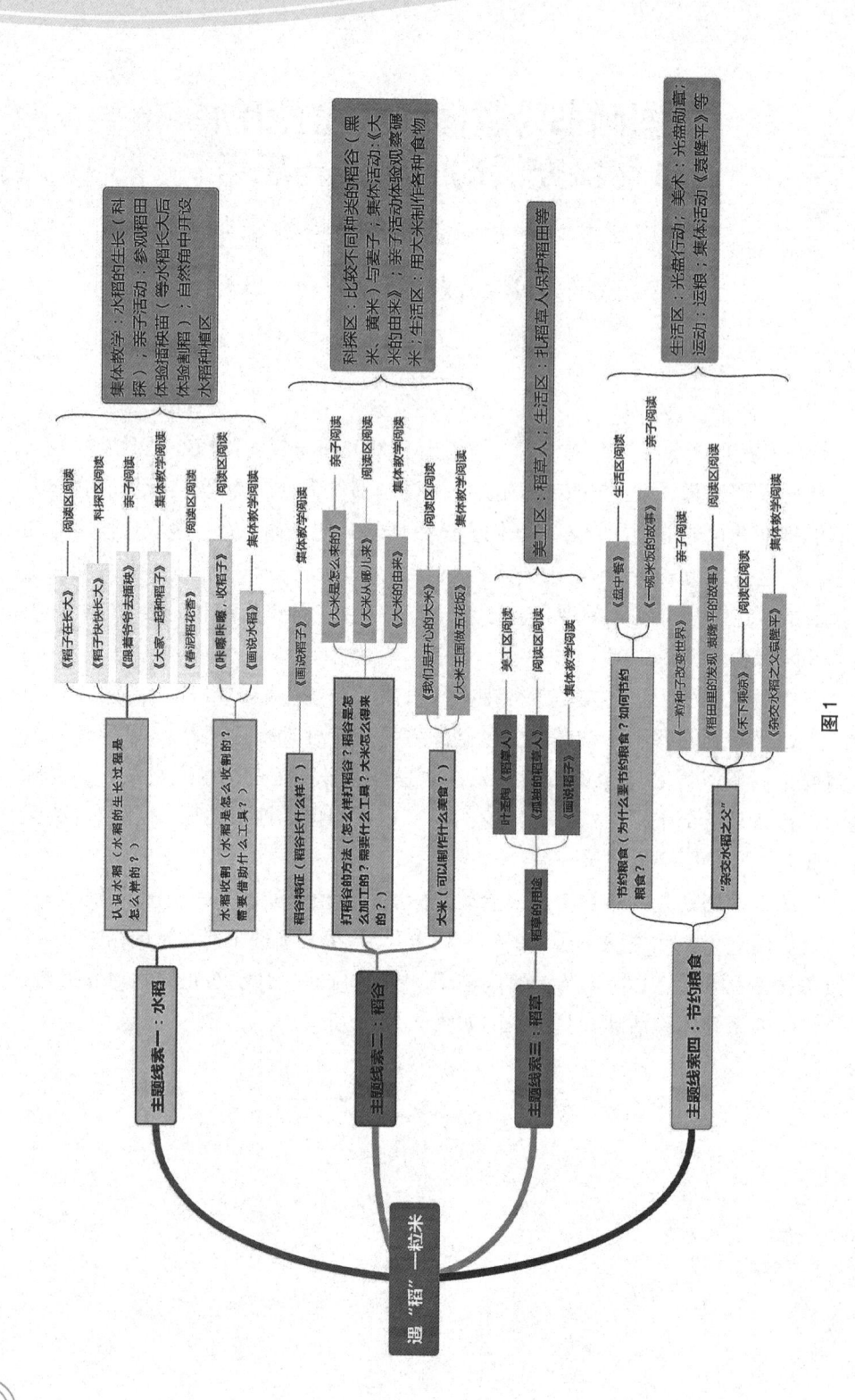

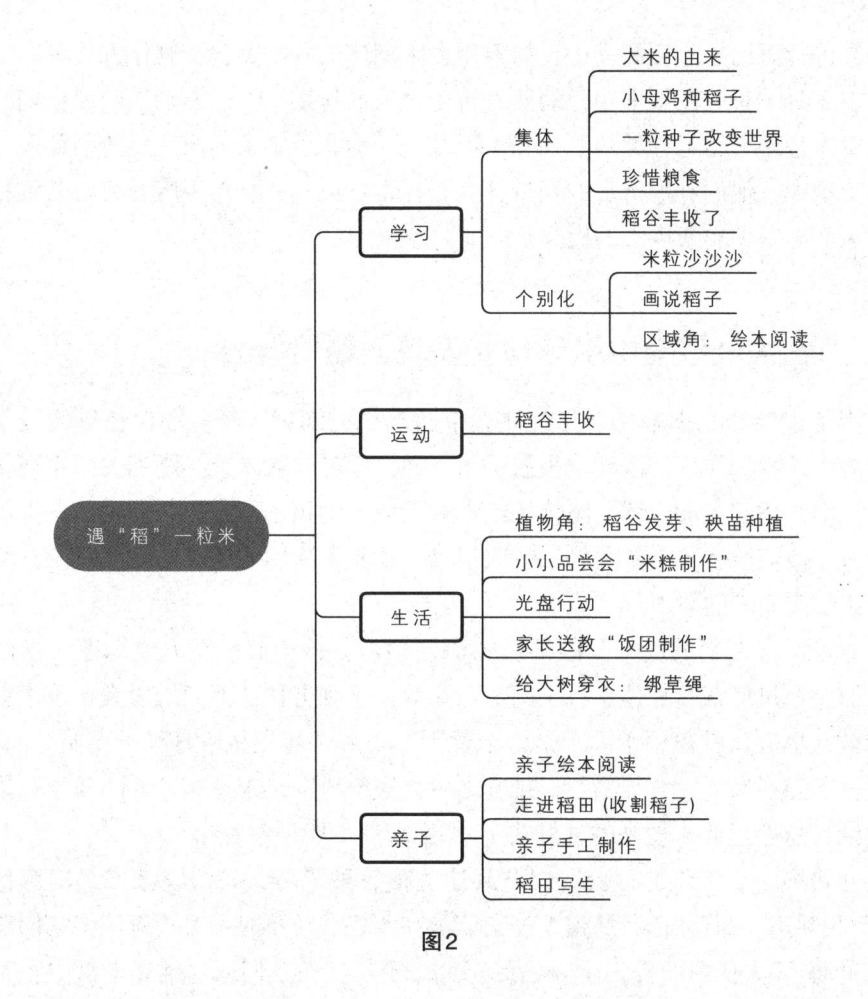

```
                                              ┌─ 大米的由来
                                              ├─ 小母鸡种稻子
                                    ┌─ 集体 ──┼─ 一粒种子改变世界
                                    │         ├─ 珍惜粮食
                          ┌─ 学习 ──┤         └─ 稻谷丰收了
                          │         │         ┌─ 米粒沙沙沙
                          │         ├─ 个别化 ─┼─ 画说稻子
                          │         │         └─ 区域角：绘本阅读
                          │
                          ├─ 运动 ───── 稻谷丰收
                          │
                          │         ┌─ 植物角：稻谷发芽、秧苗种植
    遇"稻"一粒米 ─────────┤         ├─ 小小品尝会"米糕制作"
                          ├─ 生活 ──┼─ 光盘行动
                          │         ├─ 家长送教"饭团制作"
                          │         └─ 给大树穿衣：绑草绳
                          │
                          │         ┌─ 亲子绘本阅读
                          │         ├─ 走进稻田（收割稻子）
                          └─ 亲子 ──┼─ 亲子手工制作
                                    └─ 稻田写生
```

图2

下面就是以图画书为载体，多途径开展自然探究活动的一些想法和思考。

一、在集体教学活动中激发幼儿的探索欲望

通过开展以图画书为媒介的集体活动，分化出更多幼儿想要探究、体验、操作的活动。研究表明，幼儿在某一活动中获得的经验会支持某些学习倾向的产生、保持并增强。因此，为保障在一定时间段里连续、反复地刺激幼儿的学习和发展，我们开展了融合式集体教学活动。

在不同领域开展相应活动，激发幼儿的探究欲望。如在《大米的由来》图画书阅读中，幼儿通过语言阅读活动，初步了解了大米的由来及过程。为了让幼儿保持对大米的探索，在科学活动中包含了探索收割大米的工具，以及各种大米的

品种并进行对比;生活活动中,探索用大米制作的各种美食及制作方法等。

在《盘中餐》图画书中,幼儿好奇稻草人的作用,通过图画书阅读他们知道了稻草人是用来驱赶鸟类的;在美术活动中,幼儿绘画了不同造型的稻草人;在生活活动中,他们利用拾来的稻草秆一起扎稻草人,并合作用废弃材料装饰稻草人,从而丰富了实践探索的经验。

二、在区域活动中引导幼儿发现问题的能力

为了帮助幼儿理解与迁移集体教学活动中的知识、经验等,在集体教学活动开展后,我们在阅读区域内投放了与"遇'稻'一粒米"主题相关的系列图画书,让幼儿自己主动阅读。阅读区绘本的投放,为孩子们查阅并获得信息提供了便利,让他们产生"查阅资料—获取信息—找到解决困难的方法"的经验,增加其自主解决问题的能力。

通过对《大米的由来》图画书的深入学习,孩子们已经大致知道大米的由来:需要通过培育、种植、打农药、除草等一系列劳作。他们纷纷表示也想在我们的教室里尝试种植稻子。于是说干就干,我们一起先从培育种子开始。前期,我给孩子们买来了一大袋稻谷,打开之后大家纷纷围过来观察,有的孩子一边摸一边说:"这个捏起来硬硬的,好扎手""闻着有一股稻谷香味"……

开始第一步工作"育苗"。"拿到这些稻谷种子后,我们应该怎么培育种子呢?"我问道。"我知道我知道,把它们泡在水里。""不对不对,应该将它们撒在泥土里面。"大伙纷纷提出了自己的意见。于是,孩子们通过翻阅《盘中餐》这一绘本,从中发现其实这两种都是能够培育出秧苗的办法,但是由于我们教室的种植空间有限,所以我们选择了水培的方式。

大家一起把稻谷放到水中浸泡,盼望它们快快发芽。过了几天,寒寒突然喊道:"小种子变胖了一圈。"又过了几天,"它们的小脑袋上冒出了一个白色的小芽芽,真是太可爱了!"随着这些娇嫩的芽一天天长大,恒恒说道:"老师老师,快看,这些苗苗怎么开始发黄了?""那是不是枯萎啦?""是不是被虫吃了?"……

对孩子们来说,原以为"育苗"是一件简单的事情,但是真的动手操作后,他们就会发现有很多的问题,如怎么培育种子?每天的照顾中发现叶子黄了,他们开始思考是晒死了,还是被虫吃了等。这是我们老师在活动中无法预设的,恰巧这也正是幼儿探索的契机。

三、在自然角种植探究活动中提升幼儿解决问题的能力

《3—6岁儿童学习与发展指南》指出："最大限度地支持和满足幼儿的直接感知、实际操作和亲身体验获取经验的需要。"我们根据绘本内容和前期幼儿对秧苗黄了提出的猜想，以及在阅读中幼儿所好奇的"为什么插秧时要将秧苗排整齐？""插秧需要什么工具吗？"等问题，通过自然角"插秧"种植活动，验证自己的猜想和疑惑，帮助他们提升提出、分析、解决问题的能力。

孩子们在观察中发现水稻苗开始发黄了，请教后知道了秧苗需要更多养分，于是开始插秧活动啦！他们一个个跃跃欲试，连忙撸起袖子，从培育盘中取出一撮秧苗准备插入泥土中。一个个学着农民伯伯的样子，猛地将秧苗往泥土里栽，却不想它竟然倒了。这时，我看到寒寒用手挖了个洞，将秧苗插进去，再在上面压上泥巴。再转头看看恒恒，吃惊地发现他已经插三四株了，他还在以极快的速度插着。

随后，孩子们每天来园都会去植物角观察观察我们的水稻，几天后，发现水稻苗的叶子越来越黄，有几株还浮在水面上。孩子们产生疑惑："是不是被虫子咬了？""是不是水太多了？""是不是太阳太晒了？"……基于问题，他们一起翻阅图画书，经过研究后才知道，是秧苗没有插好，太浅太深都不行：太浅秧苗立不正，容易漂浮；太深不利于苗的生长，保证不了插秧的质量。所以要将手指第一节放入泥中，测测深度。孩子们便开始重新调整，将倒下的秧苗重新插好。

水稻苗刚扎稳没多久，就又要到周末了，他们都了解到水稻喜欢长在水田里，便又遇到了问题——水稻淤泥水干了怎么办？周末没有人来给水稻苗苗浇水怎么办呢？于是，孩子们开始探索、了解、尝试各种浇灌的方式，想让水稻在周末的时候也能"吸饱"水。

孩子们在插秧的活动中遇到了很多问题，如插秧的一些学问，如果这些问题无法解决，可能种植的秧苗很快就会死掉。但是，他们没有放弃，努力寻找办法，不断地尝试，在这过程中他们得到了解决问题的宝贵经验。

四、在环境营造中提升幼儿自主探究的能力

环境是隐性的课程，对于幼儿的学习有着一定的引导作用。根据幼儿的特点，我们结合图画书中的元素，创设了多元的主题墙的环境，引导幼儿与环境进

行充分的交流,让其养成不断思考与探究的习惯。

在教室的主题墙面上有关于"加工好的大米可以做什么美食?"的板块,幼儿们看到那些照片后,开始探讨:"这是米饭。""这应该是饭团。""米糕。""这些是不是都是用大米做出来的。""老师,这弄得我们好馋,我们好想吃。""那我们大家一起试试吧!"

孩子们穿上围裙便开干啦!孩子们很好奇,第一时间就捧起几把白花花的熟糯米,糯米很散,一放下就四处飞溅。老师说要快速倒入牛奶,然后双手快快地搓,这时,就有孩子说:"要搓到什么样呢?我已经搓了好久了,手好酸呀!"原来,搓到有一小粒的颗粒状就可以,这下要筛粉了,小漏网晃两下,哗啦啦的就像下雪一样。看着眼前一小堆的"小雪山",孩子们非常兴奋。可以放入模具了,你舀一勺我舀一勺……终于填满了,这下要见证奇迹了,只见扣上一块板一翻,哇哦!一块块整整齐齐的糯米糕出现了。过了一会儿,孩子们吃了自己做的糯米糕别提有多美味啦!

在以往的手工制作体验活动中,我们老师提供的更多可能是替代性的材料如橡皮泥、黏土等让孩子们进行操作。但是,这一次通过真实的米糕制作,孩子们有了不一样的体验,感受触碰米粉时细腻的手感,也让孩子们学会了坚持、耐心、细心地完成一件事情,获得惊喜的收获!

五、在亲子体验活动中加强幼儿对自然探究的体验

我们在探索活动中有效利用校园、社区和家长资源,在绘本阅读前进行问卷调查;阅读中期我们进行发芽、种稻子的体验探索;阅读学习后组织家长和孩子一同前往海沈村进行收割稻子的亲子活动,进行一场加深体验;把体验地点由教室、幼儿园扩展到家和社区的大自然中。

在阅读绘本《盘中餐》和《跟着爷爷去割稻》后,有孩子疑惑地问道:"怎么收割稻子呢?""要用什么工具呢?""我看到过,我家门口有个开车割稻子的。"虽然我们植物角中的水稻刚种下,可是恰逢秋收季节,因此我们组织家长和孩子们一起踏入田间进行收割稻子亲子体验活动。活动当天,孩子们一路欢声笑语,踏着轻快的步伐来到了田埂上,迫不及待地跑向金灿灿的稻田。稻田里,一串串饱满的稻穗弯下了腰,随着微风摇摆。小朋友们看一看、闻一闻、摸一摸,别提有多激动了!

这下真的开始收割稻子了,"这是我们使用的工具——镰刀……"农场叔叔

向我们介绍着工具的使用。"好像听起来挺简单的。"寒寒自言自语道。小朋友和家长们信心满满地下田了,"稻子稻子,我来啦,乖乖听话"。可是,事情并不顺利,当寒寒弯下腰,学着农场叔叔刚刚教的方法——一手拿稻,一手挥镰,可是却断不了几根稻。他连着试了几回,都别扭得很,有力使不上的感觉,真奇怪!

"既然镰刀割不动,那就让我来拔拔看!"安安撸起袖子,"哎哟哎哟……"安安使出吃奶的力气,终于在妈妈的合力下,拔下了一棵稻子,"哎哟,这实在太累了!"后来,咨询了农场叔叔才知道:割稻也有讲究的,一次不要拿太多,否则割不动;也不要太少,否则割太慢;割的时候看准,不要割太高,怕伤到手。接下来,真的割起来就顺利多了。

体验传统的打谷方式,对孩子来说是一个神奇的时刻。孩子们手捧着沉甸甸的稻穗走向打谷场地,在农民伯伯的指导下学习"脱粒",打的打,敲的敲,搓的搓,看着地垫上的谷子越来越多,大家都露出喜悦之情,在金黄色的稻田里,感受农耕生活的辛苦和乐趣。

孩子们和家长一起收割水稻,他们亲眼见识了水稻的生长环境,感受到了大自然的神奇,体验了劳动者的辛苦以及收获的喜悦,感悟到劳动成果的来之不易。同时,亲子式体验活动促进了家园协同合作,增加亲子间互动交流。

六、建议和反思

在以往的活动中发现,幼儿园的图画书阅读往往呈现一种孤立的状态,一般都是单独阅读一本绘本,缺少相关的系列图画书的延伸阅读,也很少与其他领域的活动相结合,缺少恰当的融合。

《3—6岁儿童学习与发展指南》中指出:科学教育活动要力图实现"幼儿积极主动地学,教师积极有效地教",教师作为幼儿在探究过程中的引领者、支持者、帮助者,活动中,当幼儿遇到问题时,应该教会孩子探究的方法。因此,此次微主题"遇'稻'一粒米"我们借助系列图画书引入展开,通过多途径的方式,引导幼儿通过观察、比较、记录、交流、分享等各种形式,开展自主探究。在此过程中培养幼儿发现问题、提出问题、解决问题的能力,形成孩子们自己的科学探究经验,这也是课程实施的核心和关键。

此次活动开展也让我充分感受到了,作为教师在活动的探索中应该做到以下三点。

(一)支持"亲历",提升学习"效度":幼儿亲身体验了育苗、种植、照顾、记录水稻，以及水稻收割、脱粒等，进一步感受了稻子的生长过程。在每个环节体验中，教师更多的是将活动的主导权交给了孩子们，让他们在体验中去学习和发现问题，这样的收获也将更加深刻。

（二）追随"需求"，扩展学习"广度"：在活动开展的整个过程中，我们也不断地在追随幼儿的需求，将原本课堂中的绘本语言课或是科学探究课，变成了丰富、多领域的探索活动。正是教师不断追随幼儿的需求，才让活动持续向前生发、推进并充满活力，让孩子们保持长久的兴趣和高度的参与。

（三）聚焦"问题"，挖掘学习"深度"：孩子们遇到问题也正是教育的最好契机，我们应该在活动中有效挖掘契机，让幼儿发现问题，开始讨论、尝试自己的想法，通过这种循环往复的问题探索，也能够激发幼儿的自身学习能力。

在图画书阅读情境中培养儿童关爱行为的实践研究

朱春萍(上海市浦东新区三墩幼儿园)

对3—6岁儿童来说,"关爱行为"的表现应为会主动招呼熟悉的人,学习使用礼貌用语,在成人的启发下能帮助他人;有初步的同情心和责任意识,关注同伴,关爱集体,能够与同伴分享谦让,完成力所能及的任务;爱父母、老师、长辈,了解他们的职业与自己的关系,尊重他们的劳动;亲近自然,学习发现自然的变化对人类和动植物的影响。

儿童可以在图画书阅读情境中体验真、善、美,明白一个道理,掌握一种学习方法,甚至获得一种新的经验,可以全面帮助孩子建构精神世界,带领着他们去感受、去体验、去移情、去理解,随着主人公的情感变化或喜或悲,这样就丰富了儿童的情感体验与个性想象,养成良好的社会性品质。

一、培养儿童关爱行为的图画书分类

(一)基于同伴间情感发展的作品

同伴是孩子在幼儿园最重要的社会关系,让儿童在这个小社会中学习交往,并建立稳定的同伴群体,对其形成良好社会品质有着重要的帮助。如《好朋友》《我有友情要出租》《小鸡球球和小刺猬》《不是我的错》《多么温暖的礼物》等,通过好朋友之间相处的一个个小插曲,向孩子诠释友谊的真谛。这些图画书能让儿童学习给予和分享、学会关心同伴,让儿童感受纯净珍贵的友情,感受分享的幸福,明白分享所能收获到的远比独占要多得多。从小培养儿童的分享观念,促进其关爱行为的发展,健全其人格和良好人际关系。

例如《我的友情要出租》是一本很能引人深思的图画书,它是由台湾资深儿童文学作家方素珍创作的,书中描述了大猩猩出租友情的感人故事。其实,和书中的大猩猩一样,儿童并不是缺少玩伴,而是缺少走出那一步的勇气。能从故事中明白什么是真正的友谊，友谊是不能用钱买的，朋友之间要互相谦让、互相关心，朋友是要靠自己去寻找和发现的。

（二）基于父母长辈间情感发展的作品

父母之爱是世界上最伟大的爱，孩子一出生，就跟自己的父母一起生活，所以从小学会爱自己的父母是爱的基础。如《我爸爸》《我妈妈》《爷爷一定有办法》《第一次》《我也可以飞》《会飞的抱抱》《魔法亲亲》等。

例如在《我爸爸》《我妈妈》的阅读中，它以有趣的内容、生动的画面，通过简单朴实的语言和精心设计的排比句式，用孩子的口吻和眼光来描绘一位既强壮又温柔的爸爸、妈妈，不仅样样事情都在行，给孩子十足的安全感，还温暖得像太阳一样。在阅读活动中孩子们充分感受到父母的爱，丰富了孩子们的情感，激发了孩子们关爱父母的情感。

（三）基于环境及生命教育主题的作品

我们要让孩子们知道，人类赖以生存的环境是多么重要。《小房子》《鸟窝》《小蜡笔头儿》等讲的都是环境保护的重要性，在故事的图画和文字中，让儿童深刻感受到爱护环境的重要性。

例如《鸟窝里的树》，种子发芽、小树长大、合欢树开花等一幅又一幅美丽而富有朝气的图像呈现在孩子面前，充满了一种又一种情感。鸟先生和鸟太太筑窝孵蛋，可窝里却长出一棵小树苗，鸟先生和鸟太太不愿意砍掉或者放弃这棵"碍事"的小树苗，而是把它搬下来种在附近的泥土里。鸟先生和鸟太太的鸟宝宝们长大了，它们精心呵护的小树苗也长成了一棵茁壮的合欢树，鸟宝宝的新家又可以驻扎在这棵合欢树上了。人类和动物都生活在大自然的怀抱中，我们爱护大自然，大自然也会给我们回报。通过这样一个故事，孩子们不仅对树有了更亲切的认识，同时爱护树木、爱护大自然的意识也得到潜移默化的培养。

二、在图画书阅读情境中培养儿童关爱行为的主要途径

（一）集体阅读

集体阅读是指多人在同一个环境中进行阅读的过程。儿童受自身发展的限制，其认知能力尚不成熟，对抽象的阅读对象很难理解，大多数儿童对于图画书

的阅读只停留在故事的色彩画面、基本情节上，不能深入图画书本身所蕴含的情感阅读，根据儿童的年龄特点和认知心理，儿童更适合采用集体阅读图画书的形式，所以我们更应该在教学中多组织一些图画书故事活动。教师通过挖掘图画书中的关爱教育元素，设定合理的教学目标，预设提问，设置情境，让儿童在图画书阅读中感受到图画书中美好的一面，潜移默化地培养了儿童的关爱行为。

（二）同伴分享阅读

很多时候大人的教导是无力的，孩子们相互间的影响比大人对他的影响更大、更直接，"近朱者赤，近墨者黑"对孩子来说更是如此。孩子们能彼此给予快乐和力量，他们之间的相互学习，也是人生经验的重要部分，同伴激发儿童读书的兴趣更直接。教师可以有意识地让儿童自带图书到幼儿园阅读，晨间活动、餐后活动时让儿童自由阅读，孩子间的互动将会很自然地进行。同伴间的互助阅读能让儿童在看一看、说一说时观察得更细致，想象得更丰富，叙述得更完整，在交换、分享的同时体验阅读的快乐，并且增进同伴间的互助关系。

（三）亲子共读

教育不仅是老师的事，更是家长的事，因为家长是儿童最好的启蒙老师，所以家长对儿童的成长起到更为重要的作用，家长在百忙之中一定要抽出时间与儿童进行图画书阅读。亲子阅读不仅可以满足孩子们听故事的需求，激发孩子的求知欲，积累和发展语言，还将带给儿童一个更加充满亲情的世界，分享彼此的感动，儿童对于父母的信任感增强，拉近了儿童与父母之间的距离，培养了丰富的感情，更有利于父母把图画书中的有益情感知识、关爱行为有意识地展现在儿童面前，使关爱行为的培养更加直接而有效。

三、在图画书阅读情境中培养儿童关爱行为的主要方法

（一）以集体教学活动培养儿童关爱行为的方法

1. 运用多媒体创设图画书阅读的问题情境，激发儿童的关爱情感

通过多媒体可以把图画书中感人情景、有教育意义的画面通过形、声、色结合起来，教师根据教学活动的目标和内容精心设置问题情境，提问有计划性、针对性、启发性。

运用多媒体创造生动的动态画面，导入活动。比如利用电子白板中的拉幕遮挡效果创设悬念导入活动。幕慢慢拉开，老师适时地提出问题，让儿童猜测和判断，使图画书内容更加直观地呈现在儿童面前。以图画书课件《我爸爸》为例，在爸爸赶走大野狼的图画书图片中，教师利用白板的拉幕功能，先出示了爸爸一手叉腰一手指向屋外的部分，然后问："孩子们，你们知道爸爸在干什么吗？你们猜猜？"教师根据儿童的回答，又引导儿童观察爸爸的表情、动作再进行猜想活动。最后，教师利用拉幕功能，慢慢拉出完整的图片，孩子们流露出了惊叹的表情，原来爸爸真的很勇敢，连大野狼也夹着尾巴逃走了。情景交融的动态画面结合老师的开放式提问，引起了儿童的共鸣，激活了儿童的思维，使孩子们充分感受到了图画书所表现的爱父母的情感。

运用多媒体将节选的图画书画面连贯组合起来，按照自己的教学意图和过程进行重新处理，如画面的重组、声音的配置、动画的增加、镜头的特写等，呈现出主题任务来驱动教学，使得儿童能更加生动、全面、清晰地理解图画书内容，教师适时地引导提问，进一步突破图画书的情感难点。以图画书故事《你看起来很好吃》为例，当孤独的霸王龙遇到小甲龙之后，小甲龙对"霸王龙爸爸"的无限信任、真诚关爱和无比骄傲，使得霸王龙埋在内心深处的"爱的种子"发芽了，在爱与被爱之间存在着循环往复的通道，小甲龙也不再孤独。霸王龙为小甲龙挡住敌人的侵袭，并且教他各种本领，帮助他回到了自己父母的身边。在进行这个图画书教学时，我们可以把剑龙、三角龙、兔子、霸王龙的特征性画面展示给儿童。定格画面1：小甲龙高兴地抱住了霸王龙的脚。请儿童说说看到了什么。定格画面2：吉兰泰龙眼里闪着红光，恶狠狠地瞪着霸王龙。描述故事情节，请儿童想象霸王龙和吉兰泰龙之间的对话。在描述情节和分解观察的过程中，孩子们表现出极大的兴趣，注意力集中，并能大胆表达自己的想法，感受隐藏在图画背后的内容，从而使儿童体会到了图画书中的关爱情感。

在图画书教学中，教师应该多创设各种形象生动、灵活多变的学习情境和教学情境，把图画书变得动态、形象、趣味，从而营造轻松自然的学习氛围，诱发儿童的情感共鸣。

2. 创设图画书阅读的游戏情境，表达儿童的关爱情感

情感具有感染性、情境性，而游戏能通过创设情境，营造气氛，感染和唤起人的情感。游戏的运用不仅让儿童在轻松愉悦的氛围中走进图画书，更让儿童在自然和无形中获得情感体验，从而唤起儿童的真情实感。根据图画书的特点和教学的需要，我们会设计不同的游戏方式，以更好地感染、唤起和建立儿童积极的关爱情感。

情节性游戏的运用。在小班的"小毯子哪儿去了"教学中，设置了小狗"圆圆的家"的游戏场景，全体总动员，引导孩子们开展一次"找毯子"的游戏活动，在孩子们和图画书故事中的点点一起"兴奋地来到'圆圆的家'——着急地帮助圆圆找毯子——真诚地邀请圆圆认领毯子"的过程中，好朋友之间的友爱互助情感在互相感染，在不断激发和唤起。

操作性游戏的运用。操作是儿童早期认识世界、适应环境、赖以生存的主要手段。可见操作活动是儿童获取知识的重要途径。在《爷爷一定有办法》图画书教学中，我们借助图画书故事，重点运用了"猜一猜、剪一剪"游戏的方式，故事中毯子变外套、小背心、领带、手帕、纽扣，以影像的方式呈现在儿童面前，儿童猜一猜、说一说，并提供折纸和剪刀，进行剪纸游戏。通过游戏，让儿童在亲身操作实践中感知"毯子变变变"的故事，在动手操作的基础之上感知旧毯子等废旧物品是可以有多种变化的。而游戏的方式则一步步揭开爷爷的聪明才智，爷爷是那样有办法，总是能把旧的看上去可以扔弃的东西重新变新，让孩子感受到爷爷的伟大，在孩子的心目中，爷爷一定有办法，从而激发了孩子对祖辈的关爱之情。

音乐游戏的运用。小班图画书《小一步，对不起》的活动开始，儿童在轻松、愉快的《找朋友》音乐游戏中，很快进入了愿意与同伴亲近的状态，亲身体验着和朋友一起玩的快乐，营造和谐纯真的氛围。在快乐的音乐游戏中，各自找个朋友握握手，抱一抱，老师的参与更会让孩子们积极投入。在"会飞的抱抱"中，一首《抱抱》的可爱音乐立刻感染大家的心绪，在彼此抱一抱的音乐游戏中传递爱、表达爱、感受爱。

角色游戏的强化参与。在图画书阅读的过程中，亦可创设相应的情景或氛围，帮助儿童进入角色，感受角色的心情，体验图画书中的情感。孩子们通过角色扮演不仅能深刻地理解故事情节，还能够更加深入地理解和体验别人的心情与处境，有利于促进孩子关心他人、体谅他人等关爱行为的培养。

3. 创设图画书阅读的生活情境，迁移关爱行为

情感总是在实践中产生和发展起来的，实践是情感产生的基础和源泉。情感的体现最终要在行动中落实，图画书阅读活动中生活情境的创设就是情感向生活迁移不可或缺的一个环节。

《鸟窝里的树》这个故事展现给我们的是动物与自然和谐共存的画面，如何激发儿童"爱护树木，爱护大自然"的情感呢？在最后的环节，老师利用自然角

中的小植物为图画书中小树苗的替代物，创设一个与图画书中相似的情境，为孩子们准备了小爱心，学着鸟爸爸对小植物关爱的话语，并认领一棵小植物贴上爱心，长期保护，让儿童对小树苗的关爱之情化作自己的实际行动表现出来，使儿童与鸟先生和鸟太太的情感产生共鸣，促使儿童产生相应的关爱行为。

（二）以同伴分享阅读培养儿童关爱行为的方法

1. 营造阅读氛围，给儿童创设一个自由、宽松的阅读区域活动环境，激发儿童的关爱行为

《幼儿园教育指导纲要（试行）》中明确要求，"创造一个自由、宽松的语言交往环境，支持、鼓励、吸引幼儿与教师、同伴或其他人交谈，体验语言交流的乐趣"。因此，在布置阅读区域的时候，一方面，环境布置要温馨而舒适：柔软的靠垫、干净的地毯、低矮的书架，尽量给孩子营造一种安全温馨的读书环境。提供丰富有效的图画书资料，根据儿童的年龄特点与认知水平，有计划地定期投放一些图画书。可以根据图画书内容设定主题进行投放，如同伴间情感发展、父母长辈情感发展、环境和生命教育等主题作品按月投放。另一方面，在活动区里，教师要求孩子们说话轻一点，动作柔一些，促使儿童形成分享、合作、帮助、谦让、亲情、友情等关爱行为和举动。

2. 在阅读活动区合理地指导儿童的区域活动，抓住教育契机再现与强化儿童的关爱行为

在阅读区许多事都要自己动手，在与同伴团结合作的同时，同伴间有着频繁的接触，比如整理图书、阅读图书等过程。在这个过程中会遇到许多问题，诸如"两个人或许多人都喜欢一本书，大家都要看怎么办？""整理图书时大家审美观点不同或者书的分类标准有分歧怎么办？"等等。在解决这些问题的过程中，需要他们建立良好的互爱关系，这是培养关爱行为的有效手段。儿童在这一过程中需要相互适应，服从共同的行为规则，从而摆脱自我中心意识，学会与别人交往，产生互相关爱的情感。教师可以以提问的方式向孩子请教图画书中的画面，和孩子讨论自己的发现，共同商议，等等，以合作的形式引导儿童共同阅读。

（三）以亲子共读培养儿童关爱行为的方法

1. 读书环境的营造

家庭环境很重要，要有独立的书架供孩子摆放书籍，开辟一块属于孩子自己的舒适惬意而又童趣化的阅读空间。在准备好读书空间后，要及时帮助孩子摆放

适合孩子阅读的图画书,并进行图画书的归类,父母以身作则,做孩子学习的榜样。父母可把孩子抱在膝上,与宝宝共读,增进情感。在亲子共读中要重视建构和谐的亲子关系,营造幸福的家庭氛围。

2. 提问阅读法

父母可以根据图画书中的内容,适时地对孩子进行提问,问题需要是孩子所熟悉的,便于亲子自由对话,即自由自在地聊天,通过聊天让孩子理解故事内容。比如图画书《亲爱的小鱼》中,围绕"爱"来设疑。如想一想这只小猫把小鱼当成了它的什么人?(宝宝)小猫喜欢它的小鱼吗?小鱼长大了小猫怎么做的呢?(小猫把小鱼放回大海)小猫把小鱼放回大海以后,小鱼是什么心情?(开心)小猫送小鱼回到大海,这时候会对小鱼说什么呢?(再见啦,亲爱的小鱼,你要快快乐乐,还要注意安全)小鱼回来啦!小猫是什么心情?它们见面了以后会说些什么?自由后的小鱼为什么还会再回来找小猫?(因为小鱼也想念小猫)这些亲子阅读产生的问题将整篇图画书内容有机地串联了起来,从而有效地帮助儿童理解和掌握了图画书的故事内容与内涵,激发儿童的关爱情感。

3. 反复阅读法

家长和孩子可以多种形式进行重复阅读,如"读书接龙",即家长读书中的一部分内容,孩子接着读,重复进行。读书的语调要有变化,不同的人物要有不同的语调。很快,朗读的魔法会在孩子身上出现,从刚开始的几个句子到图画书的整段文字。比如《猜猜我有多爱你》,孩子在反复的阅读中熟知了图画书的内容,会与家长进行对话,"我爱你,像我举得这么高,高得不能再高"。还会边说边做动作,"我爱你,像我举得这么高,高得不能再高"。父母要立即回应儿童的举动,帮助儿童回忆故事,在这种反复的阅读中,增进了彼此的亲子关系,使关爱行为进一步提升。

4. 角色扮演法

倘若遇到孩子爱不释手的图画书时,可以在反复阅读的时候尝试新的活化式的阅读,选择角色较少、对白较多的图画书,把故事里的角色跟孩子真正联结起来。这种联结能够促使孩子把自己代入故事情节中,去体验故事角色的情绪、情感,将自己与故事角色对照,从而产生好感,乃至共鸣。有助于建立孩子换位思考与共情的能力,潜移默化地使父母与孩子间建立民主、平等的关系,促进亲子间的关爱情感。如《逃家小兔》书中只有小兔子和兔妈妈两个角色,小兔子对妈妈说:"我要跑走啦!""如果你跑走了,"妈妈说,"我就去追你,因为你是我的小宝贝呀!"一场爱的捉迷藏就此展开……在这样的角色对话扮演中感受到彼此之间的关爱，并在生活中延续。

  当教师的我们只有真正走进文本，在组织活动前，完成教师自身与文本的对话，才能更好地引领儿童，才能设计一定的活动环节与主题氛围，将情感教育落实到细微处。好的文学作品，往往蕴含着丰富的情感内涵，需要教师的挖掘和利用。所以在组织孩子进行图画书阅读之前，教师先要自己去品味，正确理解分析作品所要表达的一种情感因素，进而才能在教学中进行情感传递和情感教育。

以绘本为载体的大班幼儿生态文明教育实践探究
——以《一条大河》为例

黄诗婷（上海市浦东新区听潮幼儿园）

《幼儿园教育指导纲要（试行）》提到："要引导幼儿爱护动植物，关心并乐于探索生活的周围环境，愿意亲近大自然，懂得珍惜自然资源，具有初步的环保意识，学习一些基本的生态行为。"在幼儿园阶段开展生态文明教育对幼儿的成长具有重要意义，生态文明教育能启发孩子们对于大自然和人类关系的进一步思考，孩子们在观察和探究的过程中能发现大自然蕴含的无穷奥秘，生发出强烈的兴趣，这可以为日后良好学习习惯的养成奠定基础。在幼儿园中以绘本为载体开展生态文明教育具有一定的优势，绘本所承载的文字和图片信息量大，能在潜移默化中促进幼儿形成生态意识，激发幼儿保护自然的主动性。当前运用绘本进行生态文明教育面临的困难在于幼儿园阶段没有固定的教材，没有统一的实施方式，绘本的选择缺乏判断的标准，组织形式单一，生态教育不能与幼儿一日生活有机融合，教师教得多，孩子主动学得少，以上都有可能影响生态教育的效果。

幼儿园大班孩子的年龄特点是：勤学好问，愿意尝试一些富有挑战性的内容，能合作交往解决问题，抽象逻辑思维进一步发展，儿童绘本中包含的诸多信息可以成为幼儿学习与探究的素材，以绘本为载体开展生态文明实践探究能更直观、形象地帮助幼儿理解生态理念。基于本班幼儿的兴趣，以绘本《一条大河》在班级中的实践为例，我们围绕大班幼儿生态文明教育开展了实践探究，希望能使幼儿在感知、体验和操作的过程中逐步积累生态文明经验，实现生态环保意识、审美能力、观察能力、探究能力等多方面综合素养的提升。

一、初遇绘本，同频共振

幼儿园生态文明教育是基于3—6岁学龄前儿童的身心发展特点，有计划、系统地提高幼儿对生态文明的认识，增强幼儿的生态意识，促进幼儿形成生态文明行为习惯的教育活动。为了完成生态教育目标，从意识、行为及情感多方面促进幼儿的生态文明发展，我们着重从适宜性和绘本价值方面做了前期的研究分析，并紧扣绘本中的要素设计与开展系列活动。

（一）绘本的价值

《一条大河》讲述的是黄河从青藏高原一路奔腾，拥抱大海的故事。跟随黄河奔流的轨迹，读者可以感受到黄河流域的风土人情和历史传奇。画面中出现的人和物都是经过精心考量的，如扎陵湖畔的牛头碑，代表着黄河源头，诉说着伟大而坚强的民族精神；贺兰山下的大禹像，与这里引水修渠、灌溉农业的历史遥相呼应；鹳雀楼旁的黄河铁牛，与黄河的变迁息息相关，见证着古代劳动人民的聪明才智……绘本高度还原了地理和历史的原貌，记录了各地黄河治理的过程与方法，将生态文明建设贯穿始终，是人与自然和谐共生的真实写照。

选择《一条大河》进行生态教育实践是合适且可行的。首先，绘本符合生态教育的目标，能促进幼儿生态意识和情感的萌发。其次，绘本与幼儿的生活经验存在联系，可以引发幼儿联想到生活中的"河"，促进经验的迁移。最后，绘本具有生态美和文字美，画面色彩饱满，将景和物都描绘得非常细致，多感官的体验能引发幼儿生态情感共鸣。

"黄河真的可以通往银河吗？""为什么黄河的颜色会变？""黄河里为什么会有很多沙子？""黄河为什么是弯弯曲曲的？"……在共读《一条大河》后，许多问号如雨后春笋般在孩子们的脑袋里冒了出来。绘本中的素材点非常多，教师在选材方面要有所取舍，明确重难点。活动的生成来源于孩子，在生态文明教育的背景下，教师深入挖掘绘本中素材点的价值，为幼儿的发展提供支架。

（二）以绘本为载体开展生态文明教育的价值

1. 对于幼儿的价值

以绘本《一条大河》为载体开展生态文明教育，带给孩子们许多收获。其一，领略到了自然之美，包括各种不同形态的黄河、黄河流域的人文景观之美。其二，拓展了生态文明知识，了解到治理黄河的原因、举措与成效。其三，对"人与自然和谐共生"有了更深层次的理解，形成了保护生态的自然情感。其四，逐步养成仔细观察、合作探究的良好习惯，为幼儿的长远发展奠基。

2. 对于教师的价值

生态文明教育实践对于教师也有特别的意义。除了提升解读绘本的能力外，教师可以提升生态素养和生态教育实践能力，助推反思和研究能力的成长。此外，本次实践探究也为以后的生态文明教育实践提供了参考和思路。

二、精读绘本，文明共情

由浅入深、层层递进的方式更符合学前阶段幼儿的学习特点，教师除了要引导幼儿静下心来反复多遍地深入阅读，还要帮助幼儿由易到难地理解绘本中的画面、文字和生态要素，精准阅读所积累的经验必能引发更深层的文明共情。

（一）赏读画面

作者采用点面结合、写意与写实相配合、古典与现代手法相融合的壁画形式，带领读者走进一幅波澜壮阔、古今交织的画卷。从整体来看，画面具备艺术美感，凸显空间层次，使读者有身临其境之感；从细节来看，画面中多处蕴含着重要的历史信息或传奇故事，值得孩子们去一探究竟。

幼儿园阶段的孩子读绘本，最重要的就是要仔细观察画面，提出问题后共同探究。刚接触《一条大河》时，孩子们对于书中的地理位置比较模糊，对"小浪底水利枢纽工程"等词汇一知半解。因此我们准备了一张中国地图，随着绘本的翻阅将黄河的流经之地一个个圈出来，在教师和幼儿的共同配合下绘制出了黄河从青藏高原到山东东营入海口的流向示意图。幼儿对黄河由西向东、"几"字形的流向逐渐清晰，随着阅读的不断深入，幼儿将收集和了解到的关键信息在地图上标注出来，这既是孩子们学习的轨迹，也是经验的共享。

在阅读绘本后，孩子们纷纷将自己的问题记录了下来，根据他们的兴趣和疑问，我们赏读了部分画面。比如"宁夏青铜峡"这一页，孩子们的问题有："引水修渠有什么作用？""怎么控制水流大小？""为什么这里叫塞北江南？""为什么要在黄河边造一个大禹像？"……有的问题在孩子们的仔细观察和交流讨论中自主解决了，有的问题则"一石激起千层浪"，经过有趣的头脑风暴，大家都受益匪浅。赏读完该页后，孩子们踊跃发言："我觉得青铜峡这里的环境好美。""有黄河水浇灌，这里的庄稼肯定长得特别好！""这里的人们好聪明，能想到引水修渠这么好的办法，就像大禹一样厉害！"绘本中融入了不少生态文明建设的印记，师生共读后，这些印记已经牢牢印刻在了孩子们的脑海中，爱护自然的情感也久久萦绕心头。

（二）品读文字

《3—6岁儿童学习与发展指南》对大班阶段幼儿阅读的发展目标是："能初步感受文学语言的美"，"对图书中的文字符号感兴趣，知道文字表示一定的意义"。在逐页阅读积累了一定的经验后，再整体阅读文字，一个活泼丰满的"黄河"形象便跃然纸上。

"我顽皮地拨弄着水车，发出嘎吱嘎吱的声音……"在作者的笔下，黄河像一个调皮的孩子，喜欢奔跑，热爱探索世界。"我仿佛与中华民族的精神和血脉交融起来，浑身气血贲张，激情昂扬……"这一刻，黄河仿佛一个有血有肉、有灵魂的中华儿女，以饱满的激情投入祖国山河的怀抱。"我想放慢脚步，听它讲过去的故事，温柔地抚慰它的创伤……"此时的黄河又是满腹柔情。文字塑造了一个栩栩如生的黄河形象，在读到"壶口瀑布"这一页时，有孩子说："我听过一首歌，风在吼，马在叫，黄河在咆哮，跟这一页说的有点像。"还有孩子说："听了这段话，我感觉到黄河很有气势。"反复斟酌品读文字后，幼儿真正走近了中华民族的母亲河，理解了绘本所传达的细腻情感，拥有了更深层次的共情能力，生态情感也随之逐渐升华。

（三）小组探究

在阅读与讨论的过程中，我们发现班级孩子对"黄河治理"的话题非常感兴趣，因此我们鼓励幼儿组成探究小组，研究的内容包括：固沙的方法与作用，宁夏沙坡头固沙工程介绍，修建梯田的考虑因素与作用，小浪底水利枢纽的设计理念与作用。基于大班幼儿的年龄特点和发展水平，我们鼓励幼儿大胆尝试、合理分工，大量收集信息共同制作小报，并以小组的形式和同伴分享探究成果。

"我发现不同的地方治理黄河的方法不一样。""我觉得中国人很会思考，把黄河治理得那么好。""我长大了也要治理黄河，还要把黄河旁边这么美的景色保护好。"从懵懵懂懂到自信地娓娓道来，从探究黄河到生态情感的迸发，孩子们的改变来源于坚持不懈的阅读和点滴的积累。

三、多元融合，资源共通

教师须提前梳理和调查，并充分利用一切教育资源，融合多种形式，实现资源的共通与共享。本研究通过园所特色课程、材料与环境、户外游戏和家园合作的方式为幼儿提供多元支持，促进班级幼儿生态意识、行为和情感在原有基础上更进一步发展。

（一）依托园所特色课程，渗透生态文明教育

围绕培养目标，发挥我园艺术特色优势，参考艺术整合"六美"活动方案集中的"自然美""文学美"和"表达美"部分，我们选择了绘本中的素材点，设计开展了艺术、科学、社会领域整合的课程，如"清明上河图""鹳雀楼""沙漠骆驼""瀑布"等。通过课程实践，孩子们在艺术创作的过程中积累了积极的情感体验，对生态和环保有了新的理解与感悟。

（二）多元材料与环境支持，融合生态文明教育

教师在幼儿园中开展生态文明教育，往往倾向于选择集体教学活动，较少考虑到美术区角和环境的作用。我们可以利用美术区角及墙面环境，拓展幼儿对生态文明的认知，提高教育的有效性和科学性。

材料是幼儿探究与创作的重要媒介。教师应当大胆扩充材料库，不局限于一些常见的艺术材料，如蜡笔、毛笔、黏土等，可以添加一些与绘本相关的自然材料，如石头、沙子、稻草、泥土等，自然材料的再生利用可以大大地提升幼儿的环保意识，也赋予了幼儿艺术创作无限可能性。

环境中生态文明理念的渗透给幼儿带来了潜移默化的影响。我们在教室里呈现了黄河的流向图，幼儿感叹于黄河惊人的活力与生命力；我们还利用一次性桌布、鹅卵石、花洒等模拟创造了一条蜿蜒的小河和瀑布，幼儿沉浸于大自然之美。经过一段时间的观察，我们惊喜地发现，有孩子将黄河画进了自己的日记本，有孩子开始在户外玩起了小河游戏，还有孩子关注到了幼儿园旁边的护城河，生态文明教育生发了许多别具意义的活动。同时，班级中的大部分孩子开始自觉节约用水、节约用纸，逐步养成了良好的生态文明习惯。

（三）户外游戏迁移经验，延伸生态文明教育

受到绘本《一条大河》的启发，有孩子在户外游戏时提出造一条小河。几次游戏后，蓝色的垃圾袋代替清澈河水，鹅卵石铺成了一条河边小路，垫子变成了一艘艘小船，树枝变成了撑船的桨，树叶变成了小鱼……又经过了一段时间，有孩子说："黄河里有很多泥沙，我要放一点沙子在河里。"另一个孩子说："可以一段是有泥沙的，一段是干净的，像黄河一样。"还有孩子建议："我们把河水分

开，让它流到旁边浇花吧！"游戏的持续升级离不开幼儿生态经验的积累，户外优美的自然环境和材料也不断激发出幼儿更多的生态游戏行为。

（四）家园携手有效合作，支持生态文明教育

以幼儿兴趣为出发点展开的生态文明探究，必定充满着许多未知，为了能给予孩子更适宜的支持，我们鼓励家长一起主动提升自身生态文明素养，在生活中主动落实生态文明理念。在整个生态实践探究过程中，家长的作用不容忽视，在家长的大力配合下，我们开展了家长进课堂——"水资源的净化和利用"、参观自来水厂、废旧材料和自然材料的收集与分类、环保小报比赛等活动，实现了家长生态资源的共享，也为幼儿带来了别具意义的生态体验。

四、反思与调整

以绘本《一条大河》为载体开展生态教育实践为例，在此过程中教师根据生态课程实践情况不断调整策略，使得整个生态教育过程生动、灵活，深受孩子们喜爱。同时以家园为纽带、以多方资源为支持，师幼互动、生生互动更加密切，充分发挥了绘本的生态教育价值，幼儿获得的经验更立体，探究的过程更完整，与黄河建立的情感更深厚。经过实践，我们发现在幼儿园中开展生态文明教育实践具有非常重要的意义：对幼儿来说，探究的过程即成长的过程；对教师而言亦是如此，生态绘本的实践探究凝聚了个人与集体的智慧，助推教师专业素养和综合能力的提升；对于家长，除了积累到了不少育儿指导经验，也增进了亲子关系，家长乐于看到孩子沉浸式地探究绘本并有所收获。

此次基于绘本的生态文明教育实践探究是一种新的尝试，能为以后的生态文明教育实践提供参考和新的思路。但经过回顾与反思，我们也发现了一些值得改进之处，我们将通过以下途径，将生态文明教育延续下去，将生态意识真正融入孩子们的血脉之中。

（一）幼儿园层面

1. 通过讲座培训、学习研讨等多种方式提升教师队伍生态素养和意识，提升教师绘本解读能力和生态教育水平。

2. 教师继续为幼儿提供大量生态文明绘本，观察幼儿对于绘本的真兴趣，以此为基础开展真阅读，继续推进生态教育。

3. 教师理论与实践结合,将生态文明教育融合到幼儿一日生活中,形成全阅读。

(二)家庭与社区层面

1. 定期组织家长与幼儿一起参与到绿色环保公益活动中,共创美好环境。
2. 利用社区资源组织实践拓展活动,如参观我们熟悉的大治河、卫星河等。

"1+N"模式下亲子成语故事阅读新探

付 佳（上海市浦东新区荡湾幼儿园）

在幼儿的成长过程中，阅读是开启智慧大门的钥匙，它对幼儿的认知发展、情感培养、行为习惯的养成及语言能力的提升等都有着不可替代的作用。成语故事作为承载着中华传统文化的文字产物，其蕴含着丰富的历史、人文知识和深刻的人生道理，有丰富的教育价值；成语故事往往借助叙事的表达方式，串联着各种各样生动的形象，深得幼儿的喜欢；另外，由于成语故事资源较为丰富，家长可轻松地从网上、图书绘本等资源中获得，因此成语故事可作为幼儿亲子阅读时的材料。"1+N"亲子阅读模式为儿童阅读成语故事提供了一种创新的方式，通过家园合作的方式，充分调动了老师的专业性和家长资源的多样性，让幼儿的成语阅读不仅局限于促进语言发展的活动，通过一个核心成语故事延伸出多种亲子体验活动这种形式，让孩子在多元的刺激和体验中领略成语故事的魅力，汲取其中的智慧，发展幼儿多方面的能力。本文将探讨"1+N"模式在亲子成语故事阅读中的应用实践，明确老师、家长和孩子三方的角色与作用，深入分析亲子阅读成语故事的多样化亲子体验活动对幼儿成长的重要性，以及这种模式对孩子语言表达、想象力、创造力、思维能力培养和家庭和谐氛围营造等方面的积极影响，旨在为推动和开发幼儿成语阅读与亲子阅读提供有益参考。

一、"1+N"模式下亲子成语阅读的内涵

（一）"1"的核心意义

"1"代表着一个精心挑选的成语故事。成语故事可以是由老师根据孩子的年龄特点和认知水平挑选的，也可以是由幼儿、家长推荐他们喜欢的或者希望能够了解的成语故事。在老师、家长和幼儿的共同商议下确定适宜的成语故事。成语的选择有一定的倾向性，如针对低年龄段的幼儿，可以选择一些情节相对简单、

形象生动有趣的成语故事，例如"拔苗助长""守株待兔"等；对于高年龄段的孩子，则可以选择一些寓意深刻、富有哲理的成语故事，如"塞翁失马""卧薪尝胆"等。确定成语后，幼儿可与家长或老师共读成语故事，在成语故事讲述的过程中，家长或老师可运用生动有趣的语言和形象的表达，让幼儿融入故事的情节之中。其间通过提问、互动等方式，引发幼儿深入了解故事内容的兴趣，以及对故事内涵的深入思考，让他们积极参与到故事中来。例如在共读"守株待兔"的成语故事时，老师可设置一些引发幼儿思考的问题："农夫为什么会在树下等待兔子呢？""农夫还有什么别的好方法吗？"等，帮助孩子真正理解故事发展的脉络，思考成语故事传递的道理。

（二）"N"的丰富内涵

"N"代表围绕故事内容所开展的多种多样的亲子体验活动。这些活动旨在通过教师或者家长的帮助为幼儿创设亲身体验的机会，习得相关的经验，帮助幼儿多元化地感受成语故事所传递的深刻内涵，同时帮助孩子在体验的过程中技能得以提升，情感得以升华，亲子关系得以增进。

1. 亲子角色扮演

亲子角色扮演是非常常见的"N"体验活动之一，旨在通过成人与幼儿的共同配合来完成成语故事的再现和延续。通过角色扮演，一方面，可以让幼儿更加沉浸式地体会到故事中的情节，了解故事发展的脉络，同时通过模仿成语故事，让孩子体会故事中所传递的情感；另一方面，如果幼儿有兴趣，家长可与幼儿共同参与到故事的创编中来，发挥幼儿的想象力和语言表现力。例如在成语故事"狐假虎威"的亲子角色扮演中，幼儿和家长可各自挑选自己喜欢的角色，一起演绎狐狸借助老虎的威风吓唬其他动物的场景。通过老虎与狐狸同行的过程，引发幼儿思考狐狸和老虎的所思所想，表现其所作所为，在真实的体验中感受这个故事所传达的道理。

2. 手工制作

手工制作是成人和幼儿共同配合完成与成语相关的手工活动，也是一种很有价值的亲子体验活动。家长可以和孩子一起制作与成语故事相关的手工艺品，如制作"画龙点睛"的龙形手工艺品、"亡羊补牢"的羊形卡片等，发展幼儿的创造能力以及小肌肉精细度。除此之外，成人还可与幼儿共同制作成语故事的场景，在制作过程中，家长可以引导孩子回忆故事中的情节，让孩子理顺故事的脉络，同时通过手工构建场景，提升幼儿的空间感受力。

3. 家庭成语故事大赛

在孩子积累了一定成语之后，可以以家庭为单位开展相关的成语比赛。在比赛前与幼儿共同制定家庭成语故事比赛规则，提升其竞技类活动的经验。通过比赛帮助幼儿明晰成语故事讲述的要素，通过比赛中的表达表现，增强幼儿表达能力和自信心。比赛还可以进一步邀请家庭成员一起参加成语故事大赛，以此为舞台，为幼儿创设成语故事使用的情景，增加幼儿表现自己的机会。教师、家长和同伴均可以担任评委，共同参与到幼儿讲成语故事的评价中来，多元化地对幼儿进行评价和鼓励。让孩子在一次次的实践中真正感受成语阅读带给自身的成长，激发其爱上成语阅读。

4. 社会实践活动

众所周知，很多成语故事是真实发生在现实生活中的，与人们的生活息息相关，因此在生活中寻找成语的痕迹，在真实的场景中感受曾经的成语故事，也是"N"体验活动的形式之一。因此，家长可以带领幼儿切实地深入相关情境中，让孩子在现实生活中感受成语所蕴含的历史文化底蕴。如家长可以带孩子参观与之相关的名胜古迹和自然风光，比如古代的园林楼台，相应时期的历史博物馆等，在参观的过程中，给孩子讲解与成语相关的历史故事和文化背景，让孩子更加全面地了解成语故事发生的相关要素，深入体会成语故事中要表达的情感。例如在给幼儿讲解"曲径通幽"时，就可以带幼儿到真实的场景中去看看什么是成语提到的样子；在给孩子讲解"完璧归赵"的历史背景时，真实地带领幼儿参观历史博物馆，了解什么是"璧"，这些都是丰富亲子成语故事阅读的重要形式。

二、"1+N"模式中亲子成语阅读各方的角色与作用

（一）老师的引导作用

1. 成语故事内容的把控

老师作为专业的教育者，对幼儿的年龄、兴趣和认知水平有更加科学的把控，因此在汇集多方成语故事推荐的基础上，可有意识地精心挑选适合的成语故事。在讲述成语时，根据成语情节的需要注重语言的发音、语调，充分将成语中活泼、有趣等特点，以丰富的表情、动作、声音表现出来，来吸引幼儿的注意。

2. 阅读方法指导

幼儿期是阅读习惯形成的重要时期，在成语阅读的过程中，教师可利用专业优势帮助幼儿积累正确的阅读方法，如如何有顺序地进行阅读，阅读成语故事时从哪些方面关注细节，哪些是成语故事的重要情节，等等。在此基础上，教师应鼓励幼儿多问多想，启发幼儿的思维与想象，提高幼儿的理解力，使幼儿主动地参与到故事中来。

3. 活动组织与协调

教师在"1+N"模式下亲子成语阅读的过程中，还应积极组织、协调各类亲子体验活动，以保证各项活动的顺利开展。在活动过程中，教师要密切注意每一名幼儿阅读及体验活动开展情况，有针对性地及时调整活动进度和活动形式，便于活动取得更好的成效，同时适时地给予家长和幼儿鼓励与引导，使每名幼儿都能从中获得成长。

(二) 家长的陪伴与参与

1. 亲子互动与沟通

家长在"1+N"模式下的亲子成语阅读过程中应积极主动地参与到各个环节，了解自己的任务和作用，配合教师，多与幼儿交流。在活动过程中，家长要注意幼儿的感情体验，并尊重幼儿的观点与选择。在此过程中，父母要尝试为幼儿创设思考和解决问题的机会，让幼儿在反复的练习与体验中，发展自己的思维和创造力。

2. 榜样示范作用

在开展"1+N"模式下亲子阅读成语故事活动时，家长还充当着幼儿榜样示范的角色。家长爱读书、多读书、读好书的习惯能够影响幼儿参与活动的兴趣和持续性，让孩子在家里有参与读成语活动的气氛。同时，家长也应在平时的生活中尝试使用成语，增加幼儿使用成语的语境经验，使幼儿在不知不觉中掌握成语。

3. 情感支持与鼓励

"1+N"亲子阅读成语故事活动开展时，"N"活动往往有不同的难度层次，当孩子在成语阅读时或者体验活动时遇到相关困难和退缩情绪时，家长要及时给予帮助和鼓励，让幼儿感受到情感上的支持和鼓励，在阅读和活动中感受到爱和关怀。

（三）幼儿的主体地位

1. 积极参与阅读和活动

孩子是成语阅读活动的主体，幼儿只有积极参与老师和家长组织的各种活动才能取得较好的活动成效。在活动中，要鼓励幼儿大胆表达自己的想法和感受，与家长和老师进行互动与沟通。同时，孩子要认真倾听故事，积极思考问题，提高自己的阅读能力和思维能力。

2. 自主学习与探索

在"1+N"亲子阅读成语故事的过程中要培养幼儿自主学习和探索的能力。尊重幼儿，给予幼儿自主选择成语故事进行阅读的权利，为幼儿提供通过他人帮助或自主搜索获得信息的机会，用自己接受的方式了解成语的含义和用法。同时，鼓励幼儿大胆地去做一些新的事情，充分发挥他们的想象力和创造性。

三、"1+N"亲子阅读模式的积极影响

（一）对孩子语言表达能力的培养

1. 丰富词汇量

通过阅读成语故事，孩子可以接触到大量的成语和词汇，丰富自己的语言表达。同时，在"1+N"亲子体验活动中，孩子可以通过讲述成语故事、参与角色扮演等方式，运用所学的成语和词汇，提高自己的语言表达能力。

2. 提高表达准确性

成语具有简洁明了、含义深刻的特点，在交流的过程中正确地使用成语可使语言变得更加生动和准确。在"1+N"模式下的亲子阅读中，幼儿有了更多实践和使用的机会，深化了对成语的理解，强化了成语的正确用法，提高自己的表达准确性。

3. 增强表达逻辑性

成语故事通常具有一定的情节和逻辑，在"1+N"亲子成语故事阅读的过程中，幼儿可以训练他们的逻辑思维，同时提高他们的语言表达能力。

（二）对孩子想象力和创造力的培养

1. 激发想象力

成语故事中的情节和人物形象往往充满了想象力，通过听、读、说，幼儿能

充分运用自己的想象，对故事中的景物、角色进行想象。同时，在亲子体验活动中，孩子可以通过角色扮演、手工制作等方式，将自己的想象变成现实，进一步激发自己的想象力。

2. 培养创造力

亲子体验活动为孩子提供了一个发挥创造力的平台。孩子可以在活动中尝试新的方法和思路，创作出自己专属的成果。例如在手工制作活动中，孩子可以根据自己的想象，制作出独特的手工艺品；在家庭成语故事大赛中，孩子可以改编成语故事，创造出新颖的故事情节。

（三）对孩子思维能力的培养

1. 培养逻辑思维能力

成语故事往往蕴含着完整的逻辑结构，幼儿在阅读和理解成语故事的过程中，可以发展其逻辑思维能力。同时，在亲子体验活动中，孩子可以通过分析问题、解决问题等方式，进一步提高自己的逻辑思维能力。

2. 培养批判性思维能力

在阅读活动中，孩子可以对成语故事中的人物和情节进行思考与评价，培养自己的批判性思维能力。例如幼儿通过引导思考成语中的人物行为是否适宜，故事所传达的道理是否合理等问题。

3. 培养创新思维能力

亲子体验活动鼓励孩子尝试新的方法和思路，培养孩子的创新思维能力。孩子可以在活动中提出自己的想法和建议，与家长和老师进行交流与讨论，共同探索新的可能性。

（四）对家庭和谐氛围的营造

1. 增进亲子关系

"1+N"模式下亲子成语阅读活动为家长和孩子提供了一个共同学习、共同成长的机会。在活动中，家长可以与孩子一起读书、一起玩耍、一起沟通，促进亲子关系。此外，通过亲子体验活动，还能使父母更好地理解幼儿的兴趣与需要，从而使家庭教育更具针对性。

2. 营造家庭阅读氛围

家长与幼儿共同参加读书，能形成良好的家庭阅读气氛。在这样的环境下，幼儿会更喜欢读书，形成好的读书习惯。同时，家庭阅读氛围也可以影响其他家

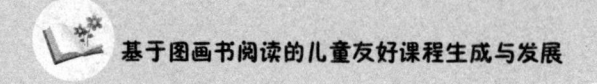

庭成员，让整个家庭都充满书香气息。

四、结论

"1+N"模式下亲子成语故事阅读，为成语故事学习提供了一种全新的方式，通过一个核心成语故事和多种亲子体验活动，让老师、家长与幼儿共同探索成语故事的魅力。在这个过程中，老师的引导、家长的陪伴和孩子的积极参与缺一不可。这样既能发展幼儿的语言表达能力，又能发挥其想象力、创造力和思考能力，同时还能促进亲子感情，创造一个和谐的家庭氛围。因此，我们应该积极推广"1+N"亲子阅读模式，让更多的家庭和孩子受益于成语故事阅读。

儿童友好视角下家园协同开展图画书阅读的实践

王玉英(上海市浦东新区靖海之星幼儿园)

儿童友好意味着儿童优先、儿童利益最大化,意味着尊重儿童权利应成为家庭教育和学校教育的前提与基本原则;儿童友好应成为家校协同的根本原则。在幼儿阶段,家校协同共育要真正有利于儿童成长,要把儿童的需要放在很重要的位置,要理解儿童的特点和需要。

图画书作为视觉化的儿童文学,是最适合幼儿的阅读媒介;图画书阅读也是深受幼儿喜爱的阅读方式。《幼儿园教育指导纲要(试行)》指出:要把握幼儿所处年龄段的特征,尊重其认知水平与兴趣爱好,提供不同体裁的文学作品,让他们在早期阅读中颇有所获。儿童图画书融简单的文字与多彩的画面于一体,动静结合,妙趣横生,能够吸引幼儿关注,激活想象力与表达力。

我园以阅读为特色,积极开展幼儿图画书阅读活动。鼓励家长参与各类阅读活动,倡导与孩子一起阅读、一起成长,越来越多的家庭深刻体会了图画书阅读的益处,图画书阅读成为家园共育的重要载体。

一、家园合作创设友好的阅读环境

3—6岁是幼儿阅读能力发展和培养的关键时期,《3—6岁儿童学习与发展指南》中指出:"应为幼儿提供良好的阅读环境和条件,并激发幼儿的阅读兴趣,培养阅读习惯。"家长是幼儿园重要的教育合作伙伴,我们应充分发挥家庭的力量,激发家长的积极性,家园紧密合作共同参与图画书阅读活动。

(一)物质环境的创设:温馨、舒适

众所周知,环境对幼儿兴趣的培养起着至关重要的作用,适宜的阅读环境直接影响幼儿对阅读的热爱程度,并能进一步帮助幼儿提高专注力,发展浓厚的阅读兴趣,全面助推孩子的语言发展能力。所以,家中阅读区域的规划和创设是必不可少的,我们应指导家长有意识地从小给孩子建立"阅读仪式感",而创设一

个符合孩子年龄特点、富有童趣的独立阅读区域是孩子喜欢阅读、爱上亲子共读的必要条件。

我们走进家庭,和家长一起根据家庭区域创设阅读角,尽量为儿童提供相对固定的阅读场所,保证光线充足,空气流通良好。如可以适当把书房一角规划出一块专属幼儿的"小书房",还可以选择阳台的一角、卧室的飘窗、幼儿的床边角落等,利用帘子或小帐篷与其他区域隔开,创设真正属于孩子的"阅读天地"。此外,还可挑选温馨舒适的"软装",如柔软的地垫、颜色柔和、质地舒适的软沙发等;也可为儿童准备随手可得的各类纸张和安全的书写工具,供其随性涂鸦。温馨舒适的阅读环境能激发幼儿的阅读兴趣,使其产生主动阅读的愿望。

（二）心理环境的创设：平等、自主

家庭阅读环境创设中更重要的是为儿童营造出平等和谐、自由自主的精神环境。儿童的模仿能力极强,在与其相处的亲子时光中,家长应放下手机,合上电脑,以身作则,积极营造良好的书香环境,时时给孩子以熏陶和浸染。

首先,尊重儿童,鼓励参与。

在家庭阅读环境创设的过程中,家长应尊重儿童,要倾听孩子的声音,让孩子充分表达自己的意愿。如和孩子共同商议阅读角区域的选择、各类"软装饰"、图画书的选择等。

其次,尊重儿童,关注需求。

对于儿童偶然、自发的阅读行为,家长要给予及时的鼓励;对于儿童的重复阅读等要求要理解并充分满足;对于儿童在阅读或表达过程中的不足或错误要给予引导,营造宽松的精神氛围。

二、家园共议选择适宜的儿童友好图画书

《中华人民共和国家庭教育促进法》提出:家庭教育以立德树人为根本任务,培育和践行社会主义核心价值观,弘扬中华民族优秀传统文化、革命文化、社会主义先进文化,促进未成年人健康成长。

作为提供给儿童阅读和学习的图画书,应当承载当前我国学前教育的核心价值观念,传递正确的儿童发展观和教育观,因此,我们通过线上、线下等多形式的家园活动,在和家长共同讨论、商议的基础上,达成共识为幼儿选择适宜的图画书,既要照顾到儿童的兴趣爱好,又要结合儿童的年龄特点及新时代儿童发展

需求。

　　托小班幼儿年龄较小，以无意识阅读为主，在图画书的选择上，他们更喜欢色彩鲜艳的画，例如《小金鱼逃走了》《抱抱》《彩虹色的花》等。

　　如图画书《彩虹色的花》，油画棒风格的画面是贴近孩子创作的，是一本深受孩子欢迎的绘本。讲述的是原野上开了一朵彩虹色的花，为了帮助原野上的动物们，它把花瓣一片一片分给了别人，冬天来临，彩虹色的花枯萎死去，直到春天……这是一个超级暖心的故事，彩虹色的花乐于助人，无私将自己的花瓣用来帮助别人；这又是一本有深度立意的图画书，就在我们以为彩虹色的花离去时，通过季节的转换，彩虹色的花重生了，揭示了"生命的轮回"。

　　中大班幼儿较小班幼儿而言具有更强的观察能力，有意注意时间较长，能根据画面和情节进行较深层次的思考。实践发现，中大班幼儿的家长更倾向于和幼儿共读经典故事，如《三个和尚》《孔融让梨》《花婆婆》等，此类图画书故事人物形象鲜明，画面内容寓意深刻，具有丰富的内涵。

　　如图画书《花婆婆》讲述的是关于年轻时的花婆婆和爷爷的三个约定：去远方旅行、住在海边、做一件让世界更美丽的事。花婆婆想要传达的是"让世界变得更美丽"，这般抽象的"美与希望"，能借助具象的图画书阅读传递给孩子，"感受"的过程是关键，可以引导孩子感受故事、感受画面的美感、感受"美与希望"。花婆婆撒下的是花的种子，作用在于唤醒孩子心中那份诚挚的情感。

　　总之，教师应指导家长多角度选择适量的阅读材料，注重质量、数量适度、内容丰富、意义积极，让幼儿通过阅读树立正确的世界观、人生观、价值观。

三、家园协作开展丰富多样的儿童友好图画书阅读活动

　　我国著名的幼儿教育家陈鹤琴先生说过："幼儿教育是一件很复杂的事情，不是家庭方面可以单独胜任的，也不是幼儿园方面能单独胜任的，必定要两方面共同合作方能得到充分的功效。"教师与家长必须携起手来，家园协作，采取科学有效的方式开展丰富多样的阅读活动，共促幼儿阅读能力的有效提升。

（一）亲子共读推荐活动——倾听孩子的声音

　　亲子阅读又称"亲子共读"，就是以书为媒，以阅读为纽带，强调在亲密、融洽、和谐的氛围中，父母和幼儿共同欣赏图画书，并针对书中的故事展开讨论、交流，引导幼儿积极主动思考，鼓励幼儿发表观点，是一种积极的情感交流

和满足，使儿童能够感受到被关注、重视、接纳和理解。

1. 定期推荐

结合幼儿年龄特点及兴趣点，教师定期向家长推荐图画书进行亲子共读活动，将幼儿兴趣点和图画书所蕴含的深意巧妙结合，通过亲子共读帮助儿童感受、体验并理解儿童图书所包含的教育意义。

如推荐图画书《丑小鸭》，它既易于儿童理解又能抚慰儿童幼小的心灵，还有利于培养儿童形成坚强、勇敢、不轻易放弃的品质。

再如推荐图画书《神笔马良》，马良即代表了一种民族精神：勇敢、正直、努力、坚韧、机智、守信……

2. 定期共读

在亲子共读开展过程中，我们鼓励家长坚持做到定期共读、每读共思、读后共享。所谓定期共读即引导家长建立家庭读书角，定期开展亲子共读一本书或几本书，关键在于持之以恒；所谓每读共思是指在亲子共读过程中家长要引导儿童边阅读边思考，使阅读成为积极互动的活动，家长要适时抛出问题请儿童思考并回答，加深对图画书内容的理解，促使儿童主动阅读、主动思考、主动探索，同时儿童也可向家长抛出互动性提问，实现双向奔赴；所谓读后共享是指在完成共读后，家长和儿童可以一起利用儿童熟悉的表征符号记录亲子共读过程中的疑惑、思考、收获等，或利用喜马拉雅等音频App进行录制，生成二维码链接，在班级或园内进行共享。通过共读，父母与孩子共同学习，一同成长；通过共读，为父母创造与孩子沟通的机会，分享读书的感动和乐趣；通过共读，可以带给孩子欢喜、智慧、希望、勇气、热情和信心。

图画书的世界丰富多彩，在规则建立、情绪认知、交往冲突、矛盾处理等方面都有很好的展现和指引。通过亲子共读，儿童可以感知、理解到社交规则和运用，并丰富情感，提高问题的解决能力。当儿童在社交和生活中碰到相似问题或情境时，能够从曾经的阅读记忆中调出相关矛盾的相似印象进行自我学习和修正。

（二）亲子制作"故事袋"活动——支持孩子的需要

在幼儿园的班级阅读区、阅览室、走廊、楼梯等场所随处可见孩子们投放的"故事袋"，故事袋（盒）里的操作材料是孩子与父母一起阅读故事后按照自己的理解制作的，可以是孩子们与家长一起完成的绘画作品、打印的图片、彩泥作品、手偶、故事背景等，所有的创意和表现方式都是按照孩子们最能理解的方式呈现。制作好的故事袋（盒）可供大家阅读、摆弄、表演、绘画等。

如我们组织开展以"爱"为主题的"故事袋"亲子制作活动，托、小班聚焦"爱自己、爱朋友"，中大班聚焦"爱家乡、爱祖国"，鼓励家长和孩子一起尝试制作故事袋，不限时间（不用一天做完），不限形式，寻求的是共读中的陪伴、制作中的合作、讲述中的配合。

故事袋这种独特的共读方式，成就了家长与孩子、孩子与孩子、教师与孩子之间的共读、共享，在共读过程中衍生出全新的、不同的、属于幼儿的图画书世界，同时满足孩子的想象，增添了阅读图画书的乐趣。

（三）亲子共演活动——拓展孩子的阅读空间

图画书是一种以图画、图符、文字相辅相成共同表达叙事的童书，对儿童来说相对比较抽象，如何变抽象为具体形象呢？我们尝试运用情景剧、小品、舞蹈等表演形式，借助舞台的立体感，赋予图画书情景感、情绪感，体现趣味性，鼓励亲子共同参与表演活动，在阅读作品、分配角色、组织协调的过程中，加深对作品的理解感悟，同时，在协作表演的过程中促进儿童的良好社会性发展。

如《三个和尚》是一本非常经典的图画书，取材于中国民间谚语，饱含中国人的生存智慧。讲述了三个和尚因为不肯合作打水，纷纷逃避责任，最后导致大家陷入没水喝的困境。后来寺庙意外遭遇了火灾，三人齐心协力扑灭了大火，终于意识到了自己的错误。为发挥家园合作效力，我们将共演活动拓展到家庭，鼓励家长与幼儿合作，在亲子共读《三个和尚》的基础上开展亲子共演活动，发挥家长的能动性，让儿童依托家庭环境的优势，积极与家长一同阅读图画书、创设环境、扮演角色，用对话、动作、表情等进行创造性的表演。

亲子共演活动的开展，为儿童与家长搭建了一个可以展现自己的舞台，从内容到形式都实现了亲子表演的个别化和个性化。从亲子共读到亲子共创再到亲子共演，每一个儿童都在其中展现了自己的个性，获得了成功的快乐体验。在这一过程中，儿童作为主导者，家长作为陪伴者：当儿童胆怯、疑惑时，家长能适时地给予帮助；当儿童成功时，家长及时送上鼓励，在无形中既拉近了亲子间的距离，同时也有助于促进儿童的良好社会性发展。

此外，我们还指导家长利用双休日带孩子一起走进图书馆、走进社区，在社区、邻里之间开展"周末读书会""小小交流站""图书漂流活动"等活动，增强幼儿自信心，增进幼儿的交往能力，鼓励孩子与同龄朋友共同阅读图书，交流图书，并留下珍贵的合影、互赠自制的小礼物，让幼儿在活动中感受读书的乐趣，让图画书阅读活动成为一个温暖人心的活动。

家园共育是家长与幼儿园共同完成孩子的教育，在孩子的教育过程中并不是家庭或者幼儿园单方面进行的。我们以图画书为媒介，牢牢确立儿童友好的价值观，将儿童优先置于不可动摇的地位，让儿童成为家校协同的建言者、参与者、受益者。家庭、学校乃至全社会，应一起创造一个适合儿童生存与发展的环境，真正促进儿童的幸福成长。

图画书阅读在儿童户外友好探究活动中的实践
——以小班"落叶"为载体

王天治（上海市浦东新区祝桥东港幼儿园）

陈鹤琴先生说过："儿童的世界是儿童自己去探讨、去发现的，他自己所求来的知识才是真知识，他自己所发现的世界，才是他的真世界。"而小班这一年龄段的幼儿天生具有强烈的好奇心，乐于探索周边的事物，看到新奇事物会主动接近，专注地看，探索其中的奥秘，所以幼儿园里的一草一木、一石一土皆是自然教育的资源。《3—6岁儿童学习与发展指南》（以下简称"《指南》"）中也指出：经常带幼儿接触大自然，激发其好奇心与探索欲望；支持幼儿在接触自然事物和现象中，积累有益的直接经验和感性认识；引导幼儿关注和了解自然，逐渐懂得热爱、尊重和保护自然。图画书是儿童早期阅读与学习的重要资源，图画书以图为主、图文结合的特点让儿童易于接受，特别是故事类图画书通常借助生动的形象、有趣的故事，以及易于儿童理解的语言，将科学探索类的故事情节和内容具象化地加以展现，儿童通过阅读和学习，能够在潜移默化中对科学探究活动产生兴趣、加深理解及充满期待。

我园一直围绕户外自然开展各类自主探究活动，让孩子在亲近自然的同时，引导孩子研究自然。自主探究教育强调"以儿童为中心"，根据儿童的意愿开展探究活动，针对小班幼儿我觉得有一定挑战性。首先，根据小班幼儿年龄特点，他们喜欢亲近自然，可只限于表面的喜欢，注意力不稳定，没几分钟又被其他事物吸引；其次，小班幼儿有好奇心但不太愿意主动去深入某一具体内容进行探究，而作为教师也不能够在活动中干预过多，削弱幼儿的主动性……

所以在此基础上，我依据"儿童友好"的教育理念，以图画书阅读为辅助，对如何在小班中开展幼儿户外友好探究活动有了一些思考及实践。注重活动基于儿童的兴趣和需求，采用游戏化的方法，让孩子们在玩乐中学习，同时注重培养孩子们的表现力、创造力和自信心。

一、实践与探索

（一）观生活之微，思适宜主题

在午间休息时间天气好的情况下，我会带领孩子们在幼儿园里散步，幼儿园里有许多"宝藏"树，风轻轻一吹就会有许多叶子飘落下来，装扮了园中小道，也变成了会响的小路，孩子们仿佛走进了一个金色的童话世界，纷纷捡起落叶，有的看，有的闻，有的摸，有的玩……并听他们互相聊着手中的落叶。

桐桐："我找到了很漂亮的叶子，老师你看，上面是黄色的，下面是绿色的。"

天一："我也有，我的也是这样的，不过我的叶子比你的小。"

昕熠："为什么叶子里面有很多线？"

赫赫："我也不知道，是因为它要喝水吗？"

天一："我找到超大的叶子，你们看！"

桐桐："我发现有的叶子尖尖的，有的叶子是爱心形状的。"

满地的落叶瞬间成为孩子们谈话的热点。"落叶"这一原本在大自然中很平凡、很不起眼的东西，一下子激起了孩子们的兴趣，于是我们的户外探究主题"秋天的落叶"便悄然而生。那么接下来我该如何有效地继续开展主题探究活动呢？

（二）立幼儿之本，设实施内容

当我发现幼儿对落叶产生了浓厚兴趣之后，我决定从幼儿的兴趣和好奇心出发确立实施内容，支持幼儿通过各种感官亲身探索、实践学习——依据幼儿兴趣，寻找探究问题。

桐桐："我找到的树叶是心形的。"

昕熠："我找到的树叶像小船。"

小雅："我找到的树叶像扇子。"

陈陈："我的叶子像小裙子。"

天一："我找到的叶子是圆圆的。"

赫赫："我的叶子是红色的，这个是枫叶。"

沙沙："我的叶子一半是黄黄的，一半是绿绿的。"

小毅:"我找到的叶子都是黄色的。"

…………

从孩子们的话语中,发现孩子们对树叶的形状和颜色非常感兴趣,那么可否从这方面入手开展活动呢?《指南》中也指出让幼儿能感知和发现周围物体的形状是多种多样的,对不同的形状感兴趣;能感知和区分物体的大小、多少、高矮长短等量方面的特点,并能用相应的词表示等,那么很显然,《指南》也支持孩子们开展此方面的探究,那就把这个内容确立下来。

这是我们在幼儿园内找到的落叶,那么园外的落叶会不会不同呢?不如让孩子们周末和家长来一个亲子寻叶之旅吧,让幼儿带着自己的已有经验及疑问和爸爸妈妈们一起去探索一下落叶的秘密。周末家长们就带孩子出去了,他们不仅带孩子们观察了各种落叶,给力的家长们和孩子们还一起完美地制作了秋叶创想,有的做了小乌龟,有的做了孔雀,有的做了热气球,有的做了小花园。家长们也给了我很多反馈,有的说树叶组合在一起可以变成很多漂亮的画,有的说老师讲过这几片树叶贴在一起就是毛毛虫……

家长的树叶贴画给了我很好的启发:能不能根据幼儿已有经验,针对落叶的形状、颜色,开展怎样把树叶变成一幅画的活动,或者用颜料变出树叶的形状活动?

(三)寻科学之书,助探究之路

之后,为了丰富幼儿对树叶的认识,我想帮助孩子去寻找一些科学图画书。科学图画书不仅对发展幼儿的阅读能力具有积极的促进作用,还能够为幼儿探究能力的发展提供有力的支持,依托科学图画书可以以图文共同叙事的呈现方式传达自然科学知识、内容,包括动植物、人体、生态与环境、自然科学现象、科学技术等。针对小班年龄特点,我觉得《落叶跳舞》这本图画书还蛮合适。

《落叶跳舞》这本故事书正好契合了当下的季节,秋天也是孩子们很喜欢的一个季节。而故事书里没有过多文字,简短的每一句却如诗般优美,符合小班幼儿特点,能够朗朗上口,也能让幼儿通过认知各种树叶的形态,来开发想象力。孩子们的游戏清单又可以增加了,落叶不仅可以拓印,还可以去拼贴,好玩又好看。

(四)施项目学习,推深入探究

"以儿童为中心"的户外探究活动不仅强调自主性,也强调整合性,将不同学科有机整合、融于一体，在实施过程中，需要考虑幼儿兴趣与目标的融合，考虑教育内容的全面性和平衡性，在内容的选择上也应该做到各领域的相互渗透、逐步递进，来构建更加全面丰富的活动内容，使幼儿得以均衡发展。

于是，在前期兴趣萌芽阶段的探索、亲子寻叶之旅，以及图画书阅读经验提升的基础上，我们延伸了探究话题，有了小班幼儿STEAM生命科学探究户外项目活动的方案和设想：

1. 名称：我会看树叶

问题：树叶长什么样？

材料：放大镜、树叶若干

过程：仔细观察树叶，树叶上有什么，树叶有什么形状，树叶像什么

科学：观察树叶的外形、纹路

技术：使用放大镜观察树叶

艺术：感受秋天树叶的美

语言：能用图画、符号记录自己的探究结果

2. 名称：树叶变变变

问题：用颜料变出树叶的形状可以吗？

材料：画纸、餐盘、颜料

过程：使用各色颜料喷出各类树叶形状

科学：了解树叶的形状，用颜料喷壶喷出树叶的形状

技术：运用工具和材料喷出树叶形状

工程：怎样用各种工具喷出树叶画

艺术：用各种工具喷树叶并变成好看的画，激发幼儿对叶子作品的想象力、创造力

3. 名称：树叶画

问题：怎样用树叶变成一幅画？

材料：纸板框、树叶

过程：选出喜欢的树叶作画

科学：了解树叶的形状和纹路

技术：组合树叶变成画

工程：怎样变成一幅树叶画

艺术：尝试根据树叶的形状组合，创意想象，发展拼、贴等技能

在项目式的探究活动中，幼儿通过观察、亲身体验、实际操作等来重新组

织、建构自己的经验。值得关注的是，幼儿的深度探究学习不只是为了找到问题的答案，更需要强调幼儿在过程中的自主探究，以及对不断萌发的新问题持续探究。如科学探索能力、逻辑思维能力、艺术表现能力、语言表达能力，同时把相对应的领域指向，如科学、社会、语言、艺术等做了整合。如在科学领域，通过户外自主探究了解叶子的整体形态及细节特征；初步感知落叶的独特性，对进一步探索落叶产生兴趣。在社会领域，体现在活动时愿意接受同伴的建议和意见；主动参加落叶的秘密主题探究活动，感受与同伴合作探究的快乐。在语言领域，能完整地讲述自己的探究过程，分享探究结果。在艺术领域，尝试根据树叶的形状组合，创意想象，发展拼、贴等技能，激发幼儿对叶子作品的想象力、创造力，运用工程领域的喷一喷、做一做，再现叶子的形状和具体细节，积累幼儿的探究经验及生活经验。

（五）搭探究支架，积探究经验

主题活动的有序有效开展，须充分考虑内容的探究性，内容是否具有递进性和发展性。在"秋天的落叶"主题探究内容开展进程中，我搭建了以下支持性的策略。

1. 情境支架

小班幼儿喜欢有趣好玩的东西，所以在搭建支架时为小朋友创造了有趣的情境，例如为叶子宝宝穿上漂亮的衣服，创设一点有趣的情境，让幼儿在看看、找找、喷喷、拼拼、玩玩中了解树叶的外形特征，寓教育于"玩"中，特别是对以直观行动思维为主、注意力不容易集中的小班幼儿来说，更应该通过创设的有趣情境，帮助幼儿主动地去学习探索活动内容。

2. 图书支架

图画书是解答孩子们疑问的"秘密武器"，也是推进主题活动的有效工具。孩子们在现实中因为种种原因对于一些问题无法获取直接经验，此时，图画书所蕴含的丰富信息便能作为前期经验或者补充经验，孩子们能够通过图画书精美、形象的画面呈现科学、规范而又不失童趣的语言表达，走入好玩有趣的落叶世界。

3. 材料支架

在探究材料的选择上，遵循小班幼儿的认知规律和能力范围，以生活中幼儿常见的"落叶"作为主体，并以放大镜、颜料、餐盘、自制相框等作为辅助材料，鼓励幼儿与材料主动发生互动，获得探究经验。比如幼儿拿着放大镜在草地里，寻找各种各样的落叶，并相互讨论；把颜料和水混合装在喷瓶里，把树叶放置于餐盘中，喷瓶对着有树叶的餐盘喷一喷，餐盘里马上会有树叶的形状出来，好玩又有趣；同时，幼儿把各种树叶进行组合摆放形成一幅秋叶画，种种材料的投入为小班幼儿提供感受美、发现美的视角。

4. 挑战支架

不同的探究活动都需要一个递进式的探索学习，比如三个项目式学习探究活动1，通过放大镜让幼儿找一找不一样的落叶，包括颜色、形状等，心细的幼儿还会发现树叶上面有很多细细的纹路，并能和同伴一起说一说，相互交流自己的发现，比较各自的树叶，这是对落叶初步的探索，通过颜色、形状等不一样的发现，进而在项目活动2中借助颜料展开对树叶形状的不一样的探究活动，喷一喷不同的颜料，或者用几种不同的颜料组合，也能喷绘出漂亮的树叶形状，萌发小班幼儿对探究活动初步的好奇心和探索欲，进而在项目活动3中尝试根据树叶的形状组合，创意想象，发展拼、贴等技能，进一步感知秋天落叶的美，逐层递进让小班幼儿感受落叶，感受秋天，发现它们的美。

二、思考及建议

通过此次小班幼儿户外友好探究活动，对于怎么开展户外探究活动，我有了深刻的感悟。

（一）根据幼儿兴趣确立主题内容和方案

幼儿的兴趣点是他们主动学习的起点，由幼儿的兴趣点引发的教育才能成为幼儿主动学习的内部动力。秋天的落叶来自幼儿的生活，为幼儿所喜欢，因此，我们利用了大自然的落叶这一自然资源，倾听孩子们的话语，从中梳理出了探究的内容，又结合亲子寻找落叶过程中萌发的树叶贴画的内容确立了具体的探究内容和方案。

（二）借助图画书阅读助推户外友好探究活动

基于"儿童友好"理念的户外友好探究活动的顺利开展离不开方方面面的协助，但通过身体力行，图画书的资源在主题活动的生成、发展中发挥了积极的作用，图画书已然成为幼儿园教育教学的重要资源。教师可以通过多种多样的图画书资源拓展儿童的学习经验，当然这还需要教师能够站在儿童视角，根据儿童的兴趣和原有经验，选择适宜的图画书，将丰富的图画书资源转化为儿童真实的经验获得过程，图画书才能真正实现其价值。

那么如何使幼儿在活动中获得的直接经验与间接经验有机结合、相互补充，我们还须进一步探究和实践。

很高兴能在这秋叶飘舞的日子里，与孩子们一同收获、一同成长、一同前行。秋去冬来，我们的树叶之旅也还在继续……

图画书阅读助力幼儿情感教育的实践探究

陈 茜（上海市浦东新区彭镇幼儿园）

图画书作为一种丰富幼儿认知经验、助力幼儿教育的重要教学工具，对幼儿的情感发展有着重要价值。《幼儿园工作规程》强调："幼儿园的品德教育应以情感教育和培养良好的行为习惯为主，注重潜移默化的影响，并贯穿于幼儿生活以及各项活动中。"为了促进幼儿的情感发展，实现培养幼儿核心素养的教育目标，笔者筛选出适合幼儿阅读的图画书，应用于教育活动中，并从多个方面对幼儿开展情感教育。

一、通过图画书联结生活情境，引导幼儿控制情绪

在利用图画书推进情感教育的过程中，我们不断加强师幼之间的交流互动，结合幼儿的心理特点和发展规律，将图画书内容与生活情境联结，营造良好的情感教育氛围，引导幼儿尝试控制自己的情绪。

例如与幼儿共同阅读《一个长上天的大苹果》后，教师根据"小苹果树分享自己的美梦"的故事内容，设计了相应的问题，如"小苹果树一开始梦见自己结了一颗超大的苹果""但是它结了一颗世界上最大的苹果后开心吗？"等。围绕这些问题，幼儿各抒己见，初步理解故事内容。随后，教师将故事内容与幼儿的日常生活联系起来，追问幼儿："你们在生活中会和大家分享吗？""什么时候会让你们感到不想分享？"……通过追问，引发幼儿的回忆和思考，让幼儿认识到自私等消极情绪，并初步了解如何面对并缓解这些情绪。

在此基础上，教师还需要帮助幼儿掌握各种控制情绪的方法。例如在阅读《菲菲生气了——非常、非常的生气》时，幼儿通过"菲菲因为被姐姐抢了玩具而生气"的故事内容，初步认识了愤怒情绪。故事中的菲菲先是以肢体动作表达愤怒，然后躲进自己的世界宣泄悲伤，最后渐渐缓和情绪，并恢复平静。教师针对故事内容，组织幼儿讨论"菲菲生气的原因有哪些""菲菲生气时有哪些表现""菲菲是用什么方法控制和调节情绪的"等，完成故事内容的梳理后，

教师引导幼儿结合自己的生活经验进行总结:"你们在什么时候会感到非常生气?""生气的时候会怎样表现?""你们认为自己的做法是正确的吗?""如果遇到同样的事情,你们还会生气吗?"以此帮助幼儿代入生活情境,唤醒幼儿真实的情感体验,帮助幼儿逐渐学会自我控制和调节情绪等技巧,提升情感教育活动的有效性,进而学会给予和分享。我们的生活中时常享受着别人的帮助和爱,我们自己也要对别人有所付出,有所回报。

二、开展分层阅读活动,丰富幼儿的情感体验

幼儿的成长经验及观察力、想象力等均存在一定差异,所以他们在阅读过程中获得的感受和关注点也会有所不同。教师在组织与开展阅读活动的过程中,需要根据幼儿的个体差异采用不同的策略,帮助幼儿丰富情感体验。例如在大班集体学习活动中,教师让幼儿尝试自主阅读《石头汤》的前半部分内容——最初,村民对和尚们充满了怀疑和敌意。在完成阅读后,教师抛出问题"你们看到了什么",让幼儿表达和交流自己对于故事内容的理解。

班级中有个别能力较强的幼儿通过阅读图片和一些简单的文字,不但能读懂图画书的大致内容,还能表达自己对故事人物的看法。比如泽泽在阅读后说:"村民的戒备心太强了,一点儿都不信任别人。"这些观察力强、想象力丰富的幼儿能捕捉到图画书中人物的心情,并结合生活中的情感体验,表达超出画面之外的内容。教师此时应适当"退后",让幼儿"自由发挥",充分表达他们的阅读感受。

班级中能力发展水平处于中游的幼儿能够通过图画书中的一些细节,如人物表情、画面色彩等,了解并想象图画书的基本内容。比如萌萌指着图画书中的一个画面说:"三个和尚在煮石头汤的时候嘴角都是弯弯的,说明他们很开心。"这些幼儿能够初步感知情感,但教师还需要适当引导,如提问"他们为什么开心"来引导幼儿了解更多的故事情节,进一步理解图画书中的人物情感。

能力发展相对较弱的幼儿能看到比较直观、浅显的画面内容,如"石头汤里真的是放石头""石头汤里还放了一些胡萝卜"等。对于这些幼儿,教师需要进行更多的引导,如"看一看村民的表情""村民在干什么"等,循序渐进地帮助幼儿理解故事、体会人物情感。

三、组织图画书游戏活动，调动幼儿情感共鸣

教师可以结合图画书内容，组织开展与之相关的游戏活动，支持幼儿在游戏活动中深入理解和感受故事内容，体会各个角色所表达的思想和情感，引发幼儿与图画书中角色的情感共鸣。

例如在阅读《和甘伯伯去兜风》后，教师根据"甘伯伯打算开车去兜风，小孩和小动物们都要坐他的车去兜风，路上他们都很开心"的故事内容，开展表演游戏，让幼儿以小组形式参与。活动中，幼儿分别扮演甘伯伯、小动物和小朋友，教师鼓励幼儿结合故事内容进行自主演绎。幼儿在表演的过程中，会仔细观察图画书中的每一个画面，将其整合到自己的表演中。有的幼儿还会结合自己的经历，进一步拓展故事内容。活动前，东东在看到甘伯伯并没有指责推卸责任的小动物们的情节时产生了疑惑："做错了事情为什么没有批评？"在扮演了甘伯伯的角色后，东东回家问爸爸妈妈，做错事情之后爸爸妈妈是不是会及时鼓励而不是批评呢？就像故事中甘伯伯所说的那样。在得到了肯定的答复后，东东解开了心中的疑惑，增进了与父母之间的亲子关系，也更好地体会了故事中不同角色的内心世界。

开展与图画书相关的表演游戏既能提高幼儿参与的积极性和主动性，还能激发幼儿的情感意识和实践能力，使其充分感受和理解图画书中传递的情感与知识，优化了情感教育的实施效果。

借助优秀图画书开展的阅读活动能够为幼儿营造良好的情感教育氛围，丰富幼儿的情感体验，提升幼儿情感教育的效果与质量，从而助力幼儿的全面发展。在实践中，教师要进一步探索更多有效的方法，运用图画书资源积极开展情感教育，更好发挥图画书在幼儿情感教育中的作用；同时，在进一步的研究中，去探索图画书教育与其他教育方法结合使用的可能，探索多种教育方式的兼容性特点，以面对新形势下的教学挑战。

在体验式阅读活动中培养中班幼儿的情绪管理能力

严荪佳（上海市浦东新区老港幼儿园）

情绪对心理健康有着重要影响，而幼儿情绪是发展社会性的表现，对幼儿良好的身心状况、健全的人格发展以及良好的社会关系都有着重要的作用。幼儿阶段是情绪发展的敏感期，因此在幼儿期开展情绪管理教育非常重要。

体验式阅读是基于幼儿身心发展特点和已有社会经验，主要以绘本为载体，通过融合情境、借助游戏、开拓途径等多方位角度将幼儿内在情感与外在体验情境结合起来的一种体验活动。而绘本作为体验式阅读的载体以丰富的画面和故事情节帮助幼儿正确认知情绪，引导幼儿准确表达情绪，使幼儿在有效的阅读途径中，获得自身情绪管理能力的不断提升。本文围绕"在体验式阅读活动中培养中班幼儿的情绪管理能力"这一主题展开探索，旨在让幼儿成为管理情绪的小主人。

一、融合情境，尝试认知情绪

（一）设置问题情境，引导情绪认知

以提升幼儿情绪管理能力为目的的体验式阅读活动，首先要求教师通过师幼互动的方式，为幼儿设置问题情境，引发幼儿的自主思考，使幼儿在充分认知自身情绪的基础上，进行准确、详细的情绪表达，进而实现幼儿自主情绪调节。《3—6岁儿童学习与发展指南》指出，培养幼儿情绪管理能力是幼儿社会领域的核心内容。教师以对话式的方式开展阅读活动，引导幼儿思考，为幼儿创设合理的问题情境，有助于增强以情绪绘本为媒介的对话式阅读活动效果，进一步提高幼儿社会情绪认知。

在开展《幸福小鸡逛超市》阅读活动时，故事中的鸡妈妈带着小鸡来超市，小鸡挑选了很多喜爱的零食，鸡妈妈不同意。此时，教师就可以提问。

教师：这五只小鸡手里拿的是什么呀？

幼儿：是棒棒糖。

教师：它们的表情怎么样呢？

幼儿：有眼泪。

一些表达能力强的幼儿会补充回答：它们哭了。这时，老师以夸张的表情模仿小鸡哭泣的表情，询问道：那它们现在心情是怎样的？幼儿在教师的引导下回答：它们很伤心、很难过、不开心。教师趁机给予肯定：说得很对，这种情绪叫难过。

在上述案例中，教师以阅读过程中的师幼互动，为幼儿创设了良好的问题情境，同时辅以角色扮演，使幼儿深入绘本故事，情节也很贴近幼儿的生活。当宝宝去超市想要买喜欢的东西不被满足时，这种情绪就叫难过，增强了幼儿的阅读体验，使幼儿准确认知"难过"这一情绪，提高了幼儿的情绪认知技能，为幼儿准确表达自身情绪打下了良好的基础。

（二）营造悬疑情境，探究情绪本质

悬疑情境是指教师结合绘本故事内容和主题，利用各种辅助性的材料，为幼儿创设充满疑问的情境，引发幼儿对故事内容的好奇和猜想，使幼儿对绘本阅读产生兴趣，激发幼儿自主探究情绪本质的积极性。教师将抽象的情绪转化为可视、可感的具体形象，有助于增强幼儿对情绪本质的理解，进而帮助幼儿顺利控制自己的情绪。

在开展《我的情绪小怪兽》阅读活动时，教师依据绘本内容，提前准备了许多透明的小玻璃管，以及一团扭在一起乱七八糟的彩色毛线团。教师很烦恼地说自己不小心打翻了情绪罐子，所有的情绪小怪兽都跑出来了，有什么办法可以帮帮我呀？教师的话让幼儿内心更加充满疑问，思考什么是情绪小怪兽。

在上述案例中，教师结合绘本内容，为幼儿准备了各种还原绘本的道具，为幼儿营造了充满悬疑色彩的阅读情境，充分激发了幼儿的好奇心理，成功帮助幼儿打开通向探究自我情绪的大门，使幼儿在认识情绪本质的同时，学会准确表达情绪，促进幼儿情绪管理能力的进一步提升。

（三）打造故事情境，体验情绪理解

依托故事情境开展体验式阅读活动，更加符合幼儿喜好，幼儿在教师创设的具体情境中，可以将自己代入故事角色之中，站在故事人物的角度思考和理解故事内容，探索故事角色的情绪转变，获得更加丰富的阅读体验，强化幼儿对情绪的正确理解，使幼儿能够在增强故事理解的基础上，逐步提高自己的情绪管理能力。

二、借助游戏，深入感受情绪

（一）师幼问答游戏，理解情绪

为深入推进以游戏为基本活动的教育理念，充分发挥游戏促进幼儿学习与发展的独特价值，教师在开展体验式阅读活动时，还要善于通过师幼互动的方式进行游戏，在问答对话的过程中，引导幼儿复述故事内容，强化幼儿对绘本内容的记忆，使幼儿在复述的过程中，强化自己对角色情绪表现及其产生原因的认知，促进幼儿情绪管理能力的发展。

教师通过开展师幼问答游戏的方式，引导幼儿自主复述出故事主要情节，同时对主人公不同的情绪状态产生的原因及其行为表现展开深入探讨，使幼儿对角色情绪表现和成因的认知得到不断强化，促使幼儿的情绪认知能力和情绪管理能力得到进一步增强。

（二）合作表演游戏，体验情绪

通过设计合作表演游戏的方式，开展体验式阅读活动，可以促使幼儿将丰富的故事情节，以角色演绎的方式呈现出来，幼儿在互动表演的过程中，理解情绪、表达情绪，每个幼儿都能参与其中，呈现一场有趣、独特的表演，在提升幼儿情绪管理能力的同时，增强幼儿的自信心和表达能力。

教师通过鼓励幼儿自主选择角色、投票竞选、制作道具、设计海报、模仿故事情节展现自己等方式，开展有趣的绘本表演游戏，幼儿在活动过程中，充分发挥自己的主动性和创造力，强化了幼儿对绘本内容的理解，使幼儿进一步理解和认知情绪，培养了幼儿更加完善的人格品质。

（三）趣味创作游戏，玩转情绪

在体验式阅读活动中，教师还可以设计各种手工创作活动，鼓励和引导幼儿将绘本中的内容以艺术创作的方式表现出来，不仅增强阅读活动的趣味性，也使幼儿的创新意识和创造性思维得到更好的发展。幼儿能将自己对情绪的理解以个性化的创作方式展现出来，提升对情绪的理解，促进情绪管理能力的进一步增强。

教师通过设计手工创作活动的方式，使体验式阅读活动充满更多乐趣，幼儿在参与艺术创作的过程中，对情绪理解得更加清晰，促进幼儿情绪管理能力的发展。

三、开拓途径，学会管理情绪

（一）区角阅读，标识情绪

区角阅读是孩子自由选择玩伴、自由选择绘本、自主交流的小天地。教师提供各种情绪绘本，基于幼儿的认知能力，幼儿理解的情绪有喜悦、愤怒、悲伤、恐惧、害怕等。通过绘本《各种各样的脸》观察不同的表情对应着不同的情绪。而每种情绪又有不同的颜色，通过在阅读角的读一读、说一说、画一画，幼儿生成了自己的"情绪播报站"，用不同颜色标识各种情绪，再配上不同的表情，让原本抽象的情绪变得有趣。

（二）漂流瓶阅读，交流情绪

以漂流瓶阅读的独特方式开展体验式阅读活动，可以充分激发幼儿的分享表达，使幼儿的活动主体地位得到更好的凸显。尤其是在开展漂流瓶阅读活动时，家长在传阅绘本过程中鼓励幼儿对绘本内容展开交流，通过"漂流册"画下自己的感受，也可以录制录音放在漂流册里，把自己想说的话让更多的好伙伴听到。通过分享的方式让幼儿学会表达和分享情绪。

教师通过"漂流瓶"的途径，给幼儿搭建了交流和分享的平台，强化幼儿在面对困难时，要学会转换思考问题的角度，主动摆脱消极因素的牵制，培育了幼儿更加乐观积极的心态，使幼儿情绪管理能力得到进一步发展。

（三）亲子阅读，情绪管理

基于幼儿的发展特点，其情绪能力的培养非常重要，幼儿的情绪管理主要通过自我体验感知而来，而家庭是幼儿接触的第一个小社会，家长是幼儿情绪管理教育的第一位老师。亲子阅读是父母与幼儿交流情绪感受的绝佳机会，是双向交流、耐心倾听的最有效途径。

培养幼儿良好的情绪管理能力，需要教师从幼儿的年龄特点出发，以尊重幼儿主体的方式,开展体验式阅读活动,引导幼儿深入认识和了解情绪,学会有效疏导和调节情绪,促进幼儿完善人格的顺利形成。概括而言,教师应该融合情境,尝试认知情绪;借助游戏,深入感受情绪;开拓途径,学会管理情绪。基于儿童立场,开展高质量的情绪管理活动。

四、成效与收获

图画书阅读对幼儿来说是一种非常有效的情绪管理工具。通过图画书,幼儿可以接触到各种情绪,学习识别和理解情绪,学会适当地表达和管理情绪。以下是图画书阅读对幼儿情绪管理提升的两方面。

(一)幼儿方面

1. 提高了幼儿对情绪的认知与态度

图画书中通常包含生动有趣的故事情节和丰富多彩的图画,这些元素可以帮助幼儿认识和理解不同的情绪状态,如快乐、生气、悲伤、恐惧等。通过阅读这些绘本,幼儿可以在阅读的过程中感受到情绪的表达和情绪的变化,从而丰富了他们的情绪体验,提高了对情绪的认知水平。

2. 促进了幼儿对情绪的感受与表达

图画书中的角色形象和情节情绪是幼儿易于理解与接受的。通过阅读这些绘本,幼儿可以学会用适当的方式来表达自己的情绪,用适当的方式来识别他人的情绪,从而提高了他们的情绪表达能力和沟通能力。

3. 提升了幼儿对情绪的管理与调节

图画书中的情节和角色故事往往能够让幼儿在阅读中体验到情绪的起伏与变化,了解情绪管理的重要性。通过跟随故事中的角色一起经历情绪问题,并且在结局中找到解决问题的方法,使幼儿能够在阅读中潜移默化地学会情绪的控制和调节,提高他们的情绪管理能力。

体验式阅读可以启发和引导幼儿正确认识情绪、做好情绪调节,同时助力幼儿良好的阅读习惯养成。例如通过绘本阅读,家长和教师可以引导孩子理解情绪的多样性,学会表达和管理自己的情绪,从而在日常生活中更好地处理情绪问题。

(二)教师方面

通过实践研究,教师在教育观念和教育行为上都有了很大的变化,对幼儿情绪管理有了系统的认识，初步了解了幼儿情绪管理的发展现状并确立了培养目标；在实践中充分挖掘教育资源，基于幼儿年龄特点甄选培养情绪管理的图画书绘本；探索在体验式阅读活动中培养幼儿情绪管理的原则和途径，以及有效的教师支持策略。

通过体验式阅读活动，积累培养情绪管理的支持策略，通过"望闻问切"，助推幼儿成为情绪的"小主人"。

1. "望"：观望幼儿的情绪

从儿童出发，是教师进行儿童观察的基本立场。在生活点滴中，观察孩子的情绪，了解孩子对情绪的认知与管理。在一日活动中积极观察幼儿的情绪表现与管理能力。

2. "闻"：倾听幼儿的心声

儿童有各种表达自己的方式，教师可以通过各种途径和方式去倾听儿童的真实声音，从而更深入了解儿童的想法。从多元的倾听、感受和表达中进一步了解情绪的价值倾向。

3. "问"：回应幼儿的需求

融合情境，尝试认知情绪；借助游戏，深入感受情绪；开拓途径，学会管理情绪。在倾听、回应幼儿的情绪需求中，着手体验式阅读推进高质量的情绪管理活动不断深入。

4. "切"：拓展幼儿的体验

儿童喜欢各种各样新鲜、有趣的经历和体验，他们在经历和体验中满足好奇心、获得知识、建构经验，发掘有趣的图画书，为幼儿情绪的管理与发展提供多种可能性。

综上所述，体验式阅读不仅能够帮助幼儿提高对情绪的认知和管理能力，还能够培养他们的阅读习惯和人际交往能力，对幼儿的全面发展具有重要意义。但是体验式阅读往往在园所场域较多、家园社共育的连接点较少，所以不断推进家园社的联动阅读也是后续需要继续思考和努力的方向。

小班儿童友好图画书的选择初探

陈晓燕（上海市浦东新区靖海之星幼儿园）

随着社会的进步和发展，未来社会将是一个开放的、互助的社会，这就需要我们的下一代应具有友好交往的能力。小班幼儿刚从家庭的小圈子中走出来，进入幼儿园，离开父母，情绪不稳定，与同伴之间的交往能力还很差，他们害怕上幼儿园，尚不能适应集体生活。

《幼儿园教育指导纲要》社会领域教育要求中强调，要加强师生之间、同伴之间的交往，培养幼儿对人亲近、友爱的态度，教给必要的交往技能，学会和睦相处。《幼儿园工作规程》中也明确提出，要着眼于未来，加强人际交往能力、创造力，以及友爱、合作、宽容等品德的培养。因此，我们应有意识地培养小班幼儿与同伴友好交往的能力和群体意识，为幼儿创设友好交往的环境，促进幼儿交往能力的发展。根据小班幼儿的生理和心理特点，采取适当的图画书教学，有助于提高儿童友好交往能力。

相关研究发现，幼儿的身心发展特点直接影响着他们最喜欢的图画书的特点，不同年龄阶段的幼儿，其身心发展的需求、认知、语言等方面的发展有一定差异，自然在阅读的偏好上也有所区别。基于儿童视角，选择儿童喜爱的图画书，是成功阅读的基础。什么样的图书才是好图书？小班儿童适合读哪些书呢？小班幼儿年龄小，好动、好模仿、自我意识强，因此小班幼儿偏向于阅读那些在主题上与生活经验贴合、内容以认知和趣味性为主、情节简单、结构重复、拥有简单角色形象和明显造型特征的图画书。

结合小班儿童特有的阅读特点，我们发现适合小班儿童阅读的图画书有以下特点。

1. 色彩鲜明、形象可爱、内容短小有趣，最好是单页单幅。
2. 贴近生活的故事内容、情节变化起伏，最好有重复的情节。
3. 有重复的语言，适合儿童在发现、模仿的基础上深入阅读。
4. 有悬念和猜想，儿童可以主动探索和想象。
5. 富有诗意的审美，孩子用欣赏的眼光看世界。

6. 富有时代的气息，体现当代文明和未来幻想。

除此之外，我们在为孩子选择图画书的时候，还要考虑到绘本本身的一些特点。如纸张的安全问题、画面是否反光、印刷是否清晰等。特别是对于年龄较小的儿童，阅读的安全是十分重要的。

一、选材时根据年龄特点和情感体验

根据幼儿的实际年龄特点，选择引起幼儿情感共鸣的，能给幼儿正确的情感引导的图画书进行阅读。如在小班上学期幼儿刚入园，不能适应幼儿园的集体生活，缺乏与同伴友好交往的经验，我们选择了图画书《好朋友》。书中的卡通形象是幼儿很熟悉且喜欢的公鸡、小猪、小老鼠等动物，书中画面清晰，情节简单也富有童趣。绘本中的小猪、公鸡和小老鼠就是孩子们的化身，他们认为"好朋友是永不分离的"，所以他们一起骑自行车兜风，肆无忌惮地飙过水洼，水花四溅，吓得羊儿躲进麦田；一起扮海盗"乘风破浪"，开启冒险之旅，一时间，鸭子水鸟齐飞……这一切的一切完美复制了好朋友的日常。作者以深具感染力的童心幽默和温暖亮丽的水彩，创造了一个孩子眼中充满欢笑、友谊的世界，每一个画面都能深深触动孩子的心。只要跟好朋友在一起，无论做什么都兴致勃勃、趣味盎然。小班幼儿在翻阅图书的过程中，一下子就明白了作者所要表达的意思，引起了积极的情感共鸣，激发了阅读兴趣，同时也接受了正确的引导。孩子们在阅读《好朋友》这本书的过程中逐渐学会了交朋友，也越来越适应幼儿园集体生活。

二、选材时注重幼儿尊重意识的培养

尊重是友好交往能力发展的必备条件。幼儿阶段是生理、心理、人格初步形成的阶段。心智尚在发育阶段的幼儿，有时难免会受情绪支配，比如易冲动、自制力差、容易出错等，这些都是不良情绪的表现。当孩子发生不尊重同伴、长辈时，我们要及时给予孩子正确的引导，要让孩子学会互相尊重，帮孩子塑造自尊、自信的独立人格，以积极、和谐的方式学会与人交往。我们班的平平就是一个"小顽皮"，爱惹事，经常抢玩具，喜欢捉弄人。通过与他妈妈交谈，我了解到，平平的爸爸常年在外地打工，妈妈也很忙，平时没有多少时间管孩子，而平平又比一般的孩子好动、调皮，妈妈管教儿子的办法只是一味的训斥、打骂，但收效甚微，平平的坏习惯因此没有改掉。面对这样的孩子，我感到要让孩子感受到爱，感受到尊重，他一定会有所改变的。可运用什么办法才能解决这些"问题"呢？我选择了绘本故事《别再捉弄人啦》，故事里的小猴子末末很喜欢欺负弟弟、吓唬弟弟，说弟弟是个胆小鬼，并捉弄弟弟使他掉到河水中，从而失去了弟弟这个好朋友。后来奶奶帮助末末改正了缺点，末末认识到自己的错误，学会了与弟弟友好相处。通过这个绘本故事，平平也逐渐改变了调皮惹事的坏习惯，尝试与同伴友好交往。

此外，分享也是友好交往的一种重要方式，分享是资源的共同享用，当主动与他人分享，并可以切实做到，则可以取得他人的信任，为以后交往奠定基础。在幼儿成长中，分享具有重要意义：分享可以帮助幼儿得到玩伴的信任，在与玩伴的玩耍过程中，可以促进幼儿语言表达和交流能力，同时也可以帮助幼儿寻找与他人相处的方式方法；分享行为较为突出的幼儿，能较好地解决交往所遇到的问题，能够积极地帮助他人，分享为幼儿的友好交往奠定了基础。

当今社会"小公主""小皇帝"的现象在家庭中普遍存在，由于现在多数家庭都是独生子女，集全家宠爱于一身，他们总是尽量满足孩子的各种要求，过度的爱与娇惯放纵使孩子形成了"以自我为中心"意识，养成了我行我素的坏习惯，做事总是先考虑自己的感受，习惯于自己独享，忽视别人的存在和需要，具有强烈的独占倾向。尤其小班的孩子，时常为了一件玩具发生争吵；有的孩子宁愿自己拿着玩具不玩，也不愿把它让给别的小朋友玩；有些孩子往往毫不客气地拆掉伙伴搭建的积木，按自己的意愿搭建，无视别人的存在和劳动成果。幼儿的这些行为都是以自我为中心的外在表现。如何有效地解决这一难题？我想到了绘本《全都是我的》。故事讲述了花袜子小乌鸦本来挺可爱的，就是有个毛病，一看到别的小伙伴有什么好东西，马上就想占为己有。于是，所有朋友都得提防他。而花袜子每每看到朋友的玩具，心里都痒痒的，他千方百计地守住得到的宝贝，拒绝朋友的邀请，整天趴在被窝里。朋友们玩得很开心，而花袜子只有这些弄来的玩具。渐渐地，他开始感受到孤独。没有朋友一起玩是一件悲哀的事情。花袜子终于明白自己霸占这些东西一点都得不到乐趣，他想到了一个好方法把这些东西通通还了回去，开始享受到了分享的乐趣，也有了很多朋友。讲述完这个故事，请幼儿思考为什么小乌鸦会感受到孤独？如果是你，你会怎样做？你是否有一些不愿与人分享的玩具，你是否想要玩哪个小朋友的玩具呢？经过讨论，孩子们都懂得了要与小伙伴分享、友好相处。

三、选材时挖掘内涵并结合主题活动

友好是一种情感，是幼儿主动对周围的人及自然环境形成的一种关心友爱的情感及心理活动。它的形成直接影响幼儿社会性发展的进程，影响幼儿交往能力的形成。《幼儿园教育指导纲要》明确指出，应培养幼儿"乐于与人交往，学习互动，爱父母长辈"等。

新西兰儿童文学研究学者霍华特说，"绘本是小孩子在人生最初接触的书，在透过长期读书生活所读的书之中，是最重要的书。根据幼儿在绘本中所发现的快乐的量，可决定选择一些本身就隐含其意义的故事"，引导和教育孩子接受作品所蕴含的友好情感，提升对友好的认知能力。如在开展小班主题活动"好朋友"过程中，我们选择了绘本故事《胖熊吹气球》。喜爱动物是孩子们的天性，动物是人类的好朋友，《胖熊吹气球》对小班幼儿来说是非常适合欣赏阅读的。《胖熊吹气球》故事情节虽简单，但有明显的情感冲突。孩子在阅读时，从画面中能看到小胖熊拿着气球和朋友们分享时发现气球的数量在减少，但还是把最后一个气球送给了小猪。虽然小胖熊的气球都给了别人，但他还是很快乐。通过阅读，让孩子体验到和朋友分享玩具的快乐。我们先让孩子自主阅读，再和孩子一起阅读，并与孩子交流，关注孩子对绘本故事的理解与感受。我们还通过问题帮助孩子理解故事情节发展，如小胖熊有几只气球？我们一起来数一数，是什么颜色的？小狗的气球是什么颜色的？小猪的气球爆了，小胖熊是怎么做的呢？小班幼儿爱模仿的特点非常突出，模仿是这一时期儿童的主要学习形式。所以在活动组织实施过程当中，鼓励孩子学一学，做一做，比如模仿胖熊吹气球的样子，由个别的模仿带动全体幼儿模仿，生生之间也得到了互动，彼此间建立友谊。我们还在延伸活动中，鼓励幼儿在教室阅读区利用故事盒讲故事，在表演区通过扮演故事中不同的小动物角色，学一学故事中的对话，分一分气球，进一步理解故事，让孩子感受分享的快乐。

又如在开展小班主题活动"小宝宝"过程中，我们以班级幼儿的兴趣点为准，选择了幼儿喜欢的《抱抱》一书。拥抱是亲子间最自然的爱的表达，在父母的怀抱里，孩子享受愉悦的身体接触，也感受无可取代的亲情与关爱。《抱抱》是一个情节简单、角色分明、温馨洋溢、感染力十足的绘本故事，通过动物亲子互动拥抱，勾起了小猩猩让妈妈抱抱的渴望，小猩猩看见动物们都用他们特有的方式享受着相互抱抱的温馨时刻，小猩猩再也忍不住号啕大哭，直到猩猩妈妈的出现，及时拥抱了他，才疏解了小猩猩的思念之情。绘本生动地勾勒出温馨的故事氛围，十分贴近孩子的生活经验，可以满足孩子被爱、被拥抱的心理需求，并引导孩子学习表达内在的情绪感受。一个简单的故事，却蕴含着和乐、温暖的人际关系，为幼儿积累了一些感性经验，特别适合小班小朋友开展。

主题延伸活动中，我们还在班级外的阅读互动墙中，通过思维导图的形式呈现简单清晰的故事内容梳理。幼儿了解故事后，对"抱抱"有了自己的理解，用绘画的形式展现了自己对友好的理解。同时，我们通过家园合作，收集幼儿与同伴、家人、陌生人的抱抱照片，感受"抱抱"带来的友好感受。

所以，采用富有友好情感的文学作品进行诱导，能使幼儿在作品的赏析中获得丰富的情感体验，使幼儿心理上达到有效的认可，从而有效地促使幼儿社会性发展。

儿童友好图画书阅读与幼儿的学习、游戏、生活有机融合，让每个幼儿在丰富的阅读中，能说会道、能想会做、习惯养成、人格健全，友好交往能力提升。让幼儿在富有童趣，丰富多彩的游戏活动中，将故事里的情感迁移到自身，引起幼儿情感上的共鸣，是我们儿童友好图画书阅读情感教育的根本目的。小班幼儿在友好绘本故事情境中，体验积极的社会情感，在生生互动、师幼互动中梳理这些情感，以建立积极良好的情感态度，从而促进小班幼儿友好情感的健康发展。总之，利用儿童友好图画书不失时机地为孩子创造社会交往条件，能使他们从孩提时代就学会相互交往、平等交流和和平共处，让他们在友好交往中认识自我、发展自我，提高各方面的能力，为今后的可持续发展打下扎实的基础。

图画书共读，促进幼儿情绪管理能力发展
——以师幼共读图画书活动"情绪小怪兽成长记"为例

沈 蕾（上海市浦东新区万祥幼儿园）

阅读是影响儿童认识世界的重要方法，同时也能发展儿童的语言运用能力和逻辑思维能力。图画书图文结合、图多字少的特点赋予了它能带给孩子自由想象的空间，因此图画书也是公认的最适合3—6岁儿童阅读的重要载体。图画书阅读的形式多种多样，如亲子阅读、自主阅读、师幼共读等，而在这些阅读形式中，师幼共读是非常重要的一种。日本图画书大师松居直先生说："语言能启发新的语言，印象能发展新的印象，孩子的大脑反应能够像波涛般无休无止地扩展，而且与亲近的人一起阅读，这种反应会比他自己一个人阅读更强烈。"师幼共读能激发孩子的想象力与创造力，在老师丰富的语言感染下，孩子也能更好地体验到阅读的乐趣。

一、基于幼儿的现状，选择共读主题

（一）观察幼儿，确定主题

"老师，我想妈妈了，我要回家！呜呜呜……""皓皓把我搭好的城堡弄倒了，我好生气！哼——""老师可以坐在我的小床上陪我睡觉吗？我有点怕怕的。""幼儿园的滑滑梯真好玩，我天天想玩，太开心了！哈哈哈……"这些小班幼儿在园的实况大家肯定非常熟悉吧。小班的孩子们初入幼儿园，陌生的环境会使得他们有哭闹、发脾气等的负面情绪，他们对于自己的情绪也无法很好地控制。

《3—6岁儿童学习与发展指南》在健康领域的"身心状况"中提出：幼儿情绪安定愉快，良好的情绪表现是心理健康的重要标志。对幼儿来说，情绪的安定与愉快是维护其身心健康、促使其产生社会适应行为并逐渐形成良好个性的重要条件。因此，我们围绕"情绪"这个主题开启了一场探索之旅。

（二）分析图画书，提取价值

我们寻找到了图画书《我的情绪小怪兽》，此图画书正是抓住小班孩子认知特点，通过将故事中各种不同情绪的小怪兽形象地比喻、想象成颜色和生活中的事物，发现自己的不同情绪，将抽象的"情绪"可视化、可感化。结合小班认知能力的情况，我们选取了图画书中最基本的情绪，即喜悦、忧伤、愤怒、害怕，并结合色彩心理学，选择每种与之对应的颜色，黄色、红色、蓝色和黑色。通过这些来引导孩子们进行情绪表达。

二、多元化互动，增强共读体验

（一）初遇情绪"小怪兽"——认识情绪

在孩子眼中，情绪到底是什么呢？他们都有哪些情绪呢？于是我们在班内展开了一次情绪的交流谈话，有孩子说情绪是开心的心情，有孩子说情绪是不高兴，还有孩子说情绪有很多的表情。

随着我们的讨论，孩子们对情绪产生了极大的好奇，为了进一步了解情绪究竟是什么，我们让孩子们带着他们最感兴趣的问题回家。在双休日的亲子时光，家长引导孩子回忆自己的表情与情绪之间的关系，家长用图画的方式帮助孩子表达了对情绪的理解。

同时，我们在图书角投放了《我的情绪小怪兽》这一图画书，孩子们对小怪兽变来变去的颜色产生了浓厚的兴趣，借此机会，师生共读了图画书，共同探讨情绪颜色的秘密，并找出是这个颜色的原因。有小朋友说："我知道为什么黑色是害怕，因为我在黑黑的房间里就很害怕。"又有小朋友说："看到蓝色我就想到了下雨，下雨不能出去玩，我有点难过。"孩子们能抓住图画书图片上的线索，迁移自己的生活认知，猜测情绪为什么是这个颜色。

（二）再遇情绪"小怪兽"——表达情绪

每个人的身体里都住着不同的情绪小怪兽，时而会开心，时而感到伤心，时而会愤怒。孩子们对于图书角投放的《我的情绪小怪兽》这本故事书里不同情绪小怪兽的不同表情很感兴趣，于是我们开展了一次特别的活动，让孩子们来当"小小情绪体验官"，用表情和动作表达出自己对情绪的认识与理解。孩子们和家长一起从书、杂志、海报中找表情,并将找到的表情与自己合影,孩子们找到了许多不同的表情。他们发现在不同的情绪下,表达出来的相应动作也是不同的,例如开心时会歪歪头,笑眼弯弯;生气时会握拳、跺脚,又有点委屈;伤心时会想哭,嘴角向下;害怕时会全身蜷缩,身体发抖。同时,孩子们在扮演区游戏中会自发地演绎不同的情绪,在演绎的过程中,每个孩子的表达方式都是有所不同的,即使是同一种情绪,他们呈现出来的表情也会略有差异。

通过活动,孩子们一起感受了害怕、开心、难过、生气等不同情绪,当孩子们对情绪有了一定的认识基础,就具备了管理情绪的最初能力——识别各种情绪。于是我们与孩子一起商讨、制作出了属于班级独一无二的情绪记录小站,幼儿每天早上都会自发地进行情绪打卡签到,真实展示自己当天的情绪。孩子们会将自己的情绪勇敢地表达出来,这不但有助于孩子学习观察与表达自身的情绪,还能逐步提高自己对情绪的敏感性。孩子们也会观察其他小朋友的情绪颜色,当发现其他小朋友的情绪有异常时,也会主动关心和安慰同伴。

(三)挑战情绪"小怪兽"——化解坏情绪

随着我们对图画书《我的情绪小怪兽》的深入阅读,孩子们发现"小怪兽"的情绪是变来变去的。就像在生活中,每个人的情绪都是多变的,好情绪不能一直陪伴我们,坏情绪会影响我们的心情,遇到不良情绪我们该怎么办呢?孩子们面对这个话题,有的说:"可以和好朋友一起玩,好朋友在一起就很开心。"有的说:"我会吃好多好多好吃的东西。"孩子们都纷纷表达了自己的想法。孩子们已经开始有了自己的答案,现在的他们已经能够认识自己的情绪,并且学习尝试管理自己的情绪、掌握宣泄情绪的好方法,于是我们发起打败情绪"小怪兽"活动。

在活动中孩子寻找到了许多令自己开心的方法,当我们伤心、难过的时候,与老师、同伴来个"爱的抱抱"就能传递出大大的快乐,在爱与温暖中,我们会拥有更多的好情绪;大家还发现了"快乐秘籍",那就是和好朋友一起玩玩具、一起阅读、一起户外游戏,这些都是打败坏情绪的制胜秘籍;我们还和孩子一起设置了"情绪小屋",我们一起商量选址、布置,在娃娃家的小角落里搭起来一顶发泄情绪的小帐篷,里面放置孩子们自己喜爱的玩具、情绪绘本、捏捏乐、故事点读本等,当他们有坏情绪的时候可以待在小帐篷里放松心情、发泄自己的情绪等。

"情绪小怪兽成长记"的课程我们还在继续,通过多元化的方式,孩子们逐渐认识并体验情绪,从而学会成为情绪的小主人。而通过师幼共读的方式,不仅提升了幼儿的阅读经验,促使其养成良好的阅读品质,更是让幼儿感受图画书共读的快乐、获得情感体验的重要途径。

以绘本为载体,培养幼儿积极情绪的实践探索

乔华红(上海市浦东新区政海幼儿园)

积极情绪是积极心理学研究的重点,是指当个体的自我需要被满足的时候,个体主观上产生的愉悦会使个体增加积极性并推动个体进一步行动。积极情绪也是幼儿园心理健康教育的重要内容,《3—6岁儿童学习与发展指南》将"情绪安定愉快"作为幼儿健康领域的重要目标,在教育建议中希望成人能"营造温暖、轻松的心理环境,让幼儿形成安全感和信赖感","帮助幼儿学会恰当表达和控制情绪"。近年来,大量研究发现,幼儿时期各种感受器官正在进一步完善,接受情绪刺激最为敏感,这个时期正是健康情绪和基础情感形成的关键期。在这一阶段关注幼儿的积极情绪培养,帮助幼儿保持稳定、愉悦、积极的情绪,不仅能提高幼儿的认知灵活性,促进创造性思维的发展,而且能很好地改善个体的自我认同,促进积极人际关系的形成,使个体获得更为丰富的幸福体验。基于此,我园以情绪绘本为载体,探究如何基于绘本提升幼儿的积极情绪体验。

一、3—6岁幼儿的情绪特点

3—6岁阶段是幼儿情绪发展的重要时期,把握这一阶段幼儿的情绪特点,对于我们开展情绪教育,不断提升幼儿的积极情绪体验非常重要。通过实践中的观察,我们发现这一阶段幼儿的情绪表现具有以下特点。

(一)情绪外露不隐藏

对3—6岁阶段的幼儿来说,他们的心理发展尚未成熟,自我控制能力比较弱,一旦出现某种情绪时,常常通过表情和动作毫不掩饰地表现出来。比如当幼儿出现一些积极情绪,如高兴、兴奋、满足时,就会开心大笑,或者手舞足蹈、蹦蹦跳跳;当出现一些消极情绪,如生气时会大喊大叫,难过时会放声大哭,害怕时会缩在角落不敢出声。幼儿情绪的这一特点,便于我们在生活中更好地观

察、识别幼儿的情绪状态，及时发现幼儿存在的问题，从而帮助幼儿转化情绪，变消极情绪为积极情绪。

（二）情绪冲动难控制

这一阶段由于幼儿的自我控制能力发展还不成熟，情绪的稳定性比较差，当外界环境或事物刺激到幼儿时，情绪容易爆发，且来势凶猛，不能自制。比如当幼儿好不容易完成了搭建作品正开心欢笑的时候，作品一不小心被同伴撞倒了，幼儿的情绪会迅速从一端发展到另一端，出现愤怒大叫，甚至崩溃大哭、拽拉同伴的现象。而且处于情绪风暴中心的幼儿往往很难自我消化、调控情绪，通常需要教师及时、有效的帮助，才能慢慢平复情绪。

（三）易被感染常波动

3—6岁幼儿的内心世界比较简单，情绪极易受环境影响，具有情境性特点。比如当看到同伴伤心哭泣时，自己也会很难过；当发现老师一整天都板着脸不高兴时，自己也会变得谨小慎微，情绪低落；当看到故事中的主人公生气时，也会引发内心的情绪波动；看到动画片中的坏人出现时，会同样感觉到害怕，出现情绪上的共鸣。因而，很多时候幼儿的情绪状态并不完全是由自己所引发的，而是由周围人或所接触到的角色的情绪波动所引起的。

因此，基于这一阶段幼儿情绪的易露性、冲动性、不稳定性及情境性特点，通过有计划地开展情绪主题教育，对发展幼儿的积极情绪能力，促进幼儿的心理健康发展非常重要。而绘本是丰富的情绪、情感的刺激源，能为幼儿创设感同身受的情境，为发展幼儿的积极情绪能力提供载体。

二、绘本对培养幼儿积极情绪的价值

绘本在培养幼儿积极情绪中具有什么独特价值？首先，绘本本身蕴含丰富的情绪元素，是幼儿理解情绪，连接情感，并获得丰富情感体验的重要通道。杰尼·胡珀认为，培养积极的情绪首先要让孩子拥有丰满的人生，孩子需要体验所有人类的情绪。这些情绪不仅包含愉悦、满足等积极情绪，也包含恐惧、愤怒、悲伤等消极情绪。但在安全的情况下，让孩子接触恐惧和愤怒的最好方法不是真实的生活，而是在故事和戏剧中。绘本作为最受幼儿欢迎的图画书，本身题材丰富，角色形象夸张，故事生动曲折，且蕴含丰富的情绪元素，能够吸引幼儿投入绘本的画面、情节和意境中，与绘本主人公一起经历喜怒哀乐等各种情绪，共情共鸣。如《我的情绪小怪兽》《我变成一只喷火龙了》《我不会害怕》《我不愿悲伤》等聚焦情绪理解与表达的绘本，能以直接、深刻的方式带领幼儿进入情绪世界，通过故事中一种情绪的渲染或多种情绪的交错融合，让幼儿感知到情绪的真实流淌，情绪的多元碰撞，跟着角色尽情地哭，尽情地笑，尽情地想象与体验，宣泄自己的各种情绪。

其次，绘本内含情绪教育价值，以绘本为载体，融合多元活动，能帮助幼儿更好地表达和调控情绪。好的情绪主题绘本不仅能让幼儿借助绘本的载体，了解自己视域以外的广阔天地，感知并理解自己及他人的情绪状态，而且能在阅读中学会情绪的正确表达方法，转变对情绪的错误认知，并学会调节管理情绪的正确策略。如《菲菲生气了》不仅向我们展示了菲菲在生气时如火山爆发似的失控情绪，唤起幼儿内心相似的冲突状态，引起幼儿情绪上的共鸣，而且通过后半部分温和、安静的大自然画面描绘，蓝、白、绿色调的渲染及菲菲表情状态的变化，向幼儿传递了消极情绪的排解方式和调控方法。同时，以绘本为载体，融合环境创设、情境表演、艺术表达及游戏活动等，又能以更加立体、多元、整合的形式，将绘本中的情绪教育价值发挥到最大。

三、情绪绘本的筛选原则与要点

以绘本为载体对幼儿进行积极情绪培养，首先要筛选适合幼儿阅读的情绪绘本。在实践探索中，我们总结了以下三个筛选原则。

（一）主题丰富，多元引领

聚焦情绪主题的绘本很多，但我们须从情绪教育的视角出发，对情绪主题绘本进行筛选，确保绘本主题的丰富多元，既给幼儿带来情绪知识，又能给幼儿带来情绪价值，培养幼儿情绪正向发展的能力。首先，要明确幼儿情绪培养包含的几个维度，即情绪的识别与理解、情绪的表达及情绪的管理与控制，从这三个层面对情绪主题绘本进行筛选。其次，要关注幼儿阶段经常出现的几种情绪，如开心、生气、害怕、难过、羞怯等，选择相关主题绘本，以提升幼儿对这几种情绪的识别与理解，帮助幼儿学会准确地表达自己内心感受和真实情绪，进而学会情绪调控的策略，将负面情绪转化为积极情绪。

（二）内容生动，凸显童趣

除了主题要聚焦情绪，凸显情绪教育价值，在绘本内容的表达上，还要基于独特的儿童视角，符合儿童认知，凸显童趣。以绘本《我变成一只喷火龙了》为例，首先，角色造型要生动活泼。幼儿很容易被这只长着大大脑袋的绿色喷火龙阿古力所吸引，他看起来又像鳄鱼，又像青蛙，实际上却是一条龙，阿古力憨态可掬又不断喷火的滑稽样子，总是会把幼儿逗得哈哈大笑。其次，故事情节要富有想象力。阿古力喷火的原因竟然是被一只蚊子咬了，而他喷出来的火又引发了一系列搞笑的事情，把自己的汉堡烤焦了，把房子烧了，把泳池变成了火锅，钻进沙子里烤得老鼠坐立难安……充满想象力的画面和情节，能带给幼儿无限的想象空间和愉悦感。最后，情绪具象化，色调具有氛围感。情绪是一种比较抽象的概念，很难通过语言表达让幼儿理解其中的意义，但是将抽象的情绪转化为幼儿看得见的视觉形象，并运用颜色塑造绘本的氛围和意境，则很容易唤醒幼儿内心的情绪状态，帮助幼儿迅速捕捉、理解并体验绘本中的各种情绪。如用阿古力喷火表现生气的情绪，用喷火引发的各种滑稽事情表现生气对自己及他人带来的坏影响，同时，绘本画面中渐变的色调又能很好地渲染生气情绪的层次性，水池的温度变化、沙子的温度变化也能很好地通过绘本色调的变化展现出来，这些具象化的表现、色调的渲染、情境的创造能很好地帮助幼儿理解情绪。

（三）对比冲突，引发共鸣

好的情绪绘本能通过图文的配合、巧妙的构图、丰富的画面层次及跌宕起伏的情节，营造具有对比与冲突的视觉效果，进而引发幼儿的情感共鸣。如阿古力与小蚊子的视觉对比及心理活动对比，灰色背景与绿色阿古力的强烈颜色对比，阿古力缓慢生气的四幅小图与失控爆发的巨幅长图对比，阿古力前期生气喷火与后期伤心痛哭的情绪对比，灭火器、冰箱、水池等无法灭火，而痛哭却能将火扑灭的情节转折，超越现实的夸张对比，都给幼儿带来极大的"冲突"感，这种"快而强烈"的视觉刺激及情感对比，既能使绘本内容变得好玩有趣，又能很好地将幼儿带入绘本情境中，与阿古力一起生气，一起难过，又一起开怀大笑，不仅能自然地理解情绪，更好地感知情绪的流动性、层次性与变化性，还能学会改变坏情绪的方法——"又哭又笑，大火熄灭"。因而，在选择情绪主题绘本时，教师也可以从"对比冲突"中把握绘本情绪的层次性与对比度，来对情绪主题绘本进行细致筛选。

四、运用绘本培养幼儿积极情绪的策略

幼儿积极情绪的培养是一个长期且系统的工程,须从幼儿情绪发展的三个维度,即情绪识别与理解、情绪表达和调控能力着手进行培养。具体而言,一是要发展幼儿的情绪识别、理解能力,形成正确的情绪认知;二是引导幼儿接纳自己的各种情绪,并能以恰当的方式表达自己的情绪;三是培养幼儿较好的情绪调控能力。以情绪发展的三个维度为基础,结合绘本阅读的特有方式,我们以自主阅读—对话阅读—拓展阅读—阅入生活的四阶段为推进,形成了感知—体验—表达—运用的情绪教育模式。

自主阅读聚焦幼儿对情绪元素的初步感知,指向情绪识别能力的发展。对话阅读,以互动体验的方式,发展幼儿的情绪理解能力。拓展阅读,以情境表演、绘画表现等形式,促进幼儿情绪的多元表达。阅入生活,即围绕绘本元素,以环境浸润、生活渗透等形式,聚焦幼儿情绪策略的灵活运用,发展幼儿的情绪调控能力,并将习得的策略与方法内化为积极的行为,最终提升幼儿的积极情绪能力。

(一)自主阅读——初步感知,识别情绪

自主阅读是基于绘本开展积极情绪教育的第一步。通过自主阅读,幼儿能将阅读的重心放在图画理解上,并通过图画前后的关联,自主寻找线索,专注思考,也能通过同伴之间的讨论,进行思维碰撞,拓展认知。因此,在自主阅读环节,我们首先需要在阅读区投放相应的绘本,如我们在醒目的位置放了几本《我变成一只喷火龙了》吸引幼儿的关注,然后耐心观察幼儿自主阅读及与同伴互动过程中产生的问题及想法。通过观察,我们发现幼儿的关注点和讨论点都非常有趣。"这个恐龙喷火的样子好吓人。""他应该是生气了。""他喷出来的火把老鼠的鼻子烧了,还把房子也烧了,太搞笑了。""他喷出来的火把水也煮开了,像泡温泉一样,我和妈妈也泡过。"可以看到,大部分幼儿能通过图画信息感知到阿古力生气的情绪,并观察到喷火之后产生的一系列滑稽现象,但是幼儿对阿古力的情绪变化理解比较粗浅,无法很好地感知他无法灭火后的生气、伤心、无助等复杂、综合的情绪。"他怎么哭了?""可能是火太烫了吧。""他的火灭不掉。""好朋友都不理他了。"对于阿古力后期的情绪变化原因,幼儿能感知到明显的伤心情绪,但是对于坏情绪产生的原因及解决办法还不能很好地理解,因

而，对于情绪主题绘本的阅读，幼儿更多的是以普通故事进行理解，读不出绘本中隐藏的情绪的各种元素。

基于孩子们的自主讨论，我们为幼儿提供线索问题，同时准备形象化的视觉工具帮助幼儿理解问题，进行表征。如围绕《我变成一只喷火龙了》，我们提出的问题是，"在这只恐龙身上，你能看到哪些心情变化？你是怎么看出来的？"我们准备了一个大的绘画板，鼓励幼儿将看到的阿古力情绪都画出来。这样，通过发散阅读再到基于问题的阅读，能将幼儿的关注点逐渐聚焦，通过更细致的观察，从角色的面部表情、身体动作、画面颜色等信息进行综合判断。

（二）对话阅读——互动体验，理解情绪

对话阅读是建立在自主阅读的基础上，通过营造自由开放的氛围，以师幼互动对话的形式，围绕核心目标进行讨论交流，使幼儿能大胆、自由地表达所思所想，深化对情绪的理解。在对话阅读中，首先，教师要明确自己的角色定位，由自主阅读中的观察者角色转变为把控全局的引导者角色。在自主阅读中，幼儿能通过对画面的直观感受对故事内容进行初步理解，但还无法对情绪事件进行完整解读，也不能对故事所描述的内容和传达的情绪价值进行很好的把握。因而，在对话阅读中，教师须发挥引导者的作用，通过提问与对话的方式，有效地帮助幼儿全面解读图画及文字中所蕴含的各种情绪元素，理解并掌握绘本中所表达的情绪知识。

其次，互动讨论的内容须聚焦情绪主题，以情绪产生、发展及解决的线索进行引导。情绪主题绘本与其他故事的不同之处在于，作者能通过一幅或几幅画面，用非常夸张、有趣的图画表现故事主角情绪产生的时间、地点、原因，情绪产生后的表情、动作及内心感受等，又能通过连续的画面表现主角情绪产生后的影响、应对情绪的方法及情绪的层次变化。因而，在师幼互动中，教师须围绕情绪产生发展的主线，按顺序引导幼儿观察画面内容，更深入地感知主人公的情绪变化过程。如《我变成一只喷火龙了》故事中，我们以情绪发展为线索，基于几个关键提问，帮助幼儿理解阿古力的情绪变化，并理解坏情绪给自己和他人带来的不好影响，以及转化坏情绪的方法。

最后，对话式阅读除了要聚焦绘本内容引领幼儿理解情绪的相关知识，更重要的是唤醒幼儿的已有经验，并能引导幼儿掌握情绪调控的策略，进行实际应用。因此，围绕故事发展线索，还须不断联系幼儿的生活实际。比如我们也会请幼儿说一说他们会因为什么事情生气，生气的时候是什么样的，生气后会做哪些事情，唤醒幼儿对生气情绪的理解，与阿古力进行情感共鸣。在幼儿回忆的过程

中，不对幼儿的生气原因与行为表现进行评价，要完全接纳幼儿的负面情绪，让幼儿感知到他是被接纳、被理解的，进而能够大胆表达。另外，我们也会鼓励幼儿围绕"生气的时候可以做哪些事情"进行发散讨论，并和幼儿一起总结赶走坏情绪的方法，比如哭一哭、说一说、画一画、抱一抱、动一动、玩一玩等，通过动作记忆，帮助幼儿初步了解情绪调节的策略。当然，对话式阅读更多的是聚焦情绪理解的层面，情绪调控策略的真正掌握须在生活浸润中，反复地练习内化，进而形成稳定的行为。

（三）拓展阅读——感悟领会，表达情绪

拓展阅读指围绕绘本故事内容，通过故事创编、故事表演、绘画、游戏互动等多种形式，发散想象，拓展故事情节，更好地帮助幼儿感悟领会情绪知识，丰富情绪体验，进而能通过多元方式进行表达表现。如围绕情绪绘本《我变成一只喷火龙了》，我们开展了故事表演、故事创编、绘画等多种活动形式。

首先，以故事表演的形式再现故事的主要情节。绘本故事表演是在幼儿熟悉绘本故事内容的基础上，运用自己的语言、动作等再现故事的情节与内容，感悟人物的情绪与感受，不断模仿故事角色的行为进行表现的一种活动形式。绘本故事表演是幼儿情绪社会化的重要途径。在互动式阅读之后，我们基于对故事内容的理解，将其划分为四个部分：阿古力被蚊子叮咬变生气，阿古力喷火带来不方便，阿古力想办法灭火，阿古力灭火成功一起庆祝，鼓励幼儿自主组队形成四个小组，在教师的指导下，通过创设情境、讨论分配角色、编排情节、设计台词、制作道具等，再现故事内容，展现不同角色的不同情绪状态，以角色表演的形式，幼儿能更加深刻地体验到故事中层层递进的情绪变化过程，感知情绪的复杂性、多元性、变化性等。

其次，以故事创编方式及绘画方式进行发散想象，创编情绪故事。创编故事不仅需要幼儿对故事内容有深度的理解，更需要幼儿从创作者的角色出发，把握情绪故事中角色情绪从产生到发展，再到情绪排解的内在逻辑，因而，是幼儿理解、表现情绪知识与经验的重要方式。《我变成一只喷火龙了》故事的结尾"蚊子波普又要去寻找新的目标了，它找到了一只正在生气的山羊……"这样的开放式结局留给了幼儿非常大的想象空间，非常适合进行创编延伸。因此，我们以亲子创编的形式，邀请家长和幼儿共同创编、绘制故事，并进行集体分享。"山羊被叮咬后更生气了，他喷出来的火烧光了身上的毛，变得光秃秃的，小动物们都笑话他……""山羊喷出来的火把自己的毛烫成了卷卷的，变成了一只绵

羊……""山羊用了很多方法都扑灭不了火,大哭也不行,后来他用火帮助小动物们烤红薯、烤鱼吃,还用喷火吓跑了怪兽,大家都夸奖他,山羊开心地大笑,火就熄灭了。"从幼儿的分享中,我们能看到孩子们天马行空的想象,更能看到幼儿对情绪完整变化过程的思考、理解与把握。

当然,围绕绘本故事内容,我们也可以通过延伸绘画活动,鼓励幼儿将自己经历的生气、难过、害怕等负面情绪或开心、满足等积极情绪画下来,通过绘画方式进行情绪的释放,不断加深幼儿对自我情绪状态的觉察、理解与表达,通过绘画的形式释放情绪,不断积累积极情绪的力量。如基于绘本内容,我们和幼儿一起制作了情绪转盘,画出不同的情绪表情,并将其布置在情绪墙面上,幼儿每天可以转动情绪转盘,表现自己的情绪。

(四)阅入生活——实践运用,调控情绪

积极情绪能力的培养并不是通过一本或几本绘本的共读、延伸就能发展起来的,而是必须渗透于一日生活中,通过环境的渗透、生活的浸润,以及日积月累中幼儿对自我情绪的觉察、表达及教师及时、高效的引导,这样才能将通过绘本活动中所习得的情绪知识、情绪调控的策略等不断内化,形成稳定的行为习惯,沉淀为积极情绪的能力。那么,基于绘本的情绪教育活动如何渗透于生活中呢?

1. 创设情绪角落,释放情绪

情绪角落是一个幼儿在情绪低落、失控时可以释放情绪、安放自我的安全角落,在这个角落里幼儿可以尽情释放情绪,可以缩在里面哭一哭,可以安静地发发呆,也可以用力地捏捏拍拍,慢慢与自己的情绪小怪兽和解,重获平静。因此,为了打造一个让幼儿感觉到轻松、安全、温暖的情绪角落,我们可以做以下准备。一是在感官上让幼儿感觉到柔软、舒适,比如可以让幼儿独处的小帐篷,铺上柔软的小毯子,摆上温暖的小沙发、大的毛绒玩具、靠垫等,温暖的颜色和触感都能让幼儿感觉到安心、轻松,慢慢平复情绪。二是在内容上凸显情绪教育价值,即情绪角落既是孩子释放情绪的港湾,也是孩子学会调控情绪的驿站,因而,在内容选择上要渗透情绪教育内容。如摆放情绪主题绘本,幼儿可以随时阅读;和幼儿一起布置与绘本主题相关的情绪墙面,展示不同情绪的表现及情绪调控的各种小妙招。三是在形式上凸显互动性和操作性。如准备画笔、纸张、黏土等材料,幼儿可以随时记录自己阅读情绪绘本的感受及自己的情绪;制作情绪转盘,投放情绪小怪兽颜色瓶子等,通过操作材料表现自己的情绪状态,并能观察他人的情绪。

2. 绘画情绪日记，觉察情绪

情绪日记是指对自我情绪状态的记录，其内容一般会包括个人的情绪感受、情绪产生的原因、情绪产生后的行为及结果等。对幼儿而言，记录自己每天的情绪能帮助他们有意识地觉察、感知自己的情绪状态和表现，加深对自己情绪的敏感度，也能通过绘画、符号及讲述的方式将内心深处的情绪发泄出来，更好地排解自我的情绪。对教师而言，通过情绪日记可以及时地捕捉幼儿的情绪，窥见幼儿的内心世界，更好地接纳、理解、关注幼儿的各种情绪。基于此，我们为班级中每个幼儿准备了标有自己名字和自画像的情绪日记本，每天午睡或放学之前幼儿可以在自己情绪本子上记录自己今天的情绪，我们也会每天邀请几个幼儿分享自己的情绪日记，讲述自己当时的情绪及引发情绪的事件，解决情绪问题的方法等。我们欣喜地发现，幼儿从最初不敢画，或者只画一个面部表情，到开始画情节，画情绪产生过程；从表征情绪状态到合理宣泄、排解情绪，从简单讲述到完整讲述，从被动记录到主动记录；幼儿不仅开始关注自己的情绪，也对他人的情绪有了较好的辨识与理解，并且主动表达情绪的意愿和能力也在不断增强。

3. 传递情绪信件，温养情绪

每个幼儿的内心都藏着大大小小的秘密，这些小秘密里藏着幼儿的心愿与期望，也藏着他们的害怕与无助。他们有时候愿意和我们分享，有时候又会悄悄藏在心里。这些秘密的背后往往是幼儿未被满足的需求。于是，我们在班级中设置了"悄悄话信箱"，鼓励幼儿将悄悄话画下来，折成信纸，投到信箱里，然后通过家园协同的方式帮他们实现合理的愿望，不断增强幼儿的积极情绪体验，以温养幼儿的情绪。如在信箱里，我们收到一封孩子写给老师的信，上面画着一个孩子坐在爱心里张开双手，旁边有家长的文字记录，写道："乔老师，我想你抱抱我。"于是，我们给了孩子一个大大的拥抱，并在她的信件反面写了一句话："宝贝，你笑起来特别可爱，老师们很喜欢你噢！"然后，让她将信件带回了家！从家长后续的反馈中，我们了解到这封信给予了孩子很大的力量和温暖，成了孩子珍藏的礼物。我们相信通过这样的形式，不断去接近孩子的内心，在适当范围内满足孩子的需求，会不断增强孩子们积极的情绪体验，并转化为积极的情绪力量，滋养孩子的生命成长。

综上，幼儿阶段是情绪发展的初始阶段，也是形成健康情绪，建立基础情感的关键期。在这一阶段，通过绘本开展丰富多彩的情绪教育活动，并融入幼儿的每日生活，对形成幼儿的积极情绪体验，发展幼儿的积极情绪能力非常重要。幼儿的情绪教育是一个长期的过程，需要我们不断探索，以更好地支持幼儿的健康成长。

儿童友好视角下大班多元阅读环境的实践与思考

沈妮丽（上海市浦东新区绿苑幼儿园）

幼儿的阅读过程是动态发展的，受到诸多因素的制约，如阅读材料、环境因素及认知和情感因素等，而环境因素对幼儿阅读的影响尤为重要，适宜的阅读环境能激发幼儿的学习欲望，增强幼儿主动阅读的意识。本文旨在通过专题研究，为大班幼儿创设多元阅读的环境，提供多元的阅读材料，丰富阅读的形式，关注环境与幼儿的互动，多感官地支持大班幼儿自主阅读，进一步激发大班幼儿的阅读兴趣，促进幼儿阅读的欲望，引导幼儿"慧"阅读，助推幼儿多元阅读能力的发展，也进一步提升教师的阅读指导力，促进和提高教师对推动幼儿阅读的有效支持。

环境可以产生激发效应和塑造效应，阅读环境以其独特的暗示、潜移默化的方式影响着幼儿阅读能力的发展。在实践研究中我引导幼儿积极主动地去感知、理解、探索、发现、表达，不断地调整自己在多元阅读环境创设中的站位，尝试去发现幼儿，发现幼儿背后的阅读经验，基于幼儿经验去推动幼儿的阅读。尝试着去倾听幼儿的表达，了解幼儿的阅读需求，调整当下自己的做法，支持幼儿的阅读学习。

一、"悦"读环境之多元化的思考

多元化的阅读环境包括阅读区域的多元化、阅读内容的多元化和互动形式的多元化。变革传统单一阅读区域、内容和互动形式，我们将阅读更加灵活、直接地融入幼儿的一日活动中，体现以幼儿为主体，让幼儿成为打造阅读环境的主人翁。

（一）区域多元化

多元阅读环境是一个整体融合的环境，每一个多元阅读环境的区域既是一个独立的个体，又是一个相互融合的整体，组内教师积极利用班级各区域，引导幼儿创设多元的阅读环境，引发幼儿能够随时随地地进行阅读。基于大班幼儿年龄特点的思考，在主题墙面、植物角、阅读角、自主活动区域等都能看到幼儿的阅读环境，各区域相互结合，呈现幼儿的多元阅读内容，有意识地将幼儿的阅读元素融合在幼儿的一日生活中。

（二）内容多元化

阅读环境所呈现的内容是丰富多元的，有结合学习主题性的、有体现季节特征性的、有跟随节日活动的、有展现植物探究的等等，还有重要的幼小衔接的内容，全面地呈现阅读环境的教育价值，帮助幼儿阅读不同层次和不同领域的内容，开展不同的活动，以提高幼儿的学习、阅读能力。

（三）互动形式多元化

阅读环境与幼儿之间产生连接和互动，让幼儿的阅读更具有自主性、创造性，让阅读体验变得更加生动有趣，不仅是幼儿看环境中的阅读素材，还包括阅读环境中的听、说、读、写等，多元地发展幼儿的阅读能力。

二、"慧"阅读之实施中的思考

在开展阅读活动中呈现属于孩子们的阅读环境，既能够让幼儿在轻松愉悦的氛围下阅读，又能让大班幼儿无时无刻不沉浸在阅读交流中。

（一）读读、听听——关注视听感知

例如大班"我们的城市"阅读主题墙面，幼儿通过观察一些古老建筑的照片来了解一些古老建筑的建筑材料、材质、结构。孩子们收集的一些上海著名的地标建筑图片，每个地标建筑都有语音介绍和视频二维码，幼儿可以利用点读笔自主地点点、听听、看看，更深入地了解上海的地标建筑。提供上海从一开始的小渔村发展成繁华的大城市的变迁图片，幼儿可以动手排一排，玩一玩，了解上海的发展变迁。《城市变化大》的调查表，幼儿记录了城市在交通、建筑、饮食方面的变化，同伴间可以互相翻阅，分享交流，将个体的经验迁移到集体。

让阅读变得有声，更进一步激发幼儿主动阅读的兴趣，既培养了幼儿的倾听习惯，又增加了幼儿主动与阅读环境互动的机会。

（二）说说、想想——加强交流分享

基于大班孩子的兴趣开展关于"小蝌蚪"的阅读系列活动，幼儿利用点读笔，录下想对小蝌蚪说的话、想了解的话题，以及听一听同伴想对小蝌蚪说的话，从多方位了解小蝌蚪的习性、爱吃的食物、生长的过程。例如植物角设有有关"萝卜"种植的投票板块，在"萝卜"投票前，引导幼儿谈谈上学期萝卜没有种出的原因，以及这学期幼儿想出的种植办法。又如以绘本《树洞里的小药童》为载体，结合植物角，创设关于"中草药"的内容，通过种草药、采草药、洗草药、识草药、尝草药、调查表等一系列活动，让幼儿认识中草药并了解不同的中草药及其功效。通过自主阅读绘本《小药童植物图鉴》，认识不常见的一些中草药，了解其作用及功效，幼儿利用点读笔说说在实践活动中发现的问题，引发同伴思考如何解决相应的问题并说一说。孩子们阅读了《红帐子、白胖子》这本绘本后对花生的生长过程产生了浓厚的兴趣，在植物角开启了花生的种植，用绘画形式记录下来，并用点读笔录音，交流大家在花生苗发芽过程中发现的问题以及如何解决的经验。

教师提供幼儿各抒己见的机会，这个过程没有对错，只有"说与不说"，用各种方式引导幼儿把阅读素材、阅读后的想法表达出来，在幼儿与阅读环境的互动中提高语言发展的能力，在环境中呈现幼儿的阅读轨迹，发现幼儿的阅读过程。大班幼儿表达出自己阅读之后的感想，能够让他们更加自信，对阅读产生更多兴趣，为后续的学习和生活打下坚实的基础。

（三）画画、写写——鼓励自由想象

基于大班幼儿的幼小衔接的现实情况，创设不同主题的阅读环境，例如在"我要上小学"这一主题下，根据幼儿的年龄特点和需求，创设了基于培养幼儿主动阅读的主题墙环境："小学生的一天""入学心情大探秘""我心目中的小学"和"好奇墙"等，用思维导图的方式呈现小学里面有什么，这些地方有什么用。又如创设"动物大世界"主题墙阅读环境，在"猜猜谁会赢"板块中，让幼儿对站在动物界食物链顶端的食肉动物有更多的了解，整理了幼儿的调查，选出了幼儿心中狮子、老虎两位"人气选手"，并"留白"了两块版面，提供了纸、笔，统计幼儿对它们的哪些方面有兴趣，并激发幼儿辩论——老虎和狮子谁会赢？从而跟随幼儿的兴趣进一步进行探索。开展"食育"系列活动，在植物角、阅读区、餐厅、走廊这四个区域建立了具有联动性的阅读环境，通过种植投票、设计菜单等提升幼儿设计能力和知识整合能力。

教师给予大班幼儿充分的时间进行阅读记录，将这些内容呈现在阅读环境中，在幼儿与阅读环境生成互动中培养幼儿的前书写能力，关注幼儿的阅读情况与进展。

三、儿童本位视角下阅读环境的反思与优化

（一）找机会，准切入

大班幼儿能经常自己动手动脑来寻找问题的答案，那在阅读环境中我们应该提供给大班幼儿自主学习的机会，让孩子积极主动地参与到阅读的环境创设中，通过幼儿在倾听、表达、记录等方面的发现与反馈，找准切入口，营造更具针对性的阅读环境。

（二）重体验，多互动

在研究的侧重点上更加注重"幼儿"这个主体，更加关注幼儿的体验感，注重幼儿与阅读环境的多种互动形式的思考，注重听、说、读、写、看多种形式的相互融合，和孩子一起发现问题，创设以幼儿为本的环境，根据幼儿的兴趣点逐步深入推进，引导幼儿逐步学习进行分支拓展。

（三）明主题，造氛围

在主题开展过程中，通过把握主题的核心经验，将阅读环境体现在主题活动开展过程中，并迁移到其他各个领域汇总学习，与其他活动区域进行联动，让幼儿可以用多种形式来获得阅读体验，并且与环境积极互动，提高孩子的阅读能力，丰富阅读经验，来满足孩子进一步的阅读需求。

总之，基于儿童本位的思考，立足阅读环境的创设，我们要做到关注幼儿想法、倾听幼儿声音、支持幼儿参与、追踪幼儿反应，结合大班幼儿的年龄特点，为幼儿的阅读过程提供有利的支架，让孩子们在阅读中也能玩出"花样""创意"与"智慧"。

儿童立场下以图画书为载体
开展安全教育的实践研究

唐页页（上海市浦东新区靖海之星幼儿园）

《幼儿园教育指导纲要（试行）》明确指出：幼儿园必须把保护幼儿的生命和促进幼儿健康放在工作的首位。由此可见，安全是幼儿健康成长的首要保障。安全教育是幼儿教育的一项重要内容，从小培养幼儿的安全意识，学习掌握安全的本领与自我防护的技能，对于幼儿的健康发展意义重大。

儿童立场是指尊重儿童的天性和需求，用儿童的眼光观察世界，用儿童的心智思考世界，用儿童的语言表达世界。幼儿园安全教育的对象是幼儿，教师应该基于儿童的需求选择安全教育的内容，依据儿童的认知选择安全教育的方式，即基于儿童立场开展幼儿园安全教育。

图画书是幼儿教育中一种十分重要的教学方式，图画书因其内容丰富、形象生动、故事有趣等特点深受幼儿的喜爱。利用图画书的形式开展幼儿安全教育，更能够吸引幼儿的注意力，调动幼儿的参与兴趣，从而提高幼儿自我保护能力，为幼儿成长为独立自主的个体奠定基础。

3—6岁是幼儿身体快速发展期，也是幼儿安全感发展的关键阶段。该阶段幼儿对外部世界充满强烈的好奇，开始尝试运用各种感官探索世界。但与此同时，该阶段幼儿也具有认知发展不完善，缺乏完备的自我保护意识和自我防护能力等特点。幼儿安全问题自然也成为家长、教师乃至全社会关注的焦点。因此，儿童立场下以图画书为载体开展安全教育显得尤为重要。

一、幼儿园安全教育的现状

（一）安全意识与实际行为匹配度有待提升

幼儿园的多数教师认为安全教育非常重要，这说明教师已形成了安全教育有其必要性的共识，具备较强的安全意识。但是在实际活动计划的制订过程中，许多老师没有或很少主动将安全教育纳入教学计划，这就意味着安全教育在实施层面受到教师主观的限制，老师常常忙于制订各类计划而忽略对安全教育的实施。有时我们也会发现，通常收到上级各类安全文件、安全自查工作的要求之后，老师们也会对幼儿安全高度关注，但安全教育的形式大多是以生活实际中的教育为主。比如户外活动时间，幼儿搬运运动器具时，老师会提醒"注意安全，别撞到其他小朋友""注意安全，放的时候小心压到手"，这类随时随地的教育过于分散和随机，往往只针对个别幼儿，对全体幼儿的安全教育成效十分有限。

（二）安全教育的内容有待完善

目前，幼儿园教师对安全教育的内容更多地倾向于一日活动中经常遇到的问题，如饮食安全、活动安全、交通安全等，而自然灾害、疾病预防、心理安全等则是教师比较容易忽视的内容。比如在《3—6岁儿童学习与发展指南》中就明确指出，在教育中应"结合生活实际对幼儿进行安全教育，告诉幼儿不允许别人触摸自己的隐私部位"。可见，对幼儿进行性教育，让他们认识自己的性别和身体，学习保护自己的身体和隐私，预防性侵害也是非常有必要的。例如我们可以选择图画书《背心裤衩不许别人摸》，幼儿可以通过阅读了解身体的隐私部位，以及保护隐私部位的基本方法，从而提高自我保护的意识与能力。

（三）安全教育的形式和方法有待创新

在当前重视幼儿安全教育的环境下，教师们承担着强化儿童安全意识的责任。然而，一些教师在安全教育的形式和方法上尚待更新与创新，3—6岁的儿童生活经验匮乏且注意的稳定性较差，教师仅通过传统的讲授法——讲解什么危险、会有什么样的后果是很难产生实际效果的。此外，如果教师在选择安全教育内容时未能适应幼儿的认知水平，选择了超出儿童认知范围的内容，这将导致幼儿难以理解。因此，教师应充分把握幼儿的年龄特点，采用适合的形式与方法开展安全教育。

二、以图画书为载体开展安全教育的意义

学龄前儿童，特别是3—6岁的儿童，是良好习惯、素养和行为规范形成的关键时期，是生命教育和安全教育的黄金时期。《幼儿园教育指导纲要（试行）》

中明确要求"把保护幼儿的生命和促进幼儿的健康放在首位",《3—6岁儿童学习与发展指南》中在多个领域涉及安全与生命教育的知识,要求幼儿感受规则的意义,并能基本遵守规则,具备基本的安全知识和自我保护能力。对这个年龄段的儿童来说,图画书阅读是重要的认知渠道之一,也是亲子活动、幼儿园学习中重要的组成部分。

(一)以图画书为载体开展安全教育,更易于幼儿接受

《3—6岁儿童学习与发展指南》强调:"幼儿的学习是以直接经验为基础的,要最大限度地支持和满足幼儿通过直接感知、实际操作和亲身体验获取经验的需要。"图画书是一种图文配合,尤其强调用图画来讲故事的书。图画书"不需要文字,图画就可以讲故事",这与幼儿具体形象的思维特点相一致。安全主题类图画书结合文字与图像,用生动的视觉符号向幼儿直接展示内容,更容易被幼儿接受。

(二)以图画书为载体开展安全教育,有助于丰富幼儿的安全防护经验、提高自我保护能力

图画书中色彩鲜明、造型奇特的构图可以吸引幼儿的眼球,有趣的故事情境可以让幼儿专注地读下去。在图画书活动中,幼儿在与家长、教师、同伴的互动过程中,思维能力、语言表达能力也可以得到提高。更重要的是在图画书阅读中渗透安全知识,有助于幼儿安全知识的积累,让幼儿在趣味阅读中掌握必要的自护本领。

(三)图画书为幼儿提供了开放性的思维空间,带给儿童强烈的情感触动

3—6年龄段的儿童安全类图画书选择应给予儿童一定的释放途径和正确的引导,更多地关注儿童内心世界的发育,让儿童发挥感性认识的优势,从感受出发,形成内心笃信的行为信条。如交通安全主题类图画书《红灯绿灯眨眼睛》有故事主旨和价值意蕴,但在情节的安排上没有终极目的的暗示和引导,儿童在阅读过程中可以完全根据自己的思考做出推断、获得感悟。图画书《不一样的卡梅拉》通过小鸡卡梅拉的每一次冒险与历史人物产生对话、交集,构成了奇幻的经历,给儿童带来新奇的情感体验。

三、儿童立场下以图画书为载体开展安全教育的实践

（一）基于儿童年龄特点，选择安全教育主题

在基于图画书开展儿童安全教育的过程中，需要结合实际情况，根据儿童的年龄及接受程度进行选择。

以托小班幼儿为例，他们的认知较为模糊，可以选择具有较强画面感的简单图画书，主要以防日常生活类事故（如健康安全、防摔等）、防骗等内容为主。

比如在托小班，可以选择图画书《食物卡在喉咙里了》，通过一个日常小故事，告诉小朋友们吃东西时要多多注意，学会保护自己的身体。

再如可以选择《厨房历险记》，孩子们可以从五妹绵绵西私闯厨房差点引发火灾的故事里，发现厨房是危险重地，不能在没有家长陪同下进入，否则可能会造成安全事故。

还如可以选择《大卫，别这样》这样的图画书。以下就是基于图画书内容的交流讨论。

师：你们发现图画书中的大卫都做了哪些不应该做的事？

幼：大卫，你不能爬椅子！

幼：大卫，你不应该用锅和勺子敲得那么响！

幼：大卫，你不可以在床上跳来跳去！

（孩子们能够列举出书中大卫的多项不当行为）

追问：为什么大卫不应该爬椅子？

幼：因为他可能会把椅子弄翻。

幼：他可能会从椅子上摔下来。

幼：他还可能弄伤自己的手臂。

追问：如果大卫很想拿到熊状的饼干罐，他该怎么办呢？

幼：他应该等待爸爸妈妈来帮他拿。

…………

对于中班幼儿，可以选择一些涉及日常主要安全问题的图画书，内容可以稍微复杂，可以补充交通安全类、防止陌生人拐骗等。

比如在中班，可以选择《汤姆走丢了》，这本图画书以其绚丽的色彩和引人入胜的故事赢得了幼儿的喜爱，同时在故事内容中深植安全教育的要点，生动的故事情节能引发幼儿共鸣。阅读过程中孩子们可以思考"汤姆是怎样与母亲失散

的?""如果有陌生人与你交谈,你将如何应对?"……通过图画书阅读来拓展孩子们的思维并提升他们对个人安全的认识。

再如对中班孩子来说,提到"骑行",每个小朋友都会有说不完的故事,他们喜欢体验"开车"的乐趣,喜欢感受"司机""警察"等角色碰撞出的火花,喜欢红绿灯、左转、右转等交通标志在道路上带来的骑行挑战。而《外出骑车安全》图画书中的花狐狸在外出骑行的过程中,不听朋友的劝告,没有遵守交通规则,最后受伤住院。孩子们可以通过阅读图画书故事,增强安全意识,了解外出骑行的注意事项,提高自我保护的能力。

对于大班幼儿,可以选择更为完善的安全教育图画书,将与幼儿安全教育相关的内容通过图示的形式呈现。

如日常生活中,大多数家长都会告诫自己的孩子不要玩火,但是只告诫却不教育的这种方式很难让孩子真正认识到玩火的危险性。为此,我们推荐图画书《危险的火》,它能让孩子在轻松愉悦的阅读过程中,形象、具体地认识火的破坏力,树立安全用火意识,学会保护自己。

再如大班可以选择《小小消防员》《大火面前的小英雄》等。通过图画书阅读,孩子们可以积累消防逃生经验,遇到火灾的时候知道该如何掌握正确的逃生方法。

(二)立足儿童需求,丰富安全教育的形式

1. 在环境中蕴含安全教育

人创造环境,同样,环境也创造人。幼儿园环境应该是一本立体的、多彩的、富有吸引力的无声教科书,它对幼儿具有全方位的促进作用。因此,我们应尽可能地将安全教育内容渗透到环境中,力求让环境会说话,对幼儿进行生动、直观、形象的安全教育。

在幼儿园行走的过程中,我们时常会看到园内设立的各类安全标志。

"老师你看,这里有一个消防栓。"

"我发现,那边还有一个。"

"我家门前过道旁也有一个消防栓。"

"这是消防员叔叔灭火的'武器',很厉害的!"

……

于是,抓住孩子们的兴趣点和关注点,我们及时在消防栓附近提供了图画书《消防栓阿闲》,孩子们一起从图画书中寻找关于消防栓的秘密。通过阅读、讨

论、调查收集，孩子们发现消防栓"阿闲"平时看上去一动不动，好像很闲的样子，但是它也要时不时地检查自己的身体能不能出水，当发生火灾时，它能派上大用场，所以消防栓"阿闲"其实一点也不闲，忙着呢！

将安全教育图画书的内容融入环境布置中，通过有趣的图片、标志符号、照片等，让幼儿在环境的潜移默化中熏陶、感受安全教育，增长安全知识，提高自我保护意识。

2. 在一日活动中渗透安全教育

安全教育是幼儿园工作的重中之重。我们应把安全教育渗透于幼儿一日生活的每一个环节，以提高幼儿的安全意识、防范意识和自我保护能力。

（1）以图画书为载体，在生活中渗透安全教育。

在日常生活中，我们经常会发现，低年龄段的孩子喜欢把玩具塞到嘴巴里。针对这样的情况，我们可以选择《危险的口鼻游戏》，图画书中有朗朗上口的儿歌——"小弹珠、小纸条、小纽扣、小硬币……小玩具，收拾好，不要放进嘴巴里，塞进鼻孔更糟糕。小鼻子，很重要，空气流通主干道，没有呼吸很危险！"提醒孩子们不能随意把东西塞进嘴巴、鼻子、耳朵中，要学会保护自己的身体。

（2）以图画书为载体，在游戏中渗透安全教育。

游戏是幼儿最感兴趣的活动，也是他们最佳的学习方式，我们充分利用游戏活动，让幼儿在轻松、愉快的气氛中逐步提高安全意识。

在角色游戏孩子们玩"娃娃家"时，我们会发现孩子们在充分享受游戏乐趣的同时，会不经意地发展出"不给陌生人开门""不吃陌生人的东西"等游戏情节，或是会出现"火场逃生"等场景，而此时，正是开展安全教育的绝佳时间，我们可以有目的地提供相关图画书《不乱吃东西》《不跟陌生人走》等，让孩子们在游戏的过程中掌握并积累预防拐骗的常识。

（3）以图画书为载体，在主题学习活动中渗透安全教育。

主题活动是幼儿安全教育的主渠道，根据幼儿的发展水平，挑选活动的内容，通过活动让幼儿亲身经历整个过程，增加体验，增强安全意识，提高自我保护力。

比如在图画书《狐狸来敲门》阅读活动中，幼儿可以结合图画书的内容，通过小组交流讨论的形式，分析遇到安全问题的时候该如何解决。此外，还可以通过扮演狐狸、小鸡等不同的角色，将故事内容如遇到的困难、危险、意外融于情景表演之中，使幼儿在演练中体察真情实境，逐步提高自己的应变能力。

（4）以图画书为载体，在区域活动中渗透安全教育。

区域活动是一项能够让幼儿主动活动、自我选择、相互交流、持续探索的活动。为了充分发挥幼儿的自主性，我们在阅读区投放有关安全知识的图书和图片，如《认识红绿灯》《都知道与不知道》《被欺负了可以打回去吗》等，让幼儿从书本中自主获取相关知识。

例如2024年9月的台风"贝碧嘉"，是孩子们共同的话题，台风给浦东惠南地区带来了强风和暴雨，影响了孩子们上学。在自由活动时，孩子们纷纷议论"台风来了我家都漏水了""台风太大了我都快被吹走了""台风来了我们该怎么办"等，基于幼儿需求，我们在阅读区投放了相关图画书《台风，快帮帮我》《自然灾害来了怎么办》等，同时还开展了共读图画书活动，通过阅读、角色扮演、讨论与分享，以及防灾演练等活动，幼儿不仅了解了台风的基本知识，还学会了正确的应对措施，提高了他们的安全意识和自我保护能力。

总之，教师应立足儿童需求，通过选择适合幼儿年龄的教育内容和方法，有目的、有意识地将安全教育渗透于幼儿一日活动中，提高幼儿自我保护意识和应变能力。

（三）加强家园合作，丰富安全教育途径

家园共育即家长与幼儿园共同完成孩子的教育，在孩子的教育过程中并不是家庭抑或是幼儿园单方面的教育工作。家庭是幼儿园重要的合作伙伴。我们应充分调动家长参与的积极性，使家庭教育和幼儿园教育保持一致，在教育方式上相互合作，才能获得理想的教育效果。于是，我们本着尊重、平等的原则，吸引家长主动参与以图画书阅读为载体开展的安全教育工作。

1. 挖掘家长资源，开展安全教育活动

幼儿园教育离不开家长的配合与支持，家长是重要的教育者，家庭是重要的教育资源。

例如我们在开展"消防安全"主题教育活动的过程中，孩子们对《不一样的消防车》《消防员》《发生火灾怎么办》等一系列图画书产生了浓厚的兴趣，对图画书中的消防车、消防器材等更是充满好奇。于是，我们挖掘家长资源，邀请"蓝爸爸"（消防员爸爸）走进幼儿园，和孩子们一起互动。"蓝爸爸"从不同维度和视角让孩子们了解了消防车、消防器材，让孩子们主动提出消防疑问，家园共育助力孩子安全教育成长。

再如人民警察，是孩子们心中的英雄，也是孩子们心中的超人。孩子们不仅满足于在图画书《小小警察的一天》《勇敢的警察》《加油！警车》等中阅读英雄

的故事，他们更期待与英雄面对面地交流互动。于是，我们邀请警察爸爸与小朋友开展互动问答，深入浅出地为小朋友们讲解如何安全过马路、认识简单的安全标志。此外，警察爸爸一套常用的警用装备，无声地讲述着许多与警察相关的故事。看到亮晶晶的手铐，孩子们不由得惊呼：这次是真的手铐，不是玩具的噢！我们的警察爸爸一一讲解了手铐、警棍、警用喷雾等单警装备的使用方法，告诉孩子们遇到困难了要及时找警察帮忙。

充分挖掘和利用家长资源，开展各类安全教育活动，能更加直观地丰富孩子们的生活经验，增强孩子们的安全意识，提高孩子们的防范能力。

2.鼓励家长坚持和孩子一起共读安全类图画书

父母是孩子的引导者，而不是掌舵者。与其因为过度保护孩子，而让孩子失去自我保护能力，不如从现在开始学会放手，把精力花在陪孩子一起阅读图画书上。

如亲子共读《隔壁家的"巨无霸"》时，家长可以告诉孩子遇到让自己不舒服的事情，一定不能退让，而要大胆说"不"。

如亲子共读《家里的安全》，家长可以带着小朋友们一起通过图画书故事，找出许多藏匿在家里的危险，学会正确处理，保护好自己的家人。

通过亲子共读，小朋友也可以通过自主学习建立安全意识，学会自我保护，从而养成良好的安全行为习惯，而这一切都胜过父母的千叮咛万嘱咐。

孩子的安全是幼儿园和家庭都特别关注的重点，在生活中，各个地方都隐藏着一些可能威胁孩子安全的因素，让孩子掌握更多更好的安全知识和防范经验，是孩子提高安全意识和技能的最好方法。图画书利用了能够吸引孩子注意力的画面，以及能帮助他们理解的故事情节，将一个个儿童安全问题用图文并茂的方式呈现，孩子更容易接受这种方式。因此，我们应重视通过图画书阅读这一有趣的途径，从幼儿的年龄特点及兴趣出发，选择适宜的安全主题图画书，通过精心规划开展不同形式的安全活动，不断加深幼儿对安全重要性的理解，同时帮助他们学会如何在面对风险时保护自己，增强他们的安全意识。

虽然危险无处不在，但只要我们家园携手，共同努力，一定能够将安全意识的种子播撒到孩子心中，使其生根发芽，长成庇护孩子安全的参天大树。

基于儿童友好的托班幼儿
图画书"乐阅读"活动实践

戚佳妮（上海市浦东新区靖海之星幼儿园）

前言

2—3岁是幼儿阅读兴趣的黄金期，同时恰是词语表达出现"爆发式"增长、口头语言发展极为关键的阶段。阅读活动对幼儿语言潜能的开发有着极大的推动作用，在幼儿成长进程中是必不可少的部分。《幼儿园教育指导纲要》清晰指出，要借助图书、绘画等多种形式，激发幼儿对书籍、阅读和书写的兴趣，培育前阅读和前书写能力。《上海市0—3岁婴幼儿教养方案》中提到，"创设良好的环境，在宽松的氛围中，让婴幼儿开心、开口、开窍"。在此情形下，我们依托集团课题"基于图画书阅读的儿童友好课程生成与发展"的实践探究，从托班时期开始，就着眼于构建适宜儿童的阅读环境，给予恰当的阅读材料，并开展符合托班幼儿的"乐阅读"活动。

在儿童的早期成长阶段，图画书是一种非常直观且充满活力的教育资源，其重要性不言而喻。对托班的幼儿来说，一本出色的图画书既能激发他们的阅读兴趣，又有助于提升其认知发展、情感培养以及社会交往能力。首先，幼儿对世界的认知最早来自视觉感受。丰富的色彩能让插画抓住幼儿的目光，助力他们认知和理解这个多彩的世界。所以，托班幼儿适宜阅读的图画书画面应色彩鲜艳且丰富，如图像大、情节简单、形象完整鲜明，更能引发幼儿的阅读兴趣。其次，图画书的内容以简短为宜，那些涉及常规和生活习惯的内容与托班幼儿的生活经验更为契合，更易激发幼儿的认同感。

对托班幼儿而言，体会阅读的愉悦或许是阅读最关键的目标。孩子的天性就是玩，阅读过程也应充满乐趣。

一、关注体验，在自由生长中快乐阅读

对托班幼儿来说，图画书阅读涵盖多种活动，视觉方面的、听觉方面的、口语方面的、触觉方面的也包含在内，这是幼儿认识社会与自然界的一种途径。阅读对孩子而言，不只是看书这么简单，还对口语表达能力的发展有着重要意义。

比如图画书《叮咚——是谁呀？》，一次一次门铃的响起将各个人物的出现串联起来，借助具体的生活细节展现抽象感性的"爱"。孩子们会试着模仿故事中的话语："叮咚叮咚——门铃响了，是谁呀？"这就如同在阅读活动中一样，不仅是阅读文字，也是在借助故事发展口语表达能力。"嘎吱、嘎吱""叮咚，叮咚，谁来了？"叠词的重复表述，有趣的句式，在语音上富有节奏，这让托班的孩子感到特别有趣，一遍遍复述也不会厌烦，从而很好地促进了他们的语言发展。与此同时，他们还会伴随着语言和节奏做出按铃动作，使得阅读活动成为他们自娱自乐的一种语言游戏形式。

《老鼠阿姨的礼物》这本图画书既生动又有趣，对托班年龄阶段的孩子来说很适合阅读。"老鼠阿姨送的礼物是什么？"整个故事在谜底揭晓之前，不断激发孩子们的好奇心。在这本图画书中，兔子的长耳朵、小猪的大鼻子、青蛙的大嘴巴，还有松鼠的小手，画面展现得很鲜明。幼儿观察这些色彩鲜明的画面，依据自身经验去判定各个部位的功能，在视觉、听觉、触觉、嗅觉和味觉这五种感知觉的基础上进行推测，这能很好地激发幼儿逻辑思维与想象力的发展。与此同时，"猜礼物"这一阅读游戏能够唤起幼儿的好奇心，促使幼儿运用触摸、倾听、嗅闻、品尝等方式，让幼儿对自身的感官重新认知。在这个阅读游戏活动里，听、闻、摸、尝等多种感官类词汇纷纷出现，对幼儿语言与感官的发展起到了有效的推动作用。

托班幼儿的一日活动主要是游戏和生活，那些生动形象、充满趣味的事物对他们有着极大的吸引力。图画书精美、充满趣味，能让孩子们在欢乐游戏的过程中体会到阅读的美妙。

2—3岁这个阶段，孩子的词汇量会出现大量增长的情况，像"红的""圆的""大的"这类用于描述物体颜色、形状、大小的词语他们已经会使用了。

在幼儿的生活里，落叶是极为常见的东西。在开展图画书《落叶捉迷藏》阅读活动时，家长们会带着孩子到住所附近的小公园去瞧一瞧、寻一寻。孩子们惊奇地察觉到树叶的形状与颜色有着诸多的差异。树叶当中藏着不少小奥秘，形状

有圆形的、三角形的，颜色有红的、绿的，等等。而且，落叶还能摆出各种各样的造型，趣味十足，正好迎合了幼儿探索树叶的渴望和好奇心。现在也是与秋叶游戏的好时机，可以通过阅读活动丰富孩子的生活体验，在快乐地进行找树叶、捡树叶、抛树叶的游戏过程中，去发觉和体会大自然之美。

有一系列图画书以美丽的自然风光为背景，将大自然的壮丽和多样展现出来，这些属于自然风景欣赏系列。这些以自然风景为背景的图画书，凭借精美的绘画与鲜明的色彩，让孩子们领略自然之美，进而培养他们的环保意识与审美能力。

进入春天后，世间万物开始复苏，蝴蝶在空中翩翩起舞，嫩芽呈现出勃勃生机，花朵也变得色彩斑斓。孩子们阅读《静悄悄的春天》《我的花园》等图画书时，在教师引导下，他们对大自然的好奇和对小花园的喜爱促使其自主地开展探索活动。教师带领着孩子们来到小花园，他们在那里进行看、摸、闻等体验活动，在真实的自然环境里真切地去体验自然、贴近春天。孩子们发现土壤里长出了小草、浅绿色的嫩芽从树上冒出来、花丛间有小蝴蝶翩然飞舞……老师还拿出放大镜之类的小工具，助力他们更细致地观察春天的花草，体悟春天来临的气息。在这些图画书阅读活动中，孩子们能够领略到山川、溪流、树林等自然风貌，体会大自然的融洽与美妙。

阅读，实则是让心灵与大地相连，让幻想自由翱翔。创设"乐阅读"环境，宽松、开放且自由的阅读氛围是关键所在，这能推动幼儿持续、愉悦且主动地投入阅读活动，让阅读突破边界，得以无处不在。

二、联结生活，从情感体验到行为转化

托班幼儿一日活动的主要内容是生活方面的事务，像如厕、洗手、喝水、吃点心、用午餐、睡午觉等这些都包含在内。日复一日的引导对生活能力的培养和生活习惯的养成很有必要，环境的熏陶更为重要。

《幼儿园教育指导纲要》提到，阅读既是生活，也是游戏，更是学习。托班幼儿随着认知能力的提升，已经能够从看懂带有彩色图画、重现生活情境的简单小故事图书，发展到能看懂有多幅画面、情节简单且重复的图片和图书了。于是，人们认为，在幼儿的生活里融入前阅读，对幼儿阅读能力、生活能力以及习惯的养成有着极为重要的推动意义。

尿床对托班的孩子来说很常见。然而，幼儿往往不愿表达，担心受到责备，

于是内心会充满紧张与不安。孩子会因身体上臭烘烘、湿漉漉的感觉而不适，成人的埋怨也会使其难堪，甚至有的孩子可能会由于害怕尿床而抵触午睡，或者不愿在幼儿园饮水等。

托班幼儿的年龄特点和生活经验，与图画书《尿床了》的故事内容十分契合。《尿床了》这个故事能持续激发孩子探索下去的兴趣，下一个尿湿的被子会是谁的呢？托班孩子对这种充满探索欲望的故事特别着迷，这并不是毫无根据的猜测，而是有线索可寻的。例如利用胡萝卜、鱼、香蕉等食物来给出暗示，从而引导宝宝们依据动物的饮食习惯去猜出是哪种动物朋友。

老师用海绵纸自制了四条像大被子样式的大图书用于阅读观察，这让孩子们能从中感受到真实和熟悉的感觉。老师会依据班级孩子认知能力发展的实际状况对选图进行调整。例如图画书末尾有大象形象，对应的水果为大苹果，对托班孩子而言，凭借大苹果去猜出大象有些困难，所以就将其删减了。

孩子们看到小动物们尿床这一熟悉的场景，不禁产生了共情，阅读的氛围也随之变得活跃起来。他们的兴趣被激发，主动去找出藏在"被子"后面的小动物，还自己动手翻开"被子"，最后还会大声地说："尿床了没关系！"

英国著名作家尼尔·盖曼曾提到："在阅读过程中，人们能够去感受事物，还能够游览那些自己永远都无法知晓的地方与世界。你会发现外面每个人都有'我'。共情是一种能把人们联结成群体的力量，它使人们不再仅仅局限于自我陶醉的个体。"托班孩子对图画书《尿床了》容易产生共情，这使他们更积极地参与到该图画书的阅读活动中。在阅读过程中，孩子们初步知晓了一些避免尿床的办法，并且体会到尿床并非难以启齿之事；孩子们了解到小狗、小猩猩小时候也尿床，长大了就不会了。孩子对尿床的担忧得以缓解，于是在之后的一日生活里，他们也能够勇敢地说出自己想要尿尿的需求了。

再看《小熊宝宝绘本》系列中的《睡觉》这本图画书，其画面十分简洁，而且角色形象非常凸显。大图书的展示形式，可使幼儿在视觉上更显著地感知放大后的角色形象与色彩。为满足托班插入式活动需求，幼儿睡房被设置为临时阅读活动场所，同时增添了多种孩子们熟悉的小动物玩偶，孩子们能在听、说、玩的过程中逐步体会到安静睡觉的道理。

联系生活是通向阅读的核心思想。托班幼儿阅读符合其年龄特点且贴近生活经验的图画书时，能够建立起对世界"感到美好、安全"的心理基础。

三、聚焦互动，从陪伴阅读到共情演绎

不少出色的图画书通常能够把教育元素与趣味性融合起来，达成寓教于乐的效果。它们借助有趣的故事情节和生动的角色形象，向幼儿传授知识、价值观和生活技能。这些内容不仅对幼儿的认知发展有益，而且能够塑造他们的品德，增强他们的社会责任感。

在《上海市0—3岁婴幼儿发展要点与支持策略（试行稿）》里，第七阶段关于24—36个月幼儿的支持策略中，提及要"培养喜欢阅读和爱护书籍的好习惯""成人可借助玩偶和小道具，与幼儿一起进行简单的情节扮演"。托班幼儿主要强调"自我"，更注重自己的物品。他们带自己家里的书来，既能增添亲切感，又能让班级图书数量得以丰富，达成资源共享的目的。另外，托班幼儿在阅读时常常不能完全理解故事内容，在内容记忆方面难度也更高。家长在旁伴读既能助力幼儿提升阅读能力，又能激起幼儿的阅读兴致，还可于家庭中打造优良的阅读氛围，构建温暖的阅读环境，使阅读变成一种乐趣。

在幼儿园和家庭里，成人尽管是亲子共读的引导者，可阅读的主体仍然是孩子。所以，无论是图画书的挑选，还是阅读的具体方式等，都需要以幼儿的学习能力和生活经验为依据。

在家园共育活动中，有像"亲子故事袋""亲子故事盒"这类亲子共同制作的活动，这些活动侧重于培养孩子的阅读兴趣。孩子们看到漂亮的封面、有趣的内容时，他们阅读的兴趣会被有效地激发起来，然后就会去翻翻、看看、玩玩。家长们会挑选孩子最爱翻阅的一本图画书，与孩子一同制作独属于自己的故事袋。纸袋的表面可呈现书名或者图画书中某一主要角色的图像。在纸袋内部的素材可以是孩子涂鸦创作的成果、裁剪下的图片、彩泥、手偶之类的材料，这些材料与图画书故事相关，并且是孩子自己能够理解、体现孩子喜爱的表达方式的材料。

有的家长会很用心地在制作故事盒时，在盒盖内侧贴上或者画上图画书的主要背景图；有些家长还会把图画书中的主要角色制作成立体样式，这样在阅读时就方便和孩子一起操作把玩；还有些家长直接把图画书按照顺序裁成一个个小素材，让孩子进行简单的单页阅读。

故事袋和故事盒能够成为托班幼儿摆弄着阅读的物品，还能变成他们开展"乐玩阅读"游戏的材料，从而产生全新的、不一样的阅读乐趣。把书转化为玩

具，把常规的文字阅读转变成多维度互动游戏，使孩子在充满创意的游戏里获取最佳的艺术与创意启蒙。这一过程还能促使孩子加深对父母的理解与信任。在此期间，家长也体会到了独特的亲子阅读乐趣，一起营造出欢乐的阅读氛围。

结语

托班阶段是幼儿认知发展的重要时期。阅读作为一种关键的启蒙方式，在幼儿的智力提升、语言表达、情感培育以及习惯形成等方面，有着无法被取代的重要意义。

托班幼儿图画书的"乐阅读"活动遵循儿童友好理念，能让幼儿产生愉悦之感，激起他们的阅读兴趣。此外，托班幼儿阅读图画书，插画色彩丰富、故事简短有趣、内容贴近生活、材质安全环保、阅读体验互动性强，同时还有亲子共读引导以及情感与社交培养等方面的内容，这些共同构建起他们快乐阅读体验的根基，对其在快乐阅读过程中的成长进步有帮助。

让阅读的种子开花结果更加有益于儿童，让每个孩子都因为阅读而拥有更多可能。

依托国风图画书探索班本化德育活动

龚 凤（上海市浦东新区民乐幼儿园）

学前阶段幼儿的思维处于具象阶段，思维的进行需要表象的支持。图画书鲜明生动的图画和简单明了的文字正适合幼儿的阅读特点，无论是图画书的内容、表现还是故事架构，都充分考虑了幼儿接受的心理和阅读趣味，都是以幼儿为主要对象设计，凸显以儿童为中心。

同时，儿童在2—6岁阶段的思维发展特点是主客体不分，没有纯粹的主体，也没有纯粹的客体。为此，我们在教学过程中对相关的物、事、景等采用"泛灵论"的方式，讲授中赋予无生命的东西以生命——天地万物，不管是动物、植物、日月星辰、高山大海、山谷河流、风霜雨雪……只要是幼儿能感知、能想象的事物，都和自己一样有生命、有感情；引导幼儿对这些事物倾注自己的感情；让他们用心灵结交图画书中的朋友，把自己美好的感情投入其中。

教育部颁发的《幼儿园工作规程》中幼儿德育的主要目标——"萌发幼儿爱家乡、爱祖国、爱集体、爱劳动的情感，培养诚实、勇敢、好问、友爱、爱惜公物、不怕困难、讲礼貌、守纪律等良好的品德、行为、习惯，以及活泼、开朗的性格"。为此，我们以国风图画书《神奇的小草》为载体，先行开展了丰富大班德育内涵的实践。

一、我们的实践

（一）探究图画书《神奇的小草》故事价值

不同的德育图画书涉及幼儿不同方面的品质，比如诚实、勇敢、自立、分享、感恩、包容等，如家喻户晓的故事《孔融让梨》的分享美德，如图画书《感谢的味道》中，作者用简单的文字和温馨的画面讲述"我"每一天感谢的事，让我们学会感恩，知道感恩是简单而具体的。挖掘图画书的价值点，就像把握好了标杆和导向，让幼儿能在接下来的德育活动中全面审视图画书，并形成自己独特的观点与认识。

1.《神奇小草》图画书本身价值

（1）认知

①认识草药的品种、来源、制作草药的方法、草药的妙用等。

②认识中国或世界上的科学家：科学家的故事。

（2）情感

①对科学家的尊敬之情。

②学习科学家身上的品质：浓郁的好奇心和求知欲，为理想锲而不舍的精神，默默奉献的爱心和情怀等。

③对中医药学的自豪之情。

2.《神奇小草》图画书对幼儿的教育价值

（1）自主探索周围的自然环境，关注身边的植物。

（2）积极主动地学习新的知识与经验（调查信息、观察比较）。

（3）通过记录体现自己的思考和发现。

（4）在探索中获得满足感，饱含学习的热情。

（5）运用已有经验，自主解决问题。

3.阅读价值点的具体体现

在"我是中国人"和"有用的植物"这两个主题活动衔接的契机下，我们重新审视图画书的价值点，在主题目标的导向下，挖掘出"对医护人员、科学家的尊敬之情""坚持不懈、有探究精神的学习品质""认识中草药，为中医学的自豪之情""关注植物，对自然环境有自主探索、观察保护的意愿"等图画书中的德育价值。根据筛选出的德育价值，我们开展了以下不同形式的活动，分别从价值点、活动形式、活动内容着手加以深度的思考与实践。

如"对科学家的尊敬之情，学习科学家身上的科学品质"这一价值点上，我们主要以语言活动、故事表演活动为主；"认识中草药，对中医药学的自豪之情"这一价值点以亲子活动寻找身边的中草药、制作本草纲目，以及个别化学习活动中科学区"小小中药师""自制洗手液"为主开展；"关注植物，对自然环境有自主探索、观察保护的意愿"以个别化学习活动中美工区"草药写生"，创设中草药自然角为主；并衍生出一些其他的活动，如个别化学习活动美工区"小草扎染画"、三八妇女节活动"制作中药泡脚包"等。

（二）丰富多彩的德育实践

1. 创设自然角，为图画书做铺垫

幼儿园中的自然角蕴藏着巨大的资源，对幼儿的德育发展也有着巨大的作用。为此，我们将种植与活动有机融合，所种植、所呈现皆为能入药、有功效的中草药，创设具有班本特色的自然角，让孩子们有一个全新的视觉观赏、种植体验和认知空间。

从和孩子及家长一起收集、种植开始，自然角就是班级里关注的中心。我惊奇地发现，在这个普通的自然角中，我的孩子们对种植的中草药有更大的兴趣和好奇心：他们每天来园第一件事，总要观察一下自己的草药和伙伴的草药，是否存活下来，是否有新芽冒出来；总要翻翻、晒晒晾晾区的草药，看看草药是不是比昨天更干一点了，能不能用来研磨草药了。

有的喜欢画画的孩子，会自发地为草药画上一幅画像，记录草药的生长过程。孩子们在照料草药、观察记录草药的过程中，通过视、听、看、闻等多元的方式与中草药有了更亲密的接触，增强了责任意识。自然角的草药在成长，我的孩子们也在成长。

2. 精研集体活动，注重个性化表现

《3—6岁儿童学习与发展指南》告诉我们："5—6岁的幼儿，能有序、连贯、清楚地讲述一件事情"，"能说出所阅读的幼儿文学作品的主要内容"，"对看过的图书、听过的故事能说出自己的看法"，为我们设立集体教学活动目标指明了大方向。再结合幼儿寻找草药、图书漂流活动所积累的前期经验水平，在一次次研讨交流中，将集体教学活动目标确立为：① 回忆并讲述屠呦呦成为科学家的故事经历，理解屠呦呦的科学品质；② 萌发对科学家的敬佩之情，为自己是中国人感到自豪。在借助图画书开展的集体教学活动中，我们的目的不仅是让幼儿读图、看图、懂图，更要会说图。

在过往的语言活动中，往往忽视幼儿的个性化表现，因而在这次集体教学活动中我们有一个重点环节："评价主人翁"，当幼儿具备一定的道德意识时，他们便很乐意对自己和他人的言行做出评价，这是他们道德意识的形成。

我们借助图画书，在集体活动中，利用表扬贴的形式，让孩子们将自己在图画书中发现的科学家屠呦呦的优秀科学精神贴上"表扬贴"，和同伴、老师说一说屠呦呦身上有什么值得我们学习的地方，说一说和同伴相同的发现，论一论和同伴不同的想法，也让科学精神变得更具体、更有事件指向性。让每一个参与在集体活动中的幼儿更清楚、更直观地"看到"和理解屠呦呦的科学精神，同时也引导幼儿善于发现别人的优秀行为，并学习以正向的方式赞许他人。

3. 注重个体成长特性，助推幼儿科学探究

集体教学活动后的一次自由活动中，我们发现孩子们对于《神奇的小草》的这股热情还在延续，经常有幼儿翻看我们投放在阅读区的这一图画书，讨论自己新发现的科学家屠呦呦的厉害之处，并且有时会指着书中草药的图片问："老师，这是什么草药？""哎，这个我好像在哪里见过。"

基于这些兴趣的发酵和众多的疑问，我们发现了在中草药领域，不同的孩子有不同的需求，个别化学习活动随之开展，更注重幼儿的个性化发展，更体现幼儿学习的主体地位，能让孩子自己去探索、自己去感受、自己去分析思考，帮助幼儿进行更好的深度学习。

如幼儿在"小小中药师"中获得了不同的草药、不同的搭配有不同医疗效果的经验，知道了每副中药的药材都要慎重配比。在"小草扎染画"中发现"小草"原来不只能治病，也能染色——我们提供了益母草、紫苏、栀子、艾草等有明显色素的草药和植物染料，孩子们通过用锤子敲敲、锤锤，用植物染料染色等方法共同创作出不一样的艺术作品。"自制洗手液"中发现平平无奇的无患子能制作生活中常用的清洁剂，可以用来洗手、洗澡、洗头，由之更深入发现植物的神奇。

在一系列活动中，幼儿对中草药有更深入的了解和探究植物的兴趣，同时也为幼儿对染布这一非物质文化遗产播下兴趣的种子。

4. 构建家、幼、园的分享平台，共享学习评价体验

在幼儿接受教育的初始阶段，除了幼儿园教育之外，同等重要的还有家庭教育。家庭教育伴随人的一生，每个孩子的成长都会打上深深的家庭烙印。为此，我们在创设自然角的活动中，争取到家长的配合与支持，收集中草药，共创自然角，让爸爸妈妈和孩子共同参与进来，共同关注《神奇的小草》这一图画书。

一是借助图书漂流的平台，爸爸妈妈们与幼儿共同阅读图画书、讨论故事的内容，"你觉得屠呦呦哪些地方最厉害，值得我们学习？""什么是神奇的小草？""它神奇在哪里？"有个孩子还叮嘱他的奶奶："奶奶，枸杞是明目的，你戴老花眼镜要多喝枸杞茶，对眼睛好。"孩子们学会用仅有的中医药知识关爱身边的人。

二是利用三八妇女节的节日活动平台，德育活动拓展到家、幼、园共建、共学、共享。这天，大班孩子们精心制作"暖心草药泡脚包"，回家给妈妈、奶奶

泡泡脚,说一句"妈妈、奶奶辛苦了",从班级活动辐射到幼儿园活动,辐射到家园活动。

三是借助社区的平台,鼓励幼儿和爸爸妈妈一起找找社区里的中草药,通过画画的形式记录找到的中草药,围绕图画书开展探究和体验活动,再回到幼儿园,幼儿用语言、动作、绘画等形式将自己的发现和想法表达出来,同时体验到探索、发现、分享的快乐。

二、我们的思路

(一)基于幼儿兴趣,"凸显"图画书魅力

《神奇的小草》这一图画书凸显了科学家屠呦呦爱祖国、爱家人的情怀,正好契合了我园德育教育最具重彩的爱的教育理念。

《神奇的小草》这一图画书进入孩子的视线,很快引起大家的注意,他们认识了屠呦呦这位女科学家,随着图画书的推进,孩子们会自豪地和家人介绍屠呦呦:"妈妈,你知道屠呦呦吗?"会考一考奶奶:"奶奶,你知道我们有一棵神奇的小草吗?这个小草你猜一猜是什么。""妈妈,我泡的中药浴就是神奇的小草吗?"

孩子们用简单的语言表现出对《神奇的小草》的浓浓兴趣,家长们也被带动进来,在班级群里积极分享对草药的发现和感叹,有的家长感叹:"看了这个图画书,才发现每种药的发明也很不容易。""哈哈,一些平常走过路过看不见的小草,原来也可以入药,神奇,太神奇了!"

甚至我们班有一位中医妈妈和她的孩子共同制作了一本《本草纲目》带来班级,我们也借助家长的助教活动,让这位中医妈妈从专业的角度给孩子们带来了一堂别具特色的中草药课,跟小朋友们讲讲什么是中草药,它是什么样的结构。

(二)注重图画书班本化建设,以情育人、以景育人

陈鹤琴先生曾说过:"幼儿生活在怎样的环境中,就能得到怎样的刺激,得到怎样的印象。"环境是无声的教师,它的影响是隐性的、长久的,能很大程度上为班本化课程的顺利开展提供有力保障。

在开展"神奇的小草"班本化德育活动时,我们从孩子的疑问着手,什么是神奇的小草?草药生长在哪里?草药有些什么作用?随着幼儿经验的积累,利用环境呈现的方式支持幼儿的分享、展示、互动,例如"中草药调查表""寻找

草药"的照片呈现,"画画我认识的草药""驱蚊小药包"的作品展示,"花露水、洗手液制作方法"的互动式呈现等。

利用《神奇的小草》中的图画书元素"穿针引线",将幼儿参与活动的过程、疑问、成果用图片、照片、绘画等形式进行记录和呈现,并提供了记号笔、纸等工具,将幼儿随时随地的发现和成果,在环境中加以补充和修改,让教师与幼儿共生、共建、共享环境。

(三)借助多媒体平台,开展图画书教学延伸活动

一系列围绕《神奇的小草》开展的德育实践后,我们的活动就此结束了吗?念念不忘,必有回响……

活动结束一周后,一个孩子在班级群里分享了自己新认识的一朵小小的草药,虽然关于小草的活动结束了,但余音尚且缭绕。于是,在孩子们仍然保持着对中草药的兴趣和探究欲望时,我们开展了钉钉打卡活动——认识一朵新草药,再最后进行汇总和网络平台分享。让教育走进生活,走进社会,让孩子发现生活中的美,最后逐渐形成自学、自育的能力。

三、我们的思考

在开展"神奇的小草"德育实践活动中,前期我们走入家庭开展了图书漂流活动,也将图画书投放在阅读区,让幼儿对图画书有了"可视"的经验;在集体活动中、在植物角草药简介的"扫扫二维码"中,让幼儿有了"可听"的兴趣;在个别化学习活动中讲讲、演演故事,唱唱跳跳百草歌中,让幼儿有了"可演"的机会;在植物角中照顾草药,个别化"小小中药师"中配中药,"自制洗手液"做做洗手液,"小草扎染画"中染染小花布,让幼儿有了"可做"的思考;在节日活动中制作泡脚包送给妈妈和奶奶,为妈妈和奶奶泡泡脚、说说爱,让幼儿有品质的"可延",让《神奇的小草》可视、可听、可演、可做、可延,"立体化"德育实践,以此培养幼儿良好的德育品质。

比对图画书《神奇的小草》丰富大班德育内涵的实践,我们教师和幼儿一同获得了爱的情感体验,同时发现未来在德育实践中努力的方向,主要有以下四点。

1. 更多注重儿童主体意识

在我们依托《神奇的小草》为载体设计实施幼儿德育活动时,常常容易以

自己的认知和评判标准作为设计实施德育活动的依据，有时仅凭国风图画书传递的价值观中某一点符合德育目标，便"以己之见""为我所用"，以教师为主，而缺乏站在幼儿的角度思考问题，关注幼儿的兴趣，究其实质是缺乏儿童主体的意识。

2. 务必给儿童思考空间

在依托国风图画书开展的德育活动中，教师常以集中教学活动的模式或索性以讲故事直接的说教为主，这样"教师讲、幼儿听"的过程让幼儿缺乏思考的空间，图画书蕴含的德育价值也未被充分体现与利用。教师应让幼儿成为学习的主体，为他们的看图、看懂图、会讲图提供展示舞台。

3. 务必注重德育教育的循序渐进

在面对德育活动时，我们常容易借助自身的以往经验制定教学目标、设计活动环节，缺乏对图画书中价值点、人物形象、画面情节等进行系统分析，同时也缺乏对如何利用图画书中的德育元素构建德育主题课程的整体思考，导致德育活动表现出零散化、片面化、简单化等不足。因此，我们要在今后的工作中，注重德育教育的循序渐进。

4. 更多拓展德育教育的多元化

以"节日"为载体，丰富德育活动：节日活动往往蕴含着爱祖国、爱家乡、爱家人等积极的情感和德育契机。我们借助三八妇女节的活动，尝试将德育落到实处、融于生活。我们组织幼儿用益母草、艾草等制作暖宫驱寒的"草药泡脚包"，给妈妈、奶奶、外婆泡泡脚、说说"爱"。总之，借助图画书元素，将德育具象化、体验化，从幼儿的多种感官出发，拓展不同空间，形成多元阅读，丰富德育活动，拓展德育途径。

在依托"国风图画书"探索班本化德育活动的实践过程中，我们发现每一本图画书都有它特有的特点，蕴含不同的价值点。我们将以幼儿为中心，结合幼儿发展特点和需求，挖掘图画书中的德育价值，通过循序渐进的德育目标、贴合幼儿生活的活动内容和多元的开展途径，将更多国风图画书融入德育课程。

第三部分

课程故事

"莓"好之旅
——基于图画书阅读开启幼儿的自然探究之旅

谈军妹（上海市浦东新区宣桥幼儿园）

项目化学习有助于孩子进行深度学习——以解决实际问题为目标，整合新旧知识，且能将知识迁移到新的情境中。然而，这种美好的愿景是如何做到的？孩子在项目化学习中到底会经历些什么呢？下面我们以项目化主题学习"基于图画书阅读开启幼儿的自然探究之旅"项目活动为例，来分享我们的所思所得，真正让孩子的学习看得见。

一、主题项目缘起

开学初，我们图书角投放了科学绘本《草莓》《一起种草莓》等图画书，孩子们被图书上红红的草莓吸引了。孩子们纷纷说："我看到了草莓需要阳光和雨水才能不断生长。""我看到了开花的时候也需要小蜜蜂帮忙授粉。""我看到了草莓先长出小果果，绿色的，再慢慢变大，然后太阳照在上面就变成红色的了，有了甜甜的草莓味。""老师，我们可以种草莓吗？……我们自己种的草莓一定很甜吧！"于是，源于孩子们对草莓苗的兴趣，我们和草莓的故事就这样开始了……

二、主题项目问题

"知道草莓是怎么种出来的吗？""草莓需要多久才能长大？""草莓真的和书上一样长大吗？""我还想知道种草莓的地方有没有吃草莓的虫子。"……草莓的话题在孩子们群中愈演愈烈，孩子们带来了自己和爸爸妈妈一起完成的调查表，和同伴一起交流，分享自己的发现。一张张调查表记录，满满承载着孩子们对大自然的好奇和求知。

根据问题的收集与梳理，幼儿较为关注以下两方面：一是怎么种植草莓，如何照顾它们长大；二是草莓多久才能长出草莓，它是怎么长大的。我们确立了本次驱动问题，以思维导图形式设置了"遇见'莓'好之旅"网络图。

三、主题项目实施

（一）师幼共读——推动种植兴趣

种植是一件有温度、有感情的事情，而阅读能带给我们温暖和心灵的愉悦，就让我们跟着绘本学种植，一起去开启美好的草莓种植自然探究之旅吧！

我们的孩子没有种过草莓，但是图画书引发了孩子的种植兴趣，如何更深入引导孩子持续下去呢？于是老师带领孩子共读了《草莓》的绘本。根据绘本的内容，我首先选用了开放性问题。孩子们，对于草莓，大家想到了什么？然后引导孩子仔细观察封面，看到什么？听到什么？会发生什么？在和孩子们的互动中，我根据孩子们的讨论用简笔画画出来（香甜的、草莓大棚、绿色的叶子、香香的、欢声笑语、草莓制品、期待收获、分享活动等）。同时，让孩子说说草莓是什么味道、颜色，吃起来怎么样，摸起来怎么样，让孩子学习描述草莓这一事物。随后重点阅读了解草莓的生长过程，体现草莓成长的过程（种子—发芽—幼苗—开花—结果），最后思考，草莓生长需要些什么……

我的思考

科学绘本《草莓》在图书角引起了孩子们广泛的关注，对此孩子借助自身的经验和对绘本的理解，生成了一些思考和问题。在此基础上，老师适时组织师幼共读，解决幼儿自主阅读过程中的困惑和问题，推动幼儿探究的兴趣和热情不断生长，为一起种植草莓活动做了良好的铺垫。

（二）放手种植——允许种植失误

怎么种草莓？对我们成人来说易如反掌，但是对于新升中班的孩子可有一定的难度。"我们不会种植草莓。""我从来没有种过东西。""我也没有种过。"孩子们纷纷说了起来。瑜瑜说："我没有种过，但我奶奶种过玉米，我看见奶奶在地里打个洞，然后把玉米苗放进去。"晨晨说："那我们也打个洞，把草莓苗放进去！"蕊蕊说："我知道了，我来试试！"蕊蕊拿起铲子试着挖洞，可是把苗苗放进去时，东倒西歪的。旁边的小朋友说，旁边要放泥土，于是蕊蕊就放泥土，可是放着放着就把草莓苗压得不见了，孩子们连忙喊"不行，草莓苗压坏了"！

蕊蕊起身说："草莓好难种！"其他孩子也尝试起来，但却是不知道如何下手的茫然，后来他们都看向我说："老师你种给我们看看，我们就跟你学好吗？""先用小工具挖个小坑，然后把草莓轻轻地放进去，旁边的土向中间靠拢，但是不能压到草莓苗！"在老师的指导下，孩子们慢慢地完成挖坑、栽苗、盖土、浇水等田间劳作。孩子们虽然身上、鞋上沾满了泥土，但脸上却挂满了灿烂的笑容，整个过程兴致盎然，乐在其中。

我的思考

种植草莓对成人来说可能不是一件难事，可是对从来没有过种植经验的孩子来说却不容易。对中班的孩子来说，种植经验相对还是比较缺乏的，所以种植示范是少不了的，因为有些必要的劳动技能还是需要教授的。老师通过讨论如何种草莓，激发孩子学习的主动性，并让孩子尝试种植失误，从而使"我要教你种草莓"，变成孩子们央求老师教授种植草莓。这里虽然也有老师教授的成分，但两者有质的区别。毕竟这样的种植是孩子主动要求的，所以这个种植体验对孩子来说是深刻的。

（三）一波三折——草莓种植困难重重

9月11日，周一，孩子们跑来告诉我："老师，草莓秧苗死了。"我问："怎么死的呢？"有的说："老师，我知道，是干死的，双休日我们没有给它喝水。"有的说："老师，是晒死的，这两天太阳好大，我们应该给它们撑把伞。"有的说："我觉得苗苗小也有可能。"也有的说："可能小草莓苗看到我们没有陪它们，伤心死了。"

9月21日，蕊蕊带来了草莓苗，这次孩子们建议撑一把大伞可以遮阳。说到遮阳，孩子们又为难了，现在没有大的遮阳的东西呀！太晒了应该搭个遮阳房子给它，这样就晒不着了。阿姨有报纸，我们先给它们遮太阳好吗？于是孩子们去问阿姨要了报纸，行动了起来。过了一天，孩子们觉得报纸不透气，要有透气的东西。正好看到隔壁阿姨那里有一张黑纱，孩子们说这个黑黑的，又有小洞洞，可以遮太阳，也不会被闷死，说着几个孩子就跑过去问隔壁班阿姨借黑纱，随后就动起了小手张罗起来。

9月25日，又是周一，孩子们看到草莓苗还是晒蔫了，所剩无几了。这次是啥原因呢？这次我们可给它盖了通风的黑房子了。孩子说这次是草莓苗不好！

9月28日，国庆节前夕，孩子们问我："老师，我们还种不种草莓？你看我们的草莓田里草莓都不行了。"看到孩子们期待的眼神,老师应孩子的要求再次从网上购置草莓苗,并且和孩子一起种植。老师要放假七天,我们的草莓苗会不会又死掉,我觉得还是要来浇水的,七天不喝水肯定又会干死的。我说,孩子们,这次不会了,我们已经给它戴了帽子,老师也会请保安叔叔帮我照看它们的。

10月8日,节后第一天,对孩子们来说仍旧是比较失望的,虽然活了几棵,但死的还是比较多。这次孩子们又找了原因:节日里降温了,草莓受冻了;同时,孩子们提出了草莓要保暖,要种在大棚里。草莓苗买回来了,看到这么新鲜的草莓苗,孩子们高兴地说:"这次一定能活,我们给它们穿上保暖的衣服,不让它们冻死。"随后在大家的讨论下,利用薄膜盖上注意了保暖,上面继续利用黑纱戴好透气的帽子。

我的思考

对于草莓苗的死因,孩子第一次能考虑到的是缺水、阳光太强、苗苗太小等原因;第二次是苗苗不是很好,快递时间长了;第三次是降温、冻了等因素。这说明孩子对于这方面还是有一定经验的,老师也没有直接告知死因,而是让孩子充分表达自己的想法,创设孩子想说、愿意说的表达机会,促进孩子语言能力的发展。同时,孩子们在遮阳方面也想到了很多办法,发现报纸不透气,用透气的黑纱更好。虽然种植过程一波三折,但孩子们还是充满期待,所以失败—种植—失败—种植,让孩子们知道有的时候做一件事情不是一帆风顺的,会遇到困难和挫折,但是只要我们能够坚持,相信胜利就在眼前。这对孩子学习品质的培养至关重要。

(四)精心照顾——关注草莓生长过程中的问题

小小草莓,牵动着孩子们的心。一天早上,依依同学不满地说:"这些草莓怎么都这么小啊!"我故作惊讶地说:"对呀,为什么我们种的草莓苗不长大呢?""是不是还没有活啊?""不对,它已经活了呀,两个多星期了,不像上次一样死掉了,肯定长好了!""我知道了,肯定是因为我们没有施肥,所以草莓苗长不大!"

为了让草莓快快长大,有的小朋友给草莓浇水,有的孩子发现了草莓地里面有很多的小草,说道:"这些小草在里面,肯定会和草莓抢营养的!我们要把它们拔掉。"忙得不亦乐乎!

一天,草莓园掀起了一场轩然大波。嘉嘉指着一株被虫子啃坏的小草莓苗,气愤地说:"快看,草莓苗被谁偷吃了?""这个草莓为啥只有一点点了!上面有一个洞!""这边的草莓也啃了个洞!""好可怜,草莓只有一点点叶子了,我们的草莓还没有长大呢……"后来孩子们回家同爸爸妈妈做了调查,得知草莓苗可能被蚜虫或者飞虫吃掉,并邀请阿姨帮他们除虫。

我的思考

《3—6岁儿童学习与发展指南》科学领域指出,教师要"引导幼儿通过直接感知、亲身体验和实际操作进行科学学习"。草莓为啥长不大,为幼儿开启了营养与生长关系的探秘之旅,依依的一句"这些草莓怎么都这么小啊",引发了孩子们的思考。他们凭借自己的生活经验,大胆猜测草莓长得小的原因。孩子们找到答案后能主动从家里带来肥料进行施肥,尝试解决问题,进一步提高了自主学习的能力。同时也发现了草莓上的洞洞,于是一起寻找有洞洞的原因,邀请阿姨帮忙灭虫。

(五)搭建暖棚——尝试解决草莓保暖问题

随着时间、天气的不断变化,有孩子发现:"呀,我们的草莓怎么了?"它们耷拉着脑袋,看起来无精打采的样子。"草莓叶子怎么枯了?""对呀!叶子都变黄了。草莓是生病了吗?""草莓苗都烂掉了,呜呜呜,我的草莓。""可能是太干了。""太阳太大了,晒死了。""营养太多了。"孩子们有着自己的猜想。可是,到底什么才是导致草莓苗蔫了的"罪魁祸首"呢?孩子们拿不定主意。

原因一:"可能是因为土质不合适,肥料加多了把根烧死了。"老师和孩子们一起查找了资料,发现原来植物的生长离不开泥土、空气、阳光和水分。草莓更是喜欢疏松肥沃的土壤,它既怕干也怕淹,所以更需要我们的细心照料。由于我们的班级前面的种植园土壤比较硬,对草莓的生长很不利,露在泥土外面的根部因为离开了土壤而得不到营养所以才会死掉。

原因二:可能天气太冷了,都冻死了。

孩子们看起来难过极了,精心照顾的草莓苗就这样蔫了。不过,没关系,我们再来一次!

"草莓生病的原因是天气太冷了。"

"对!我的妈妈告诉我现在这个季节种的草莓,跟夏天的不一样,特别要注意保暖,就像我们一样。"

"是的,我去摘草莓的时候,看到草莓都是在一个大房子里的,很温暖。""你们真的是太棒了！那我们如何救救我们的草莓呢？""我们可以给它搭一个房子。""好呀！那我们一起去试试吧！""我们要用塑料薄膜给草莓搭一个棚。""我们还需要用来支撑的棒子。"材料准备齐全后，搭棚正式开始啦！

"这个细细长长的棍子，我怎么让它们连接起来啊？""你们看，这个细细长长的棍子可以弯曲，大家一起试试看。""嗯嗯，好像可以，跟扭扭棒一样的，很简单。"

"现在该来盖薄膜啦！""我们终于给草莓搭好了棚。""我们真厉害，大棚搭好了，草莓就不会怕冷了。""接下来草莓就可以好好长大了。""我们就可以等着吃草莓了。"

我的思考

《上海市幼儿园办园质量评价指南（试行稿）》在"科学探究"领域要求，幼儿"能感知和发现不同季节的特点，体验季节的变化对动植物和人类生活产生的影响"。11月底天气预报温度骤降，孩子们由于经常关心着草莓的生长，于是看到预报要降温了，及时提醒老师，如何照顾草莓苗。在这个种植过程中孩子们感受到了种植草莓的不易，也想到了相应的方法，在尝试与合作中终于完成了暖房的搭建。这个项目活动是孩子们自发提出，起初老师觉得搭建大棚是非常难的一项工程，即使对大班幼儿来说也是有挑战性的，对中班上学期的幼儿来说更是困难，但老师还是尊重孩子们的想法，既然孩子们想要试一试用大棚保温的方法来让草莓过冬，那么老师就支持孩子们将"想"变成"真"，和孩子们共同收集材料、寻求帮助，最终合作完成暖棚房子。

（六）教师退后——让孩子学会自己获取知识的方法

有一天，孩子们在观察草莓时发现草莓长出了红红长长的藤蔓。"老师，你快来看，这是什么呀？长长的，是不是又要结草莓呀？""咦！你们看，这儿也有呢。"

"这儿也有，藤蔓上又长了叶子。""咦，这个长长的藤蔓还长到泥土里了。"带着问题我们回到了教室，并让孩子们把这个问题带回家跟爸爸妈妈一起寻找答案。家长们也非常配合，开始在网络上搜索资料，原来新长出来的藤蔓名叫匍匐茎，碰到泥土就会发芽变成另一株小草莓，就是平常我们用来种草莓的草莓苗。孩子们知道了这个结果可开心了，高兴地说："我们又有草莓苗了。"

我的思考

《幼儿园教育指导纲要（试行）》指出：教师要善于发现幼儿感兴趣的事物和偶发事件中所隐含的教育价值，把握教育的时机，提供适当的引导。这也为我们生成新的活动内容提供了重要条件和依据。在这个由红红的蔓藤生成的活动中，孩子们在爸爸妈妈的协助下开展了调查，这是开展新的生成活动的前提。在活动中他们自发地提出了问题，老师没有直接告知，而是退后一步，让孩子自己回家调查。孩子们回家后和爸爸妈妈一起查资料，通过各种方法来获取、搜集资料，在这个过程中，幼儿学到了很多有关草莓的知识，同时也发现了有新的生命出现很奇妙，还有就是学会另一个方法查找答案。我想这也是项目化学习的奇妙之处吧！因为会学比学会更重要！

（七）集体活动——创设交流和支持的平台

在整个主题项目实施中，老师根据孩子的信息反馈及时梳理了孩子关于草莓的相关经验，开展了相关集体活动。如科学活动"酸酸甜甜的草莓"、音乐活动"摘草莓"、数学活动"找草莓"，以及绘本阅读活动"善平爷爷的草莓"。

中班幼儿的分享意识和水平在逐渐上升，但是我观察到我们班孩子个体差异的特点和自身身心发展缓慢，有部分孩子分享意识还是不强，有较强的自我独占心理。为此，结合班级开展的草莓种植活动，我选取了《善平爷爷的草莓》图画书。这是一个关于分享的非常温暖的故事。虽然爷爷种植草莓很辛苦，但爷爷只吃了一颗草莓，把全部的草莓分享给了小伙伴们。通过阅读，孩子们知道了分享是一件多么快乐的事。活动导入是从班级的草莓种植说起，引入图画书阅读，通过共读、分组阅读、整体欣赏等环节了解故事情节发展的脉络，理解爷爷分享了全部的草莓仍是乐呵呵的心情，使幼儿懂得"有好东西要大家一起分享"是一件快乐的事情，引导幼儿要有同情心，心中有他人，愿与他人分享，从小培养幼儿的分享观念，也有利于其健全人格和人际关系的发展，适应社会生活的要求。分享是幼儿德育内容之一，对幼儿的健康成长将发挥重要作用。

我的思考

二期课改的核心理念是"以幼儿发展为本"，即注重幼儿的天性，发展幼儿的个性，挖掘幼儿的潜能，提倡以主题活动的形式改变幼儿单一的、接受性的集体学习方式。但是在项目开展中，教师如何在活动中有效归纳与提升幼儿的经验，我认为集体活动是一种有效的手段和方法。它关注经验共享——延展经验外延，提升项目活动的价值。无论是在那个阶段的活动进行中，还是在结束后，幼儿都会有新的经验、新的发现，他们急于展现自己的收获，希望得到老师和同伴的肯定。教师的作用就是给幼儿创造交流的条件和支持的平台，抓住时机，开展相关的集体活动，组织幼儿进行有关调查结果的共享交流和经验统整的集体活动，将幼儿获得的零星经验进行梳理和分享，使个体的经验转化为集体的经验，幼儿的表达和对问题的共同探讨是对获得经验的再次统整与提升。

（八）"莓"好探究——结出见证生命奇迹的草莓

2022年12月19日，由于疫情幼儿园全面停课了，孩子们说："我们的草莓怎么办？""放心，老师会帮助你们去照顾的。"2月2日值班，我第一件牵挂的事是去看和孩子们一起种的草莓，走近一看，草莓居然开花了，然后连拍了三张照片，分享到微信群，群里的孩子一下子兴奋了："哇，我们可以吃到草莓了。"2月15日，幼儿园正常开学了，孩子们第一件事就是去看他们的草莓。"老师，草莓在哪里？""……怎么没有草莓呢？""不是开花了就会结红红的草莓吗？""会不会被虫吃掉了？""到底为什么呢？""孩子们，我们一起调查一下吧！"孩子们查到了三个原因：没有授粉、缺乏营养、阳光不足。3月中旬的一天，孩子们兴奋地告诉徐老师，草莓开花了，快去帮它授粉。徐老师在孩子们的要求下，第一次尝试做了授粉工作。4月20日，见证奇迹的时候到了，我值班后进教室，孩子们看到我兴奋地告诉我："有草莓了、有草莓了。"说着就拉着我往草莓园跑。果然，草莓园的角落边两颗红红的草莓在告诉我，草莓终于结果了。整个过程历经了8个月，在一次次失败中，孩子们终于收获了两颗见证奇迹的草莓。我说："孩子们，这两颗草莓怎么分享？孩子们切开来分吧！"玥玥说："我们这么多小朋友分两颗草莓，那不变成草莓酱了吗？怎么分呢？"浩浩说："给老师一人一颗，老师带我们种的。"孩子们附和道："对的，对的。"我说："想想最应该分享给谁？""老师，给阿姨吧！""对呀，阿姨帮了我们许多，我们应该先分享给她。"阿姨说："谢谢小朋友们！你们种的草莓真的很甜。"大家脸上挂着愉悦的笑容，确实，分享的草莓是最甜的！

我的思考

蒙特梭利说："生长是由于内在的生命潜力的发展，使生命力显现出来。教育的任务是激发和促进儿童的内在潜力，使其按自身规律获得自然的和自由的发展。"而种植活动可以巧妙地将理论与实践融合，让幼儿在实践中感受生命的萌发,并彰显生命力,使幼儿的身心得到健康发展。草莓开花了,可是为什么没有看到草莓结的果?通过查找资料,孩子们了解到了草莓不结果的原因,在后期开花后进行了人工授粉,历时8个月终于结出了两颗见证生命奇迹的草莓,并进行了两颗草莓的分享活动。孩子们虽然没有吃到自己种的草莓,但明白了分享的草莓是最甜的。

四、主题项目实施思考

我们与草莓共同成长的时光短暂而充实,当红红的草莓映入孩子们的眼帘,这份惊喜难以言喻。整个项目活动,基于绘本阅读的引发,来源于幼儿真实问题情境下开展,真实的问题情境抓住了孩子的兴趣点,从绘本阅读出发,让探索变得更持久、更多元、更开放。老师及时根据幼儿需求提供支持性的环境,促进幼儿深度学习。

(一)基于图画书阅读引发探究问题

我们知道在开展项目化活动前,需要教师收集大量源于幼儿产生的问题,这些问题的来源可能是幼儿感兴趣的、关注的热点,或幼儿有疑问,或是幼儿真实情景中的问题。本项目中,老师通过投放科学绘本《草莓》,引发了孩子的积极讨论,引出了要种植草莓的事件。同时,老师通过谈话、调查,了解到了幼儿最近发展区的需要、对草莓未知领域的探索,然后教师可根据幼儿年龄特点、学习经验及驱动性问题具有思维的开放性、基于生活情境与儿童视角、具有挑战性问题并且指向核心经验等特点进行识别与判断,确立最为适合的驱动性问题。确立了如何种植草莓,观察了解草莓的生长过程,这两个驱动性问题确立是适宜的。我们从整个项目实践看,孩子关于草莓经验的获得是在已有经验基础上不断螺旋上升的过程,这一过程中,新、旧经验相互影响、相互促进,实现着幼儿的生长与发展。

(二)教师在项目活动中的支持

1. 绘本资源的支持

第一,精挑绘本,寻找包含与草莓交集的有种植元素的草莓绘本。

绘本以儿童的眼光和想象,演绎着儿童的世界。老师在选择绘本的时候要有的放矢。教师应该做一个有心人,能够十分细心地观察,及时地了解幼儿的兴趣，及时了解各类绘本的内容。如绘本《一起种草莓》让孩子更直观、更近距离地认知植物生长，还可以亲自为草莓浇水、除虫等。儿童对大自然进行初步认知的互动绘本，用有趣幽默的画面和生动的语言向孩子介绍动植物的生长特征与成长过程，结合有趣的互动游戏和立体翻页等方式让孩子对动植物有进一步的了解。再如《善平爷爷的草莓》，这是一个令人心生温暖的故事，老爷爷分享了他悉心照料的草莓，意外收获了小动物们的回礼——感谢与陪伴，对善平爷爷来说，能与大家分享的草莓，才是世界上最甜的草莓。故事中还有浓浓的亲情、暖暖的友情，充盈着孩子的小心灵。种植最后收获两颗草莓后，孩子们的话语还是暖人心的，这就是绘本的价值。

第二，活用绘本，将绘本的元素与生活巧妙地结合起来。

依托绘本资源与季节特点，精挑合适的绘本，挖掘生活中常见的植物元素，让绘本与生活相融，引发孩子的自然探究活动。如科学绘本《草莓》让幼儿了解了在自然中成长的小小草莓的成熟历程，从生出根茎叶，当和风带来春光，草莓绽放出花朵，花落结果，变成白色的草莓，风的吹拂、雨的沐浴、阳光的照射让草莓变红、变甜。形象而生动的绘本故事，让孩子们初步感知到草莓是会不断变化的，同时也初步了解到草莓需要水、空气和阳光才能慢慢地长大、变红、变甜。这本书的图画刻画细致入微，使孩子们在观察中仔细去感受每一幅画呈现的意义，通过阅读，孩子明白图画也会说话，也会动，学会一种更高级的表达方式。从这点来看，本书起到了引发孩子参与草莓种植的兴趣和深入探究实践的作用。

2. 教师探究策略的支持

第一，教师及时介入引发探究。

可以说追随幼儿兴趣的学习过程，幼儿会因为经验不足遇到很多问题和困惑，如果教师不注意观察，很可能会导致幼儿失去继续探索学习的方向。此时需要教师及时关注，并给幼儿提供有效的意见和建议，引导幼儿继续深度学习，如草莓种植的多次失败，天气的骤变、降温等。孩子们发现问题，解决问题的能力是我们难以在其他教学活动中发现的。正因为所实践的问题是他们真正感兴趣和想知道的，幼儿才能真正用心地学习、思考，在实践中迸发出源自幼儿经验的新问题。这类问题正是在"项目化"主题实施推进的过程中孩子的兴趣生发点，教师应该是教育的有心人，巧妙运用各种方式引导幼儿根据自己的兴趣和疑惑扩展出更深的学习活动，使主题层层推进，保护幼儿活动积极性的同时也没有越俎代庖剥夺幼儿自主思维的机会。

第二，搭建分享与学习平台。

分享展示是项目活动不可或缺的一部分，不仅是幼儿表达与交流的平台，更是对幼儿自主学习的总结。在草莓项目化活动开展的前期、中期、后期，教师都应为幼儿创造分享、交流、学习的机会，在互动中获取来自不同个体的经验并进行梳理与整合；在学习中积累新经验，内化后运用到实践中，不断激发幼儿项目化学习的兴趣与动力。本项目中每个阶段教师都能创设随时分享和交流的学习平台。如阶段四发现新的生命，教师利用微信群让孩子交流分享调查的收获，并通过组织集体分享讨论，了解到有两个方法获得小草莓苗宝宝，以及老师和孩子一起共读绘本草莓图书，使孩子们了解到蕴含着大地的精华、大自然神奇的作品——草莓。

第三，学教结合，学习正确的种植方法。

虽然是中班孩子，但我们还是放手让孩子一起参与。在种植活动中我们引导幼儿自主探究的同时，也要结合种植过程的进展，引导幼儿用正确的形式进行探究：观察现象—提出问题—猜想解释—实践操作—观察验证。第一次种植草莓孩子们是没有经验的，自己尝试了，但是均以失败告终，孩子们觉得很难，于是主动要求老师教授种植草莓的方法，在老师的示范下，孩子们很快掌握了种植草莓的方法。

（三）协同发展项目实施的成效

回顾整个活动，种植过程中孩子们收获的不只是能力和知识，还有情感和态度。从讨论到调查，到采集秧苗、亲自播种、精心照顾的过程，孩子们已经对自己种植的草莓产生了深深的感情，从播下种子的那一刻起，他们牵挂着、猜测着、期待着，孩子们在牵挂草莓成长的过程中悄然体验着植物生命的力量。

在这个过程中：

儿童重新认识了自己，在近8个月连续的"项目化"主题行进过程中，儿童总是在观察，总是在提问，总是在发现中寻求解决问题的方法。

教师重新发现儿童。教师开始转变教学观念，打破"教师预设"建构模式的禁锢，看到并认可儿童非同寻常的学习欲望。通过走近儿童、观察儿童与儿童互动等方式看见儿童。实施中，教师逐步适应自己的双重角色——既是幼儿共同学习的好伙伴，又是整个"项目化"主题行进的推动者。

总之，基于图画书阅读开启幼儿的自然探究之旅，让孩子经历着完全不同的学习过程，通过提出问题、建立联系、个性化表达形成一个完整且持续推进的学习过程。和大班孩子相比，可能他们的已有经验比较缺乏，提问零散，探索的深度较浅，个人实践多于小组合作，但是，这并不妨碍他们在实际生活中发现自己感兴趣的问题，去观察、去思考、去讨论、去争论，也并不妨碍他们运用已有经验在新的情境中迁移、运用，形成新的知识点，更不妨碍他们运用语言，动手操作，将思维外显化。

此次探究草莓项目之旅，我们从幼儿的现实生活出发，通过图画书引发兴趣—草莓种植—发现草莓种不活原因—了解草莓的生长—发现新的生命。随着照顾草莓一步步的递进，幼儿在活动中积极思考、善于发现，提出并解决问题。

最后，我想以一首小诗为这次探究画上一个完美的句号。

　　大自然是一本最好的书，
　　自然焕发无限生机；
　　孩子们亲手种下的一棵棵草莓苗，
　　承载着爱与美好在土地中生根发芽，
　　每一次的观察、发现，
　　都是等待生命蜕变；
　　每一次的失败、尝试，
　　都是一种成长的经历；
　　每一次的浇灌、除草，
　　都是一份期盼与陪伴；
　　每一次的思考与发现，
　　都是孩子对自然的亲近与探索；
　　每一次的问题与解决，
　　都是见证成长的快乐！
　　遇见"莓"好的自然探究之旅，
　　更是在童年时代里留下了成长的足迹！

向日葵笑了

——基于图画书阅读的自然角探究活动

赵秀梅（上海市浦东新区靖海之星幼儿园）

一、活动缘起

《3—6岁儿童学习与发展指南》中提到，幼儿园一日活动皆课程，为了推进"五育并举"在一日活动中的落实，教师应基于"五育融合"，立足幼儿实际，与幼儿共同积累经验，助推幼儿综合素养的提升。

由于城市的发展，孩子们与自然的连接逐渐减少，易产生"自然缺失症"。幼儿园里的小小自然角，虽不能完全让孩子感受自然的一切，却也是亲近自然的小小窗口。在自然角创设的过程中需要幼儿共同收集各类动植物，而在这一过程中，幼儿需要不断地与自然接触，从而获取对自然界事物的认知。

随着一颗葵花子的到来，一支"向日葵护卫队"由此产生了。在一路护卫向日葵成长的过程中，孩子们通过图画书资源，并在不断的了解、尝试、探究中获得了守护向日葵成长的经验；同时，也在探究自然的过程中，学会了与同伴友好相处、与自然友好相处，体现了五育融合的相互渗透和相互联系。

二、活动开展

（一）基于兴趣，抓住契机——向日葵种子的到来

当孩子们早上兴高采烈地拿着各类植物放置在植物角时，大家纷纷和同伴们讲述着、分享着，显得特别自豪和骄傲。不远处方方捧着一个小盒子走了过来，只听到有人疑惑道："这是魔法盒吗？能变出什么呢？"这时方方打开盒子，里面有一包土，有一张纸，还有一包"瓜子"。方方说："这是妈妈给我买的向日葵种子，瓜子就是它的种子。"孩子们纷纷说道："那我们是不是以后也能吃瓜子，快把它种在土里吧。"孩子们看着说明书上的图示，发现种子需要放水里泡着，于

是方方找来小白盒，鑫鑫去倒了水，种子被缓缓放进了白盒里。

孩子们一直不间断地去看"瓜子"，可是种子迟迟没有动静，孩子们显得有点沮丧……种子究竟什么时候才能发芽？有的孩子说可能是水放得太少了；有的孩子说是不是需要更多时间等待才能发芽；有的孩子说刚过完年是不是天气太冷了，很多种子都是春天的时候才能发芽……随着交流讨论，我结合孩子们的讨论进行了总结：种子发芽需要适宜的湿度、一定的温度、耐心的等待。方方听完就说："现在的天气温度还比较低，种子在温暖的地方更容易发芽。"鑫鑫听完就说："那我们把它放在教室里吧，外面走廊里有风，又没有阳光，可能太冷了！"说完，鑫鑫就把种子从教室走廊拿进了教室里有阳光的地方，还盖上一层纸巾给它当被子，大家这样默默地守护着，关爱着，孩子们与向日葵种子建立起了友好的情感。

思考与支持

幼儿在参与收集自然角材料的过程中，激发了对向日葵种子的兴趣，从幼儿的神情和对话中我充分感受到了孩子们的好奇心和探究欲。案例片段中幼儿通过说明书上的各类图符、文字的介绍，在似懂非懂中不断地摸索和解读，尝试看懂种子发芽的方式和方法。

当孩子说到魔法盒的时候看到了孩子们的想象力，当孩子们愁眉不展时，老师基于幼儿当前的兴趣热点，抓住了教育的契机，通过问题的提出和小小交流会的形式，立马引发了孩子们的讨论。在讨论和交流的互动中，共同梳理了种子发芽所需要的各类条件，结合当前季节的温度，主动提出要把种子从室外挪到室内，并盖上"被子"，让种子在温暖的环境中发芽，在过程中激发了幼儿的思考，共同探讨，体现了幼儿遇到问题主动尝试解决的能力。

通过日常的活动，教师能基于幼儿当下的兴趣热点，抓住教育的契机，激发幼儿的探究，促进幼儿的思考。在自然探究的过程中，体现五育融合的理念：在自然实践中，通过自然角的照顾提升了幼儿的劳动意识；在不断的探究过程中集合孩子们的智慧，体现了"劳育""智育"的相互渗透和相互作用，推动了幼儿的知识经验积累。

（二）收集信息，自主探究——"护卫队"在行动

几天过去了，在孩子们每天的呵护和照料中，终于迎来了希望："哇！快来看啊，种子长出了一个绿色的小尾巴，它发芽了吧！"

接下来该怎么办呢？带着疑问，我和孩子们一起来到了阅览室，一起去寻找答案。鑫鑫拿着图画书《向日葵》轻轻地翻开："快来看，这本书里有种向日葵的方法。我们先把土倒进盆里，戳个洞洞，再把种子放进土里，这样就能像书里说的那样，慢慢长大了。"在大家的分工合作下，终于成功种下了向日葵。

鑫鑫说："明天开始我来照顾它吧。"方方立马站起来说："不行，这是我带来的，我来照顾就可以了。"鑫鑫说："可是我也想照顾啊。"方方转过头依然坚持说是自己的种子，鑫鑫叉着腰说："你也太霸道了，为什么我们不能照顾呢？"说着两个人还争论了起来，谁都不肯妥协。

随即我想到查阅向日葵图画书的时候，其中《向日葵笑了》的图画书非常适合现在的情景，看到几个孩子互不理睬的情景，我笑嘻嘻地走过去："哎呀，向日葵的护卫队们，向日葵有你们的呵护肯定能成功长大。我这里有个有趣的故事，也是关于向日葵守护者的。"几个孩子听到后，纷纷走了过来围在一起，于是我们以小组阅读的方式，一起阅读了这本图画书。

图画书《向日葵笑了》讲述的是兄妹两个总是吵架，在得到邻家爷爷的向日葵种子后，一边吵架，一边共同照顾向日葵，最后在吵吵闹闹中共同帮助了向日葵长大开花，感受了合作的力量和兄妹间的友好情感。听完故事，言言说："我

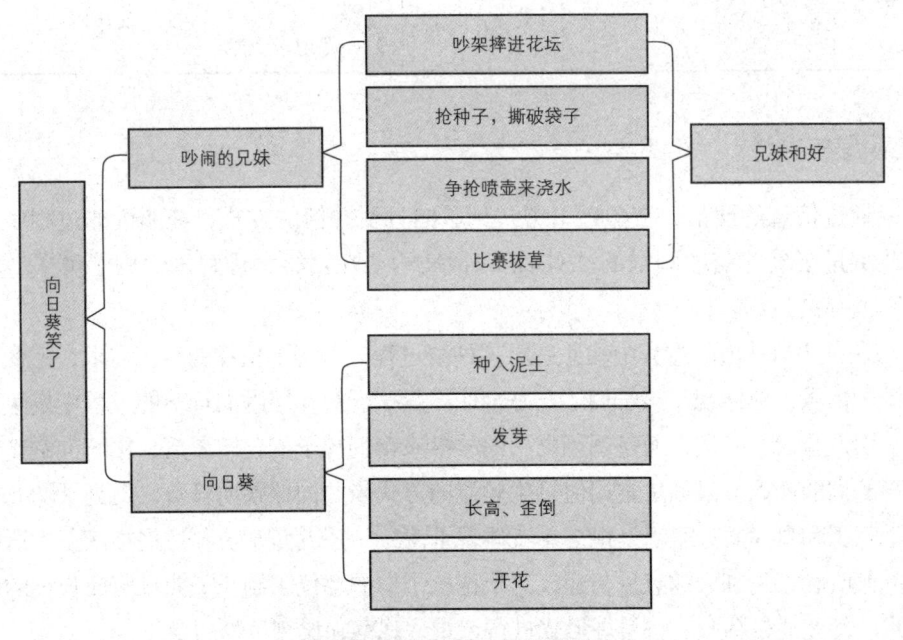

```
                               ┌─ 吵架摔进花坛
                               │
              ┌─ 吵闹的兄妹 ───┼─ 抢种子，撕破袋子 ──┐
              │                │                      ├─ 兄妹和好
              │                ├─ 争抢喷壶来浇水      │
              │                │                      │
              │                └─ 比赛拔草            │
向日葵笑了 ───┤
              │                ┌─ 种入泥土
              │                │
              └─ 向日葵 ───────┼─ 发芽
                               │
                               ├─ 长高、歪倒
                               │
                               └─ 开花
```

图画书《向日葵笑了》阅读导图

觉得我们的向日葵如果有更多人照顾,有更多的关心和爱护,肯定也能长得很好的。"方方想了想说:"那我们轮流吧,可是很多人想照顾怎么轮流呀?"言言说:"那我们谁轮到做值日生,谁就来照顾它,可以吗?"方方立马点点头,鑫鑫开心地说:"对不起方方,刚才我有点凶了,那我们就这么决定吧,还可以把它记录下来,看看到底几天就能开花。"

于是,自然角的边上挂上了一本向日葵成长的专属记录本,孩子们每天在照顾的同时,也能通过绘画、符号的形式来记录向日葵的成长,向日葵"护卫队"就这样成立了。

图画书投放前后幼儿对矛盾处理的变化

幼儿	图画书投放前		图画书投放后	
方方	1. 立马站起来说:"不行,这是我带来的,我来照顾。" 2. 转过头坚持说是自己的种子。	两名幼儿能清晰地表达自己的想法,遇到问题时自我意识都比较强,缺少协商的意识。	1. 我们轮流吧,可是很多人想照顾怎么轮流呀? 2. 认同言言的建议。	图画书介入后,两名幼儿都能发现刚才的自己有点不讲理,于是主动通过协商、交流共同解决矛盾,友好相处。
鑫鑫	1. 明天开始我来照顾它。 2. 可是我也想照顾它啊。 3. 叉着腰说:"你太霸道。"		1. 对不起。 2. 那我们就这么决定吧。 3. 一起记录下来。	

思考与支持

通过信息的搜集,在图画书中找到了向日葵种植的方式,在阅读的过程中进一步促进了幼儿与图画书的"对话",帮助幼儿在观察和理解画面中了解了"种子"发芽的过程。

在自然角种植的过程中幼儿亲历了种植过程,了解了植物的生长需求,感受了劳动的快乐,更体现了孩子们的友好合作。当孩子们在照顾向日葵的过程中发生矛盾,引发争议的时候,通过图画书中的故事来帮助孩子们化解矛盾,缓解问题。经过孩子们的商议,最终决定用值日生轮流的方式来共同照顾向日葵,提高了幼儿的劳动意识和自我服务意识,也进一步体现了《3—6岁儿童学习与发展指南》中所提出的倾听和接纳别人的意见与建议。根据孩子们的建议,制作了向日葵成长记的记录本,幼儿通过图画、符号等形式进行记录,观察和比较植物的变化。

在自然角探究实践的过程中，基于图画书的阅读帮助幼儿掌握了知识，积累生活经验，促进了过程与方法、知识与能力的融合。在感受图画书中向日葵的美好画面时，在争论不休到友好合作过程中，体现了美育、劳育、德育的相互渗透，推进了五育融合。

（三）共同讨论，获得经验——向日葵搬家

一个月过去了，向日葵的苗苗也逐渐长高，可细细长长的秆总是东倒西歪。睿睿终于忍不住问了："老师，这个向日葵怎么一直要倒下来呢？"说着就去扶了扶，可是没用，依然倒下来。几个孩子听到了也走了过来，说："不然我们找根杆子给它靠一靠，绑一绑吧，我看到种植园里的有些植物就是用长长的树枝给绑起来的，是不是向日葵也需要绑一绑？"说着，就去教室里找了个细长的积木杆子插进了土里，大家看了看，试了试，可是向日葵秆实在太细了，没法绑，怕弄断了，于是就只能轻轻地靠着。又过了段时间，向日葵还是这么细长，没法站起来。于是针对这个问题，我们让幼儿进行了讨论，向日葵为什么这么细长，站不起来？

经过讨论后，大家一致认为向日葵需要阳光、需要蚯蚓、需要更大的空间。我问道："那要有阳光，又有蚯蚓，地方空间还需要大，要满足这些条件，我们有什么办法吗？"童童说："那我们搬家吧，我们小菜园里有很多阳光啊，地方也很大。"其他孩子听了都说是个好办法，于是我们就捧着花盆来到了小菜园，把向日葵移到了小菜园里。鑫鑫帮忙松松土，童童帮忙扶正向日葵，用小棒做支撑。过了几天后，菜园里的向日葵逐渐能站起来，叶子也慢慢变大了……孩子们对于向日葵的长大充满了期待，也想更深入地了解。

思考与支持

幼儿通过每天的观察和记录发现向日葵东倒西歪，随着大家的讨论，幼儿用绘画的形式表达了自己的想法。随后我抛出问题，引发了孩子们的思考，并在讨论过程中一致认为"搬家"是一个很好的办法。这些过程中充分体现了幼儿的主动思考，积极探究的主动性，并尝试解决遇到的问题。

教师的语言、材料、环境等多方面支持，让幼儿充分表达，在观察过程中不断地发现、记录，并通过问题的提出共同讨论得出解决方法，体现了"能观察、比较事物，发现异同并简单描述，同时能根据观察结果提出问题"的发展要求。随着孩子们兴趣的不断深入，我们又共同收集了更多关于向日葵的图画书，通过

集体学习活动、个别化等方式，表达和表现向日葵向阳而生的热情。整个过程中体现了《上海市学前教育课程指南》中所提出的尊重幼儿的学习方式，以激发幼儿主动探索为主，创设适合幼儿发展的、支持性的环境，让幼儿在环境、材料的互动中，大胆探索，充分表达，获得经验。幼儿在与自然、与同伴、与图画书等的互动下，实现了德育、智育、美育、劳育、体育的五育融合，以适合幼儿发展的方式促进了幼儿的发展。

三、策略启示

《幼儿园教育指导纲要（试行）》中明确提出："环境是重要的教育资源，应通过对环境的创设和利用，有效地促进幼儿的发展。"案例中，幼儿对向日葵种子的好奇，想方设法地呵护和照顾，在过程中不断地观察和记录，并提出疑问，这些都表现了幼儿的主动探究欲望和积极思考的主动性。虽然在整个过程中一波三折，不仅发生了争吵，还遇到了困惑，但是都没有击退孩子对向日葵的友好情感和关爱。

基于图画书的阅读，帮助幼儿获得相关知识，促进了自然探究活动中的实践。只有基于幼儿的兴趣，尊重幼儿，支持幼儿多样性的探索，才能更好地促进幼儿与自然之间的友好，帮助同伴之间的和睦相处。在自然活动中，幼儿通过与自然、与同伴的和谐共处，不仅获得愉悦的情绪和成就感，更促进了与同伴间的交往，培养了亲社会行为，促进了全面发展，实现了五育融合的理念。在教师的支持、图画书的阅读、幼儿的互动中，实现了"五育"之间的有机渗透。

（一）利用图画书，架构幼儿与生活经验衔接的桥梁

根据幼儿当前的兴趣点，通过环境、图画书等多方面的支持，进一步帮助幼儿在阅读中自主探究，提升幼儿的生活经验。如图画书《向日葵》中，帮助孩子了解种植向日葵的方法，并尝试种植；图画书《向日葵笑了》中如何友好合作照顾向日葵，解决了幼儿在照护向日葵过程中遇到的矛盾和问题；图画书《追光的向日葵》中以凡·高的《花瓶里的十二朵向日葵》为背景，让幼儿感受向日葵的热情、活力和积极向上的精神，并用绘画等形式表达和表现。

幼儿的兴趣是最好的教育资源，只有在不断的思考、尝试、解决中，才能激发幼儿的探究欲望，感受到人与自然的友好关系，在幼儿"阅自然"中，"共友好"，从而促进幼儿的全面发展。

（二）借助图画书资源，唤起幼儿的友好情感

友好不仅体现在孩子与向日葵之间的关系上，更是促进了幼儿与同伴之间的友好相处。在发现问题、解决问题的过程中，幼儿逐步学会协商、交流、合作，更好地与同伴相处。当孩子们在照顾向日葵的过程中遇到矛盾、争吵的时候，通过图画书《向日葵笑了》的小组阅读，看到了故事中兄妹俩从开始抢着播种、抢着浇水，到最后一起浇水照顾，共同等待向日葵成熟的整个过程。运用图画书，间接地帮助幼儿学会合作，懂得友好，从而让幼儿建立友好的同伴关系，共同实现目标，获得成功。

（三）挖掘图画书价值，拓展幼儿自主探究经验

图画书在整个自然角的实践探究中充分发挥了价值，拓展了幼儿自主探究经验，并在探究过程中获得知识。不同图画书的投放，不仅激发了幼儿的兴趣和探究欲望，更是在实践中不断地尝试，从发现问题到解决问题，在与图画书的互动中，帮助幼儿在五大领域都能拓展经验。根据幼儿经验的积累和兴趣的深入，进一步收集更多相关的图书，深入探究向日葵，运用多种方式深度学习。

在自然探究的过程中，我们以图画书为载体，基于图画书阅读的方式来帮助幼儿在自然探究实践中不断地探究和积累经验。在着重强调全面发展的时代背景下，帮助幼儿在与自然、社会的接触中，通过不同图画书的阅读，在亲身观察、实践探究中获得经验，促进五育融合。我们应该坚持"五育并举""五育融合"，以多种活动方式引导幼儿自主探索、自主学习，激发幼儿的探索欲望，促进幼儿主动思考，提升幼儿解决问题的能力，从而促进幼儿的全面发展。

哇！水母

庄雪红（上海市临港新城海音幼儿园）

一、故事起源

在《3—6岁儿童学习与发展指南》的引领下，我们班从幼儿的兴趣点——水母出发，借助绘本《哇！水母》，让幼儿深入了解水母，旨在通过引导幼儿观察、探究水母的特点和习性，激发幼儿的好奇心和探究欲望，促进幼儿的全面发展。

在语言活动《哇！水母》的学习过程中，孩子们知道了水母身上95%都是水分，并且没有骨头、没有血液的主要特点。然后，通过绘本中的水母图像，引发孩子们对水母生活习性、生活环境等的想象，并引导他们大胆表达自己的看法。

乐乐提出了疑问，说："水母到底是什么颜色的？"

陌陌说："水母的手脚真的好多呀！它们要怎么行走呢？"

天天渴望着，说："我也好想拥有一只自己的水母！"

昕昕说："水母真的可以被养殖吗？"

在绘本《哇！水母》的影响之下，孩子们对于水母的喜爱和探索欲望达到顶峰。有的孩子对绘本故事《哇！水母》中的介绍深信不疑，非常希望自己也可以养殖一只可爱的水母。也有一些孩子对水母的形态充满好奇，有极高的创作想法，而这也让孩子们对主动探索水母奥秘的积极性迸发。为了满足孩子们的好奇心，也为了让孩子们可以在主动探索中形成对水母、对海洋的进一步认知，我们将孩子们提出的想法进行整合，带着"好奇宝宝"们走进水母的世界。

二、故事发展

（一）哇！是画笔下的水母

1. 故事实录

在首次带领孩子们阅读《哇！水母》以后，孩子们对于水母多彩的颜色、美丽的外观产生了极深的兴趣。色彩需要用画笔来记录，为了牢牢锁住孩子们对水母的兴趣以及对水母华丽色彩的认知，我们顺势开展了美术活动"画笔下的水母"。在活动过程中，我们不仅再次将绘本《哇！水母》中带有绚丽色彩的水母图画呈现给孩子们欣赏，更是在网络上收集了诸多与水母有关的图画，进一步加深孩子们对水母外观、色彩等方面的认知。与此同时，带领孩子们尝试将水母绘于纸上，积极鼓励孩子们发挥自己的想象力，用画笔画出自己想象中或是自己认为的水母样子，而孩子们画出的水母也颇具想象力。

孩子们的想象力非常丰富，在绘画完成以后就迫不及待地和老师分享起自己的创作灵感。看着孩子们积极分享水母画作的热情，我们组织了"水母创作分享交流会"的环节，让孩子们围坐成一圈，每个孩子都可以在小伙伴面前分享自己创作水母画作过程中的灵感。

柒柒说："水母生活在大海里，我觉得水母应该和大海是同样的颜色，并且蓝色的水母真的很漂亮！"

梓轩说："水母像小伞一样，可可爱爱。"

淘淘说："我的水母和别人的不一样！我的水母是'三角形战士'！"

小宇说："我的水母是开汉堡店的，所以它长得和圆圆的汉堡很像。"

有的孩子为自己的水母起了好听的名字，比如柒柒为自己的水母命名为"大明星"，她认为自己的水母是海底世界的歌星，可以用美丽的歌喉得到海底大鱼小虾们的喜爱；淘淘为自己的水母命名为"外星水母"，他认为水母的外观特征、生活习性与动画片里的外星人很像。

与此同时，也有很多小朋友想象力非常丰富，在创作水母时为它们增加了背景故事。比如小宇认为自己的水母和动画片《海绵宝宝》中的蟹老板一样，都是开汉堡店的老板，所以在画水母时，也将汉堡的颜色、特征融进了水母画作当中。

在活动的最后，有的小朋友对自己的水母非常满意，同时也展开了遐想——"如果我的水母也能动起来，像动画片里的漂亮水母一样就好了。"

2. 教师思考

在幼儿活动的过程中，我们常常会发现，孩子们对于未知的世界充满了好奇和探索的欲望。这种好奇心和探究欲望正是推动他们不断学习与成长的重要动力。而作为教师，我们的职责就是要保护和引导这种好奇心，帮助他们建立起对世界的认知和理解。同时，遵从幼儿的想法，鼓励幼儿极致地想象，是教师应当做到的事情，也是促进幼儿思维发展、培养幼儿探索与探究意识的关键。因此，为满足幼儿对"水母动起来"的愿望,我们与幼儿开展了一场关于"如何让水母动起来"的讨论,为幼儿提供进一步探索的机会。

从绘制漂亮的水母到为水母起名、编写故事,再到后来的"水母动起来",这不仅是幼儿想象力丰富的体现,更是他们探究欲望的展现。因此,我们必须积极回应和满足幼儿探索和表达表现的欲望。

然而,将水母图画制作成动画的愿望非常难实现,将图画装订成册后利用高速翻页形成动画的方式也缺乏可行性。不过,传统文化中的皮影戏也属于动画的一种,并且是中华非物质文化遗产的一种,不仅可以实现孩子们让"水母动起来"的想法,还可以让孩子们在活动中体会到中华传统艺术文化的博大精深。同时,制作皮影、展示皮影是一项"大工程",需要家长与幼儿园的相互配合才能高效完成。

(二)哇!是动起来的水母

1. 故事实录

在《哇!水母》的绘本学习和美术活动"画笔下的水母"之后,孩子们对水母产生了浓厚的兴趣,并希望能够让水母"动起来",而这项"大工程"需要有幼儿家长的配合。于是,我们策划了皮影戏水母的整个流程。

第一,参考传统皮影戏的脚本与水母动画片的桥段,写出一段简单的皮影戏剧情。将皮影戏的时间控制在3分钟以内,配音的台词要简单,角色人物关系也要清晰。

第二,为每个孩子分配一个水母角色,让孩子在卡纸上画出水母的样子,并由家长配合剪裁、粘贴,最终形成一个皮影水母。同时,孩子们要为水母进行配音,家长可以用手机、录音笔录制下孩子说出的台词并发给老师,由老师将录制的声音与背景音乐进行整合,最终形成皮影戏的音频。

第三,邀请家长和孩子们共同来到幼儿园,开展皮影戏水母的表演活动。

2. 教师思考

皮影戏作为一种传统艺术形式,其独特的魅力和文化内涵对孩子们来说是非常具有吸引力的。通过将皮影戏与幼儿教育结合起来,不仅可以丰富幼儿的学习内容,还可以激发他们对传统文化的兴趣和热爱。

在活动中,孩子们可以看到自己亲手制作的水母在幕布上活灵活现地动起来,听到自己录制的声音从音响中传出来,这不仅让孩子们体验到了成功的喜悦,更让他们感受到了传统文化的魅力。在表演过程中,孩子们和家长们都沉浸在皮影戏的世界里，仿佛真的走进了水母的世界，感受到了水母的美丽和神秘。孩子们看到自己的水母在幕布上翩翩起舞，不禁兴奋地欢呼起来，家长们也为孩子们的创意和表现感到骄傲与自豪。

活动结束后，我们组织了一次简短的分享会，让孩子们和家长一起分享这次活动的感受和收获。孩子们纷纷表示，他们不仅学到了很多关于水母的知识，还体验到了制作皮影的乐趣，更重要的是，孩子感受到了家长和老师的关爱与支持，并且充分感受到了皮影戏的趣味性，对传统文化也有了更深的认识。

在这次活动中，孩子们通过亲手制作皮影水母、为水母配音、参与皮影戏表演等环节，深入了解了皮影戏的制作过程和表演。最重要的是，通过别出心裁的皮影戏方式，让孩子们实现了"水母动起来"的愿望。不过，随着孩子们对于水母兴趣的加深，孩子们不满足于在绘本或者电子产品上看到的静态水母，想要见到真实的水母的想法越加强烈。

（三）哇！是徜徉的水母

1. 故事实录

为了抓住孩子们对水母极强的探究欲望，我们邀请志愿小分队进行了一次水族馆的游览活动，并且将重点聚焦在观察水母之上。在水族馆里，孩子们第一次近距离地观察到了水母，不禁惊叹于水母透明的身体和飘逸的游动姿态，纷纷围着水族箱，仔细地观察着水母的一举一动。有的孩子还拿出自己的小本子，用图画的方式认真地记录下水母的特征，可见孩子们对水母充满了喜爱。

在游览的过程中，我们还邀请了水族馆的工作人员为孩子们讲解水母的生活环境和习性。孩子们听得津津有味，不时地提出自己的疑问和想法，工作人员也耐心地解答孩子们的问题，让他们对水母有了更深入的了解。

随着幼儿对水母的认识加深，孩子逐渐注意到生活中与水母很像的物品，比如塑料袋的轻柔很像水母的触手、彩色的气球很像水母的头部等。看着孩子们对制作水母的兴趣加深，并且能够关注到生活中与水母相近的物品，推进孩子们探究学习势在必行。

活动开始以后，我们先将上一次在水族馆中参观水母的录像播放给孩子们观看，鼓励幼儿说出生活中可以作为水母制作的材料。然后，组织孩子们在塑料袋外部贴上彩带，再将塑料袋进行剪裁和拼接，形成水母的外观。最后，向透明的水瓶当中注入四分之三的水，将制作好的水母放进瓶子中，不断翻转水瓶，让孩子们观察"水母"的变化。

小宇开心地说道:"'水母'漂起来了!"

陌陌说:"瓶子翻转的时候,'水母'就会浮到上面去。"

柒柒说:"'水母'为什么不落在最下面呢?"

随着孩子们的提问,在"水母"的头上系上带有重量的小挂件,将"水母"重新放进水里后,"水母"明显沉底。孩子们也发现了这一神奇现象,纷纷开始猜测原因,最终发现了"水母"浮起与沉底的秘密,在于"水母"的重量有所变化。当"水母"轻飘飘的时候就会随着水瓶的翻转浮起来,当"水母"有了一定的重量后就会漂浮在中间或者沉底,这一过程中,孩子们对浮力的概念有了初步的认识和理解,而看见自己亲手制作的水母在水中舞动时,也充满了成就感。

2. 教师思考

在这次水族馆游览的活动中,孩子们通过亲眼观察水母、听取专业讲解、亲手触摸水母等方式,对水母有了更深入的了解和认识。这不仅满足了他们的好奇心和探究欲望,也让他们在亲身体验中感受到了自然界的神奇和美丽。同时,再次激发了孩子们对水母的兴趣与喜爱。

在孩子们对水母的漂浮有了认识以后,我们进一步优化了"水母"实验。让孩子们将蓝色的颜料滴入水瓶当中,可以发现,清澈的水变成了大海的蓝色。然后,再将水瓶放在手机的手电筒之上,有着荧荧蓝光的发光水母出现在孩子们的眼前。孩子们纷纷效仿,对这一科学小实验充满了兴趣。在这次手工制作和科学实验活动中,孩子们通过自己动手制作水母、观察水母的漂浮和发光现象,不仅锻炼了自己的动手能力和探究能力,也增强了对科学知识的兴趣和好奇心。

三、反思与总结

(一)以"儿童友好"理念为引,生发幼儿感兴趣的课程

《幼儿园教育指导纲要(试行)》中指出:教师要善于发现幼儿感兴趣的事物、游戏和偶发事件中所蕴含的教育价值,把握时机,积极引导。因此,作为幼儿教师的我们,应当关注幼儿感兴趣的活动内容,深入挖掘幼儿的兴趣点,并帮助幼儿发散思维,引导幼儿主动去探究与探索。

作为教师,我们也要不断反思自己的教学方法。在本次活动中,我们始终秉承着遵循幼儿的探究心理开展活动。在儿童友好的理念引导下,我们以绘本《哇!水母》为引,从幼儿兴趣出发,尊重幼儿探究心理、遵循幼儿发展规律,

让孩子们在轻松愉快的氛围中生发了一系列关于水母的活动,如语言活动"哇!水母"、美术活动"画笔下的水母"、皮影戏、水族馆游览、科学实验"徜徉的水母"等,让孩子们从多个角度了解水母的特点和习性。这些活动的设计具有延续性、连贯性,不仅满足了孩子们的好奇心和探究欲望,也让他们在亲身体验中感受到了自然界的神奇和美丽,同时让孩子们获得了更加完整的水母知识,形成了一个较为完整的知识体系。

(二)以多方资源为引,助力幼儿全面发展

在关于水母的一系列活动开展过程中,我们借助了家长资源、社区资源,共同助力为幼儿提供了解水母的平台。通过这些资源的整合利用,让孩子们关于水母的疑问得到了科学的解答。

例如在科学实验"徜徉的水母"活动中,我们注重培养孩子们的探究精神,鼓励他们提出问题、解决问题。借助家长资源,让孩子们和家长一起完成发光水母的小实验,让他们在探索中发现乐趣,增长知识。借助社区资源海昌海洋公园中的水母馆,以及讲解员的细致讲解,让孩子们对水母的了解更加深入。在整合多方资源下形成的以语言、艺术、探究为主的教育活动的开展过程中,孩子们的语言表达能力、探究能力、发现与解决问题的能力、合作能力得到了提升,并且孩子们还通过动手实践操作,提高了自己的观察力和动手能力。同时,孩子们也学会了如何与他人合作,共同完成任务,这对他们的社交能力的发展也有很大的帮助。

在未来的教育中,我们仍然会以"儿童友好"理念为引领,从幼儿的兴趣出发,借助多方资源,将相关的主题和活动进行有机的整合,并注重课程的延续性,让孩子们在学习的过程中体会到快乐。同时,帮助孩子们继续保持好奇心和探究精神,让他们不断探索未知的世界,成为有知识、有思想、有创造力的人。此外,作为教师的我们也会积极关注孩子们的兴趣和需求,根据他们的特点和个性,制订更加个性化和差异化的教育方案,让每个孩子都能在形式多样的活动中得到充分的发展和成长。

即将到来的"小宝宝"

王佩蓓（上海市浦东新区靖海之星幼儿园）

一、活动缘起

我们班二孩家庭居多，有的是二胎，有的即将成为或者已经成为哥哥姐姐，因此幼儿对"妈妈肚子里有小宝宝了"这一话题十分感兴趣，热度居高不下。

幼1："老师，我妈妈肚子里有小宝宝了！"

师："真的？那妈妈肚子里的小宝宝几个月了？"

幼1："呃，我不知道，但我觉得是个弟弟。"

幼2："我妈妈之前也生了个小妹妹！"

幼3："我有弟弟，他总是打我。"

师："那你们知道小宝宝在妈妈肚子里要待多久呢？"

幼1："一个礼拜？"

幼2："不是，要好几个月呢！"

师："小宝宝会在妈妈肚子里做什么事情呢？"

幼1："啊，我怎么知道啊，他在妈妈肚子里又看不见。"

幼3："我知道，我知道，她在妈妈肚子里吸收营养。"

通过倾听、讨论发现，幼儿对于肚子里的小宝宝要待多久、在做什么，以及如何与小宝宝相处等还不是很了解。针对此情况，我选择了绘本《妈妈的魔法肚子》，意在以绘本为媒介，帮助幼儿对"妈妈肚子里的小宝宝"有更多的了解，同时寻找与小宝宝相处的模式、方法，体验生命的神奇与奥妙。

二、活动过程

（一）有初步关心的意识

为了满足幼儿对于"妈妈肚子里的小宝宝"的探究兴趣，我在阅读角投放了

《妈妈的魔法肚子》一书。《3—6岁儿童学习与发展指南》中指出,中班的幼儿"能注意到别人的情绪,并有关心、体贴的表现"。通过阅读萌发幼儿关心他人的愿望,并尝试表达自己的关心。

观察实录一:

童童对于新投放的绘本故事《妈妈的魔法肚子》十分感兴趣,在我投放的第一时间,她选择在自由活动的时候翻看这本绘本,看得津津有味,十分认真。有时候童童还会自言自语道,"怪不得妈妈肚子很大的时候,会有凸起来的小包,原来是妹妹在里面活动呀"。言言看到童童在看《妈妈的魔法肚子》,凑上前说道:"哎,这是什么书啊?让我也看看吧。"童童说:"不行,我还在看呢。"言言说道:"好吧,那等你看好了,我再来看。"但言言还是坐在了童童的边上一同看起来了。等两人看到后面的内容的时候,哈哈大笑起来。言言说:"真是太有趣了,小朋友在肚子里原来会做这些事啊。"童童说:"我的妹妹已经出生了,你妈妈肚子里的是弟弟还是妹妹呀?"言言说:"我也不清楚,可能是弟弟吧。"两个人你一言我一语,欢快地交谈着对弟弟妹妹的印象和想法。

当看完主人公阿布为小宝宝所做的事情后,童童说道:"我要给妹妹送小衣服,她再变大了,有些衣服要穿不下了。"言言说:"嗯,那我就给没有出生的小宝宝送个玩具吧,嗯,我想自己画一个玩具。"

幼儿行为表现分析:从"在绘本投放的第一时间就去看","忍不住一起看","哈哈大笑"这些行为表现、情绪等方面都可以看出,幼儿对于《妈妈的魔法肚子》一书十分感兴趣并沉浸其中。童童和言言在阅读绘本时产生的对话,反映了幼儿对于绘本内容的理解并且进行了经验迁移。她们知道了妈妈肚子变大的原因、小宝宝在妈妈肚子里做的事情,以及作为哥哥的主人公阿布是如何照顾妈妈和宝宝的。她们也想为自己的妹妹和未出生的小宝宝做一些力所能及的事情,买衣服、送礼物来表达自己的关心,这是幼儿初步关心他人的表现。

教师的思考:绘本的介入能够在幼儿已有兴趣的基础上进一步提升幼儿的相关知识和经验的整合,在了解了"妈妈肚子里的小宝宝"有哪些生活状态和生理变化的同时,触发幼儿的已有经验与幼儿产生共鸣,绘本画面中的内容呈现给了幼儿更直观的关心行为,激发了幼儿的能动性,愿意做一些感兴趣的事,例如给小宝宝买衣服、送礼物。而如何将兴趣转变为幼儿自发的关心、愿意去表达关心就是接下来要做的事情了。

（二）愿意表达关心

幼儿已有初步的关心他人意识，在此基础上，我们结合幼儿对于绘本内容的关注点和后续讨论的热点问题进行了记录。

问题1："妈妈怀孕的时候有什么变化？"

问题2："小宝宝在妈妈肚子里长什么样？"

环境是幼儿学习的好老师，因此，当幼儿逐步深入时，幼儿与教师共同参与的环境创设是幼儿表达表现的良好平台。我们将内容定为四大板块："封面""魔法观察员""神奇生命"和"我想说"。

"封面"的展示让幼儿明白后面的板块都是与《妈妈的魔法肚子》相关联的。

"魔法观察员"中呈现的是绘本第一部分的内容"妈妈怀孕后的变化"，将相对应的图片和箭头相结合，对其进行了简单的梳理。图片的内容节选自绘本中妈妈的肚子和妈妈怀孕后主要的变化，帮助幼儿更加清楚地了解怀孕的妈妈会有哪些变化。

在"神奇生命"这个版面上，我们根据幼儿聚焦的问题2，"小宝宝在妈妈肚子里长什么样？"挑选了较有特点的、有明显变化的六个月份创设了宝宝生长过程图，例如宝宝初期的胚胎，中期演化出四肢，长出眼睛、头发，四肢变长等。幼儿通过观察可以了解到宝宝在妈妈肚子里面不同月份的变化，并进行猜想或者联系绘本内容，将宝宝可能会做的事情用绘画的形式呈现出来，进行张贴。

"我想说"源于绘本中"哥哥期待小宝宝的到来而做了一系列的事"这一点进行展开。我们选择了信封和纸袋而非张贴的形式，这些容器具有一定保密性，既保留了隐私，也增添一份神秘感，让幼儿大胆"说"出心里话，增添了趣味性和可操作性。

观察实录二：

小源和方方正拿着记号笔在纸上画着什么，我上前问道："小源，你在画什么呢？""我在画小宝宝在妈妈肚子里做的事情。"方方本来准备合上记号笔，他看了看小源，打开笔盖，准备再画点什么。

画完后，两个孩子拿着画好的图片来到"神奇生命"的版面前进行张贴，方方拿着自己画的作品跟其他小朋友进行对比："贴不下了，你看，他跟我画得一样，都是小小的。"小源说："对的，是小宝宝很小的时候吧。"方方回答道："对的。"童童过来问道："小源，你画的是什么呀？"小源说："我画的是小宝宝在妈妈肚子里游泳。""哎，你这个一条一条的曲线是什么呀？""就是妈妈肚子里的那个水。"我提醒道:"这个叫作羊水。"小源重复道:"是羊水,他会在里面游泳,游来游去的那种。"童童连忙说:"你看,这是我画的,我画的小宝宝在妈妈肚子里面喝水、吃东西。"

小源等童童离开后,拿着铅画纸、记号笔等材料画了一幅画,将它放在了纸袋中,我上前悄悄地问道:"小源,你给小宝宝送了什么东西呀?"小源转过头腼腆地笑着说:"我给小宝宝送了一个我自己画的洋娃娃。""小源,你对小宝宝真好。"

幼儿行为表现分析:通过幼儿的对话和照片中呈现的幼儿作品,可以看出幼儿对于小宝宝的成长有自己的想法,并且愿意主动与他人交流分享,说明幼儿对于小宝宝会做什么事情十分上心。厚实的信封和垂坠的纸盒满载着幼儿心中的"话"和关怀,幼儿的关心通过语言和绘画的方式很好地表达和表现出来了,满足了幼儿不同感官的需求。

教师的思考:当幼儿有意识地去了解关心"小宝宝",并且愿意将自己的想法绘画出来的时候,就差付诸行动了。那什么样的行为能够算作关心呢?除了妈妈肚子里的小宝宝我们还可以关心哪些人呢?

(三) 采取关心行动

1. 关心同伴

为了将这种关心他人的氛围一直延续下去,感染更多的幼儿,我们征得幼儿的同意,分享了一部分的书信和礼物,被分享到的幼儿或是表现腼腆,或是表现积极大胆,教室里充满了喜悦的氛围,带动着其他没被分享到的幼儿。

幼:"老师,我画的还没看!"

幼:"老师,我也想画!"

师:"小宝宝比你们小,可能是弟弟,也可能是妹妹,你们都很想关心他们,其实在我们的教室里也有弟弟和妹妹,你们找到了吗?"

幼:"我比你小,所以我是妹妹!"

幼:"我比你大,我是哥哥!"

师:"你想怎么关心你的弟弟妹妹呢?"

幼儿有的互相拥抱,有的摸摸弟弟的脑袋,有的说道:"我是你的哥哥,有人欺负你,你跟我说!"

关心他人的氛围还在继续,"弟弟们""妹妹们"在当天得到了大量的关心和帮助,同时他们也反过来去关心"哥哥们"和"姐姐们"了。幼儿的关心从只关心弱小逐渐变成关心同伴，那些没有血缘却朝夕相处的"兄弟姐妹"。关心不再只是停留于画面上，而是转变成语言和行为，两者的加入使关心更加具象化，其操作性更强。

2. 关心家人

幼儿互相关心的行为持续一段时间后，教室中关心的氛围逐渐变淡，有些幼儿对于关心他人的兴趣也变弱了。关心他人是一种良好的品质，一个好的品质不是光靠一时的兴趣，更多的是日积月累、时间沉淀后所养成的。因此，我们将关爱他人延续至家庭中，通过良好的家庭氛围、幼儿园氛围，潜移默化地影响我们的幼儿。我们向家长和幼儿共同收集关心家人的照片，可以打印拿来学校，也可以直接发给老师。半数幼儿和家长参与其中，收集到的照片以幼儿关心家人居多。

三、活动反思

（一）幼儿的收获与成长

1. 幼儿经验知识的获得

幼儿通过阅读绘本《妈妈的魔法肚子》了解了怀孕妈妈的变化、小宝宝在肚子里能做的事、如何照顾小宝宝等知识。版面的呈现让幼儿有了系统性的认知，看起来更加清晰。

2. 幼儿表达表现能力的发展

在本次活动中幼儿的观察能力、语言表达能力、绘画表现能力都得到了发展。师幼之间、幼儿之间有大量的对话生成，幼儿十分愿意表达自己观察到的绘本内容，说一说自己对于绘本、关于宝宝的困惑和想法，并与他人积极进行沟通。而版面的创设为幼儿绘画表现提供了一个良好的平台，幼儿愿意将自己对宝宝在妈妈肚子里做什么、关心宝宝的想法以绘画的形式表现出来，绘画表现能力得到发展。

3. 幼儿情感的抒发和关心行为的促进

通过本次活动，幼儿关心他人的愿望有了很好的萌发。幼儿乐意将自己的想法用不同的方式表现出来，幼儿与教师的互动，幼儿与幼儿的互动，幼儿与环境的互动，使幼儿的兴趣得到拓展，表达得到肯定，情感得到抒发，关心他人的情感有所提升，关心行为顺势而发。

（二）教师的思考与感悟

1. 活动方案的制定

活动的内容应当源于幼儿，以提升幼儿已有经验基础为目标，帮助幼儿解决并梳理新旧经验、知识，因此制订符合幼儿需求的活动计划相当重要。除了内容上要符合幼儿的年龄、发展水平、兴趣等，在操作环节中也应能够考虑到幼儿的能力水平和情感需求，例如幼儿绘画的形式、保密的信封等在尊重幼儿的同时鼓励幼儿大胆表达表现。

2. 绘本故事的作用

在幼儿教育中，阅读教育是十分重要的，适合幼儿的图画书是良好阅读教育的载体，对儿童的认知发展、语言能力、情感体验等各个方面都有着积极的影响。有趣丰富的画面，能够牢牢抓住幼儿的眼球和注意力，简洁的文字传达着既深刻又简单易懂的信息，能够以更轻松的方式进入幼儿的心灵，与幼儿产生共鸣。

在本次绘本故事中，幼儿所发现的与小宝宝的相处之道就是"关心"。通过阅读绘本、解析绘本、表达表现、实践操作，幼儿从最初的有关心的意识、愿意表达关心再到采取关心的行动，将意识转变为实际行动，不只是认知上的提升，幼儿积极情绪、良好道德也得到了提升，阅读教育起着积极、向上的作用。

关心他人是一种良好的品质，愿我们能够与幼儿共同形成关心他人的人文环境，将关心从校园延伸至每一个家庭。人与人之间就像永动机，你一言，我一语，一个眼神，一个行为，就能激起一片浪花。以个人带动群体，以小家带大家，愿我们的孩子将关心他人牢刻心中，成为陪伴终身的良好品质。

小小蚂蚁大力士

——"立足儿童，探秘自然"图画书阅读故事

周佳怡（上海市浦东新区听潮幼儿园）

一、活动缘起

有的人认为蚂蚁是一种有害的昆虫，在生活中它给我们带来了困扰，因此我们处处都想消灭它。但是对孩子来说，小小蚂蚁是不寻常的。在外出散步的过程中，观察蚂蚁成了孩子们的兴趣，一群小脑袋围在一起，都想看看小小的蚂蚁是如何搬动大家伙的。对于孩子们的兴趣，我们要做的应该是维护他们的心灵，保持他们的兴趣，一起带他们去探索奥秘。

二、活动实施

（一）小小的蚂蚁

1. 幼儿的兴趣

中午吃完饭后，我和孩子们一起去户外散步。走在小路上，同孩子们一起享受着温暖的午后。走着走着，突然间听到队伍后面传来叽叽喳喳的声音。转头发现队伍后面的好几个孩子挤在一起，蹲在地上。

我好奇地走近他们，只听见孩子们说："你们瞧，这里有好多小蚂蚁诶！""真的哎！它们在干什么呀？""你们看，你们看，它们好像是在搬东西，好多蚂蚁挤在一起，它们上面有个吃的。""真的真的哎！""可是，蚂蚁这么小，怎么可能会拿得动这么重的东西啊？""它们一定是大力士吧！"他们边说边把手臂张得大大的，像是在学小蚂蚁一样！抓住契机，我便和孩子们进行了谈话活动。孩子们一个个兴奋地诉说着他们所了解的蚂蚁。妮可说："蚂蚁长得黑黑的，我妈妈说蚂蚁喜欢吃甜的东西。我看见蚂蚁身上有很多只脚。"源源说："蚂蚁有6只脚。"小宇说："我抓过蚂蚁，蚂蚁不会咬人。""它好可怕啊。"宸宸说："我在

我家外面也看到蚂蚁,奶奶之前把米饭不小心丢在地上,就有很多蚂蚁围过来!"我随后布置了作业:"请小朋友们今天回到家和爸爸妈妈一起去找找资料,明天再和其他小朋友一起分享。"

2. 我们的做法

在讨论的过程中,我发现孩子们对蚂蚁都有着一定的认识,能基本讲出蚂蚁的一些显著的外形特征。但是,小蚂蚁个头实在太小,肉眼很难看清,从讨论中,我也发现孩子们对于它们的外形认识也只是零星的了解,为了满足他们进一步探索和观察蚂蚁的兴趣,首先在园期间,我们投放了相关的图画书,便于幼儿自行阅读;其次鼓励孩子们回家通过亲子合作的方式去了解蚂蚁的外形特征,甚至期待他们发现更多关于蚂蚁的秘密。

3. 我们的思考

图画书充分体现了儿童认知发展特点和需求,能促进儿童认知发展。在关注到班中幼儿对小蚂蚁产生了极强的好奇心后,作为教师的我立即找寻跟蚂蚁有关的图画书。

如《蚂蚁日记》是一本萌趣、幽默,以儿童的视角观察生活的书。在阅读图画书《蚂蚁日记》的过程中,通过对画面细节和整体的观察,从而更好帮助孩子了解蚂蚁的习性特点,满足幼儿好奇心,激发幼儿兴趣,引发幼儿激烈讨论。但是小班幼儿的注意力比较分散,任何生动、活泼、形象的事物都会吸引孩子们的注意力。因此,如何维护并延续孩子们的兴趣,是需要我们不断思考并在之后的内容中进行调整的。

(二)蚂蚁怎么不见了

1. 幼儿的兴趣

今天午饭时,孩子们跑过来对我说:"周老师,我们一起去看看小蚂蚁吧!我们一起去找找它们吧!"我和孩子们一拍即合,吃完饭就带着孩子们一起去找小蚂蚁了。来到上次散步的小路上,孩子们纷纷探出小脑袋开始寻找小蚂蚁,可是小蚂蚁却不见了。于是,孩子们又来到操场上、来到小花园中,寻遍了校园中的各个角落,都没有发现小蚂蚁的踪影。孩子们好奇地说:"怎么回事?上次我们还能看见小蚂蚁的,怎么今天都找不到呀!""小蚂蚁是不是在自己的家里面,还在睡觉?""小蚂蚁可能去别的地方找粮食了吧。"就这样,孩子们一起边说边往教室里面走,对于小蚂蚁去哪里了都意犹未尽地讨论着。

2. 我们的做法

回到教室后，孩子们仍旧叽叽喳喳地讨论着。棵棵说："今天怎么小蚂蚁没有出来呀？"戚姑娘说："我想一定是没有吃的东西，所以小蚂蚁不来了吧！"宸宸说："不会的，我在很多地方都看到过蚂蚁！"戚姑娘说："那你说为什么今天没有找到小蚂蚁呢？""我想一定是小蚂蚁太小了吧。"孩子们热烈地讨论着小蚂蚁为什么没有出现。当我在人群中听到那句"小蚂蚁一定是太小了"的时候，我顺着孩子们的想法，告诉孩子们："确实，小蚂蚁很小。也许我们的眼睛还没办法观察到小蚂蚁。那你们有什么办法能够更好地观察小蚂蚁呢？"孩子们天马行空地说着，有的说蹲下来找就能找到，有的说用手机的拍照功能找，等等。就在这时，我向孩子们介绍放大镜这一工具，我将放大镜投放在自然角中，孩子们可以自行使用放大镜去找小蚂蚁。

3. 我们的思考

基于孩子们强烈的好奇心，我们继续探究蚂蚁怎么不见了。孩子们虽然没有观察到小蚂蚁，但并没有失落、沮丧，而是激烈地讨论蚂蚁去哪里了。但是小班的孩子还太小，对于这个问题还无从了解答案。因此，教师在适当的时候可以给予引导，可以是提问上的引导：用什么工具来找小蚂蚁？小班年龄阶段的孩子很喜欢想象、思维非常活跃，对于抛出去的问题会天马行空地想象。在接收孩子们的信号后，要及时分析有效信息，同时进行下一个活动的安排，利用放大镜继续探索。

此外，多种多样的图画书资源能够拓宽儿童的学习经验，因此教师要站在儿童视角，根据幼儿当下对于"蚂蚁怎么不见了"的兴趣，选择适宜的图画书，比如《蚂蚁国的小火车》这本图画书，巧妙地结合了想象和现实，真实地展现蚂蚁地下家园，有洞穴、有食物。想象蚂蚁王国有滑梯、火车，通过想象和现实的形式吸引幼儿，丰富幼儿的认知经验。

（三）蚂蚁在地下干什么

1. 幼儿的兴趣

了解到放大镜的用处后，放大镜成了被追捧的东西。每个孩子都想试试放大镜的神奇本领。孩子们都迫不及待拿着放大镜去找小蚂蚁。走出教室，孩子们像放飞的小鸟飞了出去，拿着放大镜蹲在地上仔细地找着。时不时传来雀跃的声音："我看到小蚂蚁了，小蚂蚁变得很大很大了。"时不时又有沮丧的声音："我这里没有小蚂蚁，我换个地方找找。"

回到教室，我问孩子们："刚才你们看到了什么？"阿阅一边用手比画一边说："我看到小蚂蚁们围在一起。""它们围在一起干什么呢？""我不知道，可能是在做游戏吧。""老师老师，我看到小蚂蚁钻到一个洞洞里面去了。"宸宸的回答让班级里炸开了锅，孩子们都猜测小蚂蚁到洞洞里面去干什么了。

2. 我们的做法

孩子的一个回答成为其他孩子争相讨论的话题，对于消失在小洞洞中的小蚂蚁，对于无法用放大镜看到的小蚂蚁，孩子们有了更大的兴趣。地下的蚂蚁在做着什么事情，我们不得而知。为延续孩子们的好奇心，我在自然角投放了蚂蚁屋供孩子们观察蚂蚁在"家"里面的生活情况，同时在科学区和阅读区投放了大量关于蚂蚁的故事、绘本及科普书籍，便于孩子们随时查阅，主动获取知识。

3. 我们的思考

在一个个活动中，孩子们对小蚂蚁有了更多的了解。对于科学的研究，我们要给孩子科学、严谨的教育方式。我们提供放大镜便于幼儿观察。但是对于地下的蚂蚁在做什么，我们不得而知。然而，孩子们恰巧对这个问题充满着好奇心。绘本《蚂蚁和西瓜》中科学、严谨的内容，能够给予幼儿有趣、生动的体验。在欣赏绘本的过程中，幼儿能够自主观察到画面上的内容，了解到更多关于蚂蚁的知识，扩充自身的知识体系。

三、活动总结

幼儿户外的一次偶然发现开启了此次蚂蚁活动的探究之旅。大自然是活教材，从中幼儿可以发现很多有趣的事物。好学好问是小班幼儿的特点，在兴趣的驱使下，幼儿积极地参与讨论和探究；教师在幼儿遇到问题时及时进行引导、寻求家园合作、绘本投放等，也提升了幼儿的经验和解决问题的能力。

在活动中，教师鼓励幼儿通过多种科学探究方式（如观察、讨论、猜想、查阅资料等）主动寻找信息并得出答案。在开展活动过程中，我观察到幼儿对绘本《蚂蚁和西瓜》有着极大的兴趣，并且在表演区有意识地主动模仿小蚂蚁的行为，鉴于小班幼儿喜欢角色模仿的特点，于是借助孩子们喜欢的绘本《蚂蚁和西瓜》，为幼儿创造表演机会，丰富幼儿表演的经验。

在表演的过程中，孩子们一开始只是单一地表演搬西瓜的情节，孩子的动作表演能力也是比较简单的。于是，我就思考怎样能够引导幼儿有更多的表演经验，表演动作能够更加丰富。通过集体讨论，幼儿更加了解了绘本图画中的内容，同时，教师鼓励幼儿大胆表达，鼓励幼儿不断模仿小蚂蚁的动作，从一开始模仿小蚂蚁的搬运动作，到不断想象各种情节，以及小蚂蚁的其他动作，从而不断丰富幼儿的表演细节。

  整个过程中，孩子们不是孤立无援的，有老师的支持，当然也有家长的配合，例如幼儿在表演《蚂蚁和西瓜》的过程中，家长们积极为孩子们提供表演服饰，幼儿的兴趣大大提升。通过家园互动形成合力。当然幼儿对于蚂蚁想知道的还有很多，我们不仅停留在推测、实验、总结上，也将幼儿的发现通过不同的形式记录在教室的各个角落，让环境得到支持。由于时间的限制，主题开展得还不够深入。幼儿是课程的主体，基于孩子的需要和兴趣，在之后的活动中，我们也将进一步进行探索，让幼儿的兴趣和好奇心不断得到满足。

守护童心，共享阅读

——以《别让太阳掉下来》阅读分享会为例

庄琳琳（上海市浦东新区书院幼儿园）

我从来没有接触过阅读分享会这种类型的活动，一切都是那么陌生。但经过潘老师简单的介绍后，我的内心有个声音在告诉我：这是一个非常好的形式，如果我的孩子还小，他肯定会爱上阅读，也会在活动中学会阅读。我甚至还思考了，大年龄（小学以上）的孩子是否也能开展类似这样的"分享会"活动？秉承着喜欢和期盼，我开启了"阅读分享会"之旅。

一、第一次去选书

面对琳琅满目的童书，我该如何选择？带着疑问我跑到了幼儿园的阅览室，映入眼帘的是各式各样的绘本——不同年龄段的、不同类型的、不同风格的、不同作家的等。我就遨游在绘本中了。心中想着：我喜欢什么样的？孩子可能喜欢什么样的？这本书可以聊什么？看着看着，选着选着，《别让太阳掉下来》这本书映入了我的眼帘——红色、金色、花牛，感觉很喜庆，很中国，花牛又很有特色。里面的故事情节也相对比较简单。故事内容是几个动物在一起玩，突然下雨了，太阳不见了，后来天又晴朗了，他们继续出去玩耍，但是中午一过太阳就慢慢往下掉了。故事中的小动物就开始各自想办法让太阳不要掉下来。喜庆的配色，有特色的动物造型，简单的故事情节。最后，本着孩子们可能喜欢的想法选定了《别让太阳掉下来》一书。

二、第一次学读书

没有接触阅读分享会的时候，我内心的想法就是故事内容是主体，画面是让儿童理解故事的载体而已。但是，接触后我才发现，孩子们读书是从画面开始再慢慢往上走到文字上的。那该如何站在儿童的思维、立场去读书就成了我思考的问题。首先，我对故事画面进行了一个细致阅读，从封面、环衬页、扉页、跨页、封底到导读页、作者页都进行了一个仔细阅读。看了导读，我才明白原来扉页上的字和太阳也是暗藏秘密的，牛为什么倒着去接太阳而不是用它的牛角去顶太阳，封面上太阳和牛的花纹为什么摸上去毛毛的，为什么绘本通体会使用到红色、金色、咖色等问题。所以，读懂儿童绘本，关键在于仔细观察画面，注意细节，因为绘本往往通过图画传达更多的信息。同时，结合文字，理解作者的意图和所要传达的信息，尝试从孩子的视角出发，用他们的思维方式去解读绘本，这样才能更好地领略绘本的魅力。这是我"第一次"真正意义上的读绘本的经历。

三、第一次去倾听

绘本选好，自己也对绘本有了更深入的了解后，我就把这本绘本投放到班级中，让幼儿在空余的时间进行阅读。在投放前，我给孩子们展示（从封面开始一页一页到封底慢慢地翻给孩子看）并讲述了故事内容（读绘本中的文字）。随后就发现了一个奇怪的现象，班里几个认字的孩子会看着文字讲故事，碰到有争议的时候还会来寻求老师的帮助。后来，我看他们一直在研究文字，就忍不住说："除了这些文字外，我们还能从图片中发现什么小秘密吗？"这时孩子们就从文字慢慢转到画面上了，也出现了一些有趣的发现。如下：

	苗苗：太阳感觉，太阳感觉跟其他不一样。（三个孩子一起摸太阳的封面。） 颖颖：我怎么感觉太阳是画的呢？ 婉妤：这牛身上，也是黑色的，跟画的不一样。 苗苗：这下面也是画的。
	苗苗：这些感觉像"个"呀。 婉妤：感觉是箭头。（熊猫左边的那些草） 苗苗：也好像汉字。 婉妤：感觉也像个动物。没耳朵的。 苗苗：狐狸。 婉妤：没耳朵的狐狸。

续　表

	苗苗：哎，这小鸟。 婉妤：像蝌蚪。 苗苗：这不是先升起来的吗？（指着太阳） 婉妤：这个是从上面看下来的。 苗苗：那它为什么变了，跟周围的环境相似了呢？ 颖颖：因为那不是画的，是放下来的图标。 婉妤：太阳在地球上的时候是在宇宙的，比想象中的大。 苗苗：我爸说，星星比太阳还大，因为比较远。
	苗苗：松鼠怎么像花生。 婉妤：这个猴子跟我们人特别像。 苗苗：戴着个脸罩，我觉得这个也是。 婉妤：这个猫和猴子特别像。 苗苗：我觉得这个猫还挺可爱的。 颖颖：这个白色的鸟是非洲鸟吗？ 婉妤：这个袋鼠没有口袋吗？ 苗苗：哎，不对。这个袋鼠怎么只有头，那它身体呢？ 婉妤：那它身体在口袋里。 苗苗：这个牛有点奇怪。 婉妤：这个牛我没有见过。 颖颖：牛都是黑白色的，但这个牛都是黑色的，还有花。
	苗苗：哎，不对啊！下雨了，下雨还有太阳？不是每个地方都有黑云的吗？怎么就一朵？ 婉妤：怎么就一朵呀？我也觉得太奇怪了。 苗苗：小鸟什么时候变得这么多了？ 婉妤：怎么它们全部变成黑色的了？一个白色的都没有了？ 苗苗：白色的呢？ 婉妤：我觉得它们应该飞进去了。 颖颖：不可能，白色的鸟会不会……（指指树林） 苗苗：这个熊猫怎么？刚刚还没有的，有点奇怪。 颖颖：这只猫好大的眼睛呀。 苗苗：这不是女人的眼睛吗？
	颖颖：白色白色。（指着白色的小鸟） 婉妤：（翻前面一页）本来黑黑的，现在两只白的又出现了。 苗苗：最奇怪的还是这个（指着松鼠）松鼠上天了。 婉妤：这边没梯子，怎么爬上去的？ 颖颖：松鼠会爬树。 苗苗：不对啊，刚刚熊猫很白，怎么变黑了？ 婉妤：它们的尾巴怎么会发亮？太奇怪了吧？ 苗苗：是呀是呀，奇怪奇怪！

续　表

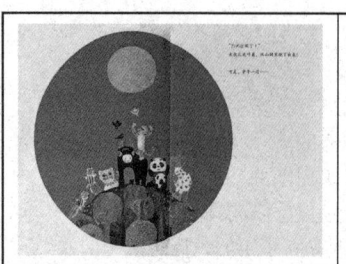	苗苗：熊猫的身体呢？ 婉妤：只剩一只白鸟了？ 苗苗：对，怎么只有三只鸟了？太奇怪了！ 婉妤：袋鼠的手变短了，（翻前面）黑色也变少了。 颖颖：袋鼠没有鼻子了。 苗苗：这又让我感觉很奇怪了！
	苗苗：你们把它当石头啊？ 婉妤：这个可不行。 苗苗：这个可真奇怪，松果是怎么回事？ 婉妤：为什么呀？我发现这个原因了，这个草是圆的，这个草有点奇怪。那可能画这个的人就是这样的。 苗苗：这里面有点像有空隙。 婉妤：翻过来像个爱心。 颖颖：这个像小鸡爪印。 苗苗：我也觉得像小鸡爪印。
	婉妤：牛来了。 苗苗：等下，怎么草都消失了。怎么剩一点这种草了？ 颖颖：我知道了，肯定是牛跑了。 苗苗：我知道了，肯定是牛跑到下面去了。 婉妤：所以下面是这样的草。
	苗苗：它为什么变半圆了？不会是摔碎了吧？ 颖颖：不是，它是挡住了。它在往下掉。 婉妤：地挡住了太阳？ 苗苗：其他地方都是大土地，这边是小土地了，不明白。 婉妤：（指袋鼠）感觉这个有点胖啊，胖乎乎的。 苗苗：这小猫能抓住吗？ 婉妤：肯定抓不住啊，太阳是很热很热的。
	婉妤：这熊猫怎么被埋在里面了？ 苗苗：这小熊猫不会在一起玩了吧！哎，白鸟怎么变成两个了？ 婉妤：有可能爸爸妈妈回家了。 苗苗：你看小宝宝不见了。奇怪的是它的花瓣刚刚是粉色的，现在是橙色了，这可是超级不对劲。 婉妤：你看它变颜色了。 颖颖：这个袋鼠怎么跑出来了？ 苗苗：我也不知道。

续 表

(图)	婉妤：公鸡也有点奇怪，我没见过这种公鸡。这鸡冠我是知道长这个样子的，但是…… 苗苗：它站在石头上，但我感觉它站在轮胎上。（指着牛背上的花瓣）我就说是粉色，你看这不是粉色吗？ 婉妤：我知道了，可能是光的问题。

　　通过几天的观察，我的收获颇丰。孩子们在阅读中展现出的专注与投入，让我深感欣慰。《别让太阳掉下来》丰富的画面与简单的故事情节，激发了孩子们的想象，他们在阅读过程中不仅提升了语言表达能力，还学会了如何与他人分享、讨论，提出自己的疑问并通过猜测解答问题。他们独特的读图方式让我受益匪浅，原来他们对每个画面都有自己"独到的见解"，这也让我更加深入地解读了绘本，以及读绘本的"他们"。

四、第一次做预案

　　虽说阅读分享会只是跟孩子们聊一聊这本书，但老师在其中不只是一个聊伴，还要对幼儿前期阅读时的观点进行归类并整理出可以推动的价值点形成一个预案。书已经投放一周多了，也对孩子们自主阅读进行了几次观察，收集到了一些孩子的阅读兴趣点和问题点。因为第一次做预案有点摸不着头脑，我就从《幼儿阅读分享会——从独立阅读到深度讨论》一书中去找灵感。然后，我发现预案也不是千篇一律的，从三色导图到老师在乎的要素、布局、详细程度可以根据老师的习惯和喜好进行，也可以呈现"放大"或"推进"的要点等。最终的目的仍然是老师在头脑中思考关键要素、建立起关于幼儿对这本书的"地图"，而不在于纸上的文本。

　　随后我就对孩子们的观点进行了梳理，并划分它的指向性归类，最后整理出可以推动的价值。但是，最让我头疼的还是最后的X问题，这个是全场唯一一次老师可以提问的机会。虽说这个限制是让老师深思熟虑，但是着实让我有些焦头烂额。经过与经验丰富的潘老师讨论，我们决定将X问题定为：书里的这头牛特别好看，猜猜它什么地方很吸引我。经过几次的调整形成了以下的预案。

《别让太阳掉下来》预案

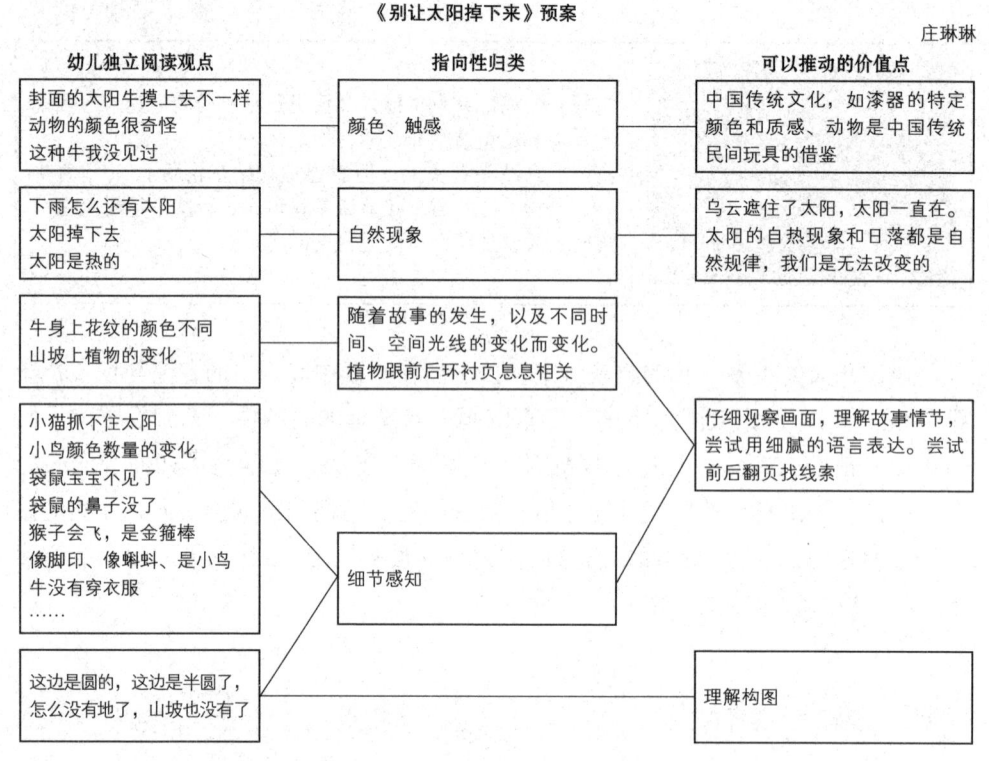

庄琳琳

幼儿独立阅读观点	指向性归类	可以推动的价值点
封面的太阳牛摸上去不一样 动物的颜色很奇怪 这种牛我没见过	颜色、触感	中国传统文化，如漆器的特定颜色和质感，动物是中国民间玩具的借鉴
下雨怎么还有太阳 太阳掉下去 太阳是热的	自然现象	乌云遮住了太阳，太阳一直在。太阳的自热现象和日落都是自然规律，我们是无法改变的
牛身上花纹的颜色不同 山坡上植物的变化	随着故事的发生，以及不同时间、空间光线的变化而变化。植物跟前后环衬页息息相关	仔细观察画面，理解故事情节，尝试用细腻的语言表达。尝试前后翻页找线索
小猫抓不住太阳 小鸟颜色数量的变化 袋鼠宝宝不见了 袋鼠的鼻子没了 猴子会飞，是金箍棒 像脚印、像蝌蚪、是小鸟 牛没有穿衣服 ……	细节感知	
这边是圆的，这边是半圆了，怎么没有地了，山坡也没有了		理解构图

X 问题：书里的这头牛特别好看，猜猜它什么地方很吸引我。

五、第一次开活动

阅读分享会的实施过程还是较为简单的，第一部分让孩子说说他们感兴趣的画面，第二部分让孩子来说说他的疑问，最后就是老师来问问自己的 X 问题。

片段一

猴子的胳膊很奇怪！

颖颖：（指着站在牛背上的小猴子）手的胳膊没画出来。

老师：哪里的胳膊？

颖颖：胳膊有点奇怪。

老师：胳膊还有点奇怪。为什么它的胳膊有点奇怪？

> 颖颖：我觉得没画上图线，只有一个手，没有胳膊。
> 老师：没有胳膊，呃，你不是说它有手吗？
> 颖颖：它有手，但是这里没有画出来。
> 老师：没有画出线条来，这个问题可能要去问问那个画家了，如果是你画的话，可能会画上两条线，感觉手看着就更明显，对吗？

我们可以看出，孩子们在观察画面的时候会从细节出发，并联系自己的已有经验，最后说出他觉得奇怪。从孩子的这个"奇怪"我们就能看到这个绘本的一个独特画风。可以再追问孩子，其他的动物身上都是这样吗？让孩子的注意力从猫咪身上转移到所有的动物身上，从而推动到一种以民俗玩具为蓝本的绘画方式。这也是在预案中我们设计的第一个可以推动的价值点。虽说孩子的观点都是零零散散的，但是通过预案的梳理，孩子们说的观点也是可以将其归类的。

片段二

太阳被捆起来后像很多东西

> 颖颖：我很喜欢这只小鸟。
> 老师：它们在做什么呀？
> 颖颖：它们要给太阳拉起来。
> 老师：它们要把太阳拉上来。它们是用什么把太阳拉起来的？
> 颖颖：是用绳子把它捆起来，随后小鸟们是怎么做的呢？
> 沫恩：小鸟们是用嘴巴衔住给它拉上来的。
> 颖颖：鸟把太阳拉起来就像花生。
> 老师：像花生，哪个像花生啊。太阳像花生，为什么说太阳像花生？
> 苗苗：但是老师我觉得太阳绑起来之后像汉堡的面包噢。
> 老师：你们的想象力可真丰富，所以你很喜欢这个画面。

孩子们能准确地说出用绳子捆住太阳，并且还在老师的引导下说出小鸟是用嘴巴衔住绳子的，与我们人类用手抓是不一样的。他们还敏锐地捕捉到了太阳被捆住后变形了，他们把太阳想象成花生、苹果、汉堡等。也许阅读分享会最直接的好处就是让孩子们能天马行空、畅所欲言，不受空间、时间、内容、目标的限制。

孩子们提出鸟想用绳子捆住太阳,但是没有成功,这时老师可以提问:"那其他的动物在后面做什么?他们是用什么办法不让太阳掉下去的?"那样的话就直接可以让孩子们共同阅读到后面几页其他的信息了,也就很好地体现预案中第三个价值点,他们也会自然而然地通过翻页来联系故事中小动物不让太阳掉下来的办法。

片段三

为什么鸟一会儿多一会儿少,颜色也不同呢?

婉妤:为什么这一页这个鸟有白色的?这一页的鸟没有白色的?

老师:小朋友听到她的问题了吗?

苗苗:老师我看这本书也看到了问题。

老师:也看到问题说明这是我们共同的问题。

颖颖:我也看到了。

老师:那为什么呢?

颖颖:因为白色小鸟已经飞进山洞里面了?

婉妤:我感觉不是这样子的。

老师:那你感觉是怎么样的?

婉妤:我感觉白鸟变色了?

老师:变色了?往前看看往后看看,这里有白色的小鸟,让大家一起看到,这边有白色的小鸟是吧,这边没有了,前面有这面没有了?

苗苗:而且黑色鸟的数量增加了。

老师:黑色鸟的数量增加了,颖颖说它飞出去了,你有什么依据说它飞出去了?你在书上的哪里看到它飞出去了?

颖颖:白色小鸟飞到山洞里去了。

苗苗:有可能是其他小鸟跑出来了。

老师:会不会?其他的小鸟也跑过来了,会不会?

颖颖:可能是妈妈来了。

老师:是鸟妈妈也来了。

苗苗:但是鸟妈妈没有这么小。

....

片段三是孩子们提问的环节，他们联系了前后页面，发现鸟的数量和颜色都在发生变化，就产生了很大的疑问。在这个问题上我们讨论了很久，孩子之间也会给出他们自己的答案。但是我在这个问题上停留的时间很长，真的有必要吗？鸟是可以飞走的，是很正常的一个现象，需要我花这么长时间来解决吗？这个成了我活动后的一个疑问。其实不是所有的问题都要给到孩子满意的答案，有些孩子自己的问题说着说着他自己也不纠结了。这点对我这个新手来说也是很大的困扰，哪些问题值得深聊，哪些可以一笔带过，还需要在不断的摸索中找到它的平衡点。

六、第一次做反思

（一）出乎意料的点

整个活动还是给我带来了很多惊喜，特别是在提问环节。孩子们真的是从观察到的内容去提问，如"为什么小松鼠们像花生？"并且他们表达疑问的时候逻辑也非常清晰，如"白色的鸟消失了，黑色的鸟的数量增加了，为什么呀？"他们还发现了近大远小，如"这些小鸟都很小，为什么呀？"然后也会接着朋友的问题回答说："小鸟因为远远的，看着就很小。"近大远小这一点他们就是这样理解出来的。孩子们在阅读的时候还发现在不同的光线下动物身上花纹的颜色是不同的，幼儿观察画面非常仔细，同时也会将自己观察到的内容用语言表达出来。

（二）我的推动

刚开始的时候，孩子们可能会有点小紧张，让他们来说说他们喜欢的画面的时候会有些局促，也有可能孩子们对书本不是很熟悉。所以，在一个孩子说到喜欢牛的时候，我让她在书本中找一找还有哪里有牛。同样，在孩子们说到牛身上的花纹不一样的时候，我也是运用了同样的方式，是不是光线暗的地方都是变色了呢？让他们在阅读的时候能通过前后翻页对照着阅读。在老师提出X问题的时候，我也有注意到，除了孩子看绘本外，这个绘本的封面在触感上也是经过特殊处理的，最后我就引导幼儿脱离视觉用触觉去感受这本绘本的与众不同。除此之外，这本绘本中的特殊"泥塑玩具"我也找到了实物，让孩子们从书本到现实，知道画家作画的时候是参照了这个"泥玩具"的。

（三）再给我一次机会

如果再给我一次机会，首先，在传统文化这一块可能要更加深入一点，就像孩子们抛出来的猴子和牛身上的花纹就是一个很好的点；其次，在穿衣服和没穿衣服这个问题上，也可以自然而然地转接到传统泥塑玩具身上；最后，拿出泥塑玩具的时候其实孩子们也是非常喜欢的，但是我觉得时间不够了也就草草地结束了，这点也是需要注意的。在活动环节中，我觉得自己还是有"包袱"在身上，没有很好地去倾听孩子，有时候很着急去猜孩子所想。下次有机会再尝试的话我还要再往后退一点，更多地让孩子表达。

（四）感到棘手

首先，一上来我就觉得很棘手，孩子们感觉很紧张，都不愿意上来分享；其次，在孩子们提问环节，他们有时候提出第一个问题，没有得到答案就开始提出其他与之无关的问题。我本来想提出传统文化，但是在过程中不知道以什么契机和问题去提及。他们提出的问题是为什么小鸟有时候多、有时候少？其实小鸟会飞来飞去，所以变多变少是很正常的一个现象。对于孩子提出的问题如何分主次是我在活动实施中感觉非常棘手的。

写在最后

这次的活动虽然不是一个成功的案例，但我深感收获良多。这次的分享会不仅让我更加坚定了对它的热爱，也在与其他老师的思维碰撞中学到了许多宝贵的知识和技巧。同时，在这个过程中我看到了孩子闪烁出他们夺目的光彩，相信假以时日，他们必将收获更多阅读的快乐，我也会跟着他们一起成长！

遇见蒲公英

瞿　萍（上海市浦东新区东城幼儿园）

一、故事缘起

时间：2024年4月

地点：中（1）班教室

故事主人公：九点（男，5岁，中班）

九点小朋友对大自然充满好奇，喜欢探究，一旦发现花花草草，他总是积极地与老师交流，同伴非常好奇他认识这么多植物。他也非常愿意和同伴分享自己的想法，只要他参与探究活动，总能给我们带来惊喜和收获。

最近的一次户外活动，他偶遇了一棵滑梯旁的蒲公英，由此带动了全班小朋友一起去寻找蒲公英，认识蒲公英，了解蒲公英，发现蒲公英的各种秘密。

二、故事内容

镜头一

偶遇蒲公英

户外活动时，你突然叫住我："老师，你看，这是一棵蒲公英！"只见你蹲在一棵蒲公英面前轻轻地摸了摸并告诉一旁的小林："小林，这是蒲公英，它还会飞呢！"远处的小朋友听到你的声音，纷纷围了过来，露出好奇的眼神……你解释说这是一朵小黄花，这里有个花苞，马上要开出白色的蒲公英种子了。你还告诉大家蒲公英白色的毛毛球用小嘴巴使劲一吹，它会轻轻地飘落下来，其他小朋友听到后都对蒲公英有了浓厚的兴趣。

回顾分析：你在户外活动的时候发现了滑梯下的蒲公英，你善于观察，还能表达出蒲公英能用一口气吹散的特点。你对蒲公英这种植物有一定的了解。你能直接准确地表达自己的想法，并且能语句完整地给同伴分享自己吹蒲公英的经验，你善于主动表达且乐于分享。

下一步计划：

1. 你非常喜欢蒲公英，其他小朋友也饶有兴趣，我让爸爸妈妈带领你们去大自然中寻找蒲公英，发现身边的蒲公英。

2. 老师找到了有关蒲公英的绘本《蒲公英》《蒲公英阿力找新家》《蒲公英的梦想》和蒲公英生长视频等，让你和小朋友们一起观看，认识蒲公英，感知蒲公英的特点。

3. 老师也找到了两棵蒲公英，我把它种植在植物角，你有空就可以去观察，把你观察到的秘密告诉小朋友们。

镜头二

蒲公英白天开花还是晚上开花？

自从植物角有了两棵蒲公英后，你和其他小朋友经常去观察。你们看到蒲公英的叶子是尖尖的，蒲公英的花朵是黄色的，蒲公英的种子是白色的毛毛球。你经常在植物角里认真照顾蒲公英，浇水、除草，你还能仔细观察并发现每个角落的秘密，哪怕一个花苞你都不放过。

一天早上来园时，你发现有一棵蒲公英的一个花苞已经打开了，但没有完全开放。你问老师这朵蒲公英什么时候会完全开放，老师也不知道答案。你又问小朋友，小朋友也答不上来。他们有的猜测晚上开放，有的猜测估计要到明天才能开，还有的猜测要过两三天。中午吃完饭，你又去植物角了，你惊奇地发现未开放的那朵蒲公英完全开放了，你着急地叫来了老师分享你的喜悦，我为你的发现而鼓掌。

回顾分析：你是一个特别爱观察的男孩。你能积极主动、认真地去观察每一朵蒲公英，你能把发现及时地与老师、同伴分享，老师也忍不住用相机记录你的每一次发现。你喜欢探索，专注性很强，老师和小朋友都为你感到骄傲，也非常佩服你。

下一步计划：

1. 我会让你把惊喜的发现和大家一起分享，这样可以让你有更多的机会表达你的发现。

2. 既然你对蒲公英的开花过程很感兴趣，我一定会满足你的兴趣。我会和你一起查阅资料，了解观察蒲公英的开花时期。蒲公英的花期比较长，每年的春季、夏季都能开花。早上呈闭合状态，中午呈花开状，而到了晚上又回到闭合状态。

3. 我会通过一对一倾听，继续了解你对蒲公英的兴趣。

镜头三

有白色毛球的都是蒲公英吗？

有一次户外活动的时候，你告诉我看到草地上有一棵像蒲公英一样的植物，你说这应该是野生的蒲公英，我有点不相信，觉得那个白色的毛球比较小，不像我们平时见过的蒲公英。你提出让我用手机软件"形色"查阅下。在你的提示下，我用手机帮忙查阅了，手机显示这种植物叫花叶滇苦菜。我和在场的其他小朋友都表示很惊讶，原来这个和蒲公英差不多的植物是另外一种植物，它并不是蒲公英。

回顾分析：

你总是那么认真地关注周围的世界，每一次的外出活动你总会告诉我你看到的植物，在你的带领下，我们全班小朋友又多认识了一种植物——花叶滇苦菜。你还能借助网络了解植物，你能热情投入，积极主动地学习，你是大家学习的榜样。

下一步计划：

1. 既然你对这种植物感兴趣，不如我们一起查阅百度，查阅书本，进一步去了解这种类似蒲公英的植物。

2. 我会把这样的惊喜时刻告诉你的爸爸妈妈，让他们也一起分享你的快乐。

3. 我也会和你一起查阅更多有关蒲公英的绘本，了解蒲公英更多的秘密。

三、我的反思

《幼儿园教育指导纲要（试行）》中指出，"教师应成为幼儿学习活动的支持者、合作者和引导者"。因此，作为老师，我围绕幼儿当下的兴趣，激发幼儿探究的热情，鼓励幼儿继续拥有一颗好奇的心，去思考、去探究、去分享。

随着教育部《幼儿园保育教育质量评估指南》的颁布，我们越来越关注"儿童友好"这个词。"儿童友好"是一个关乎儿童发展的重要话题。我们需要立足儿童本位视角，践行儿童友好理念，即倾听儿童的声音，看见儿童的需要，追随儿童的兴趣，探寻儿童发展的内在动力。

每个儿童都是天生的学习者，都有着自己独特的思想，时刻用自己的方式探索与表达着自己对整个世界的认知。教师不再是传统的"知识传授者"，而是"学习引导者"和"情感支持者"，因材施教，满足个体发展需求。

偶然的邂逅，便开启了一场探寻蒲公英奥秘的旅程。怀揣着诸多疑问与绘本故事的启迪，我和孩子一起走近蒲公英、感受蒲公英、认识蒲公英、探讨蒲公英的秘密。

在"遇见蒲公英"活动中，作为教师的我始终将儿童对蒲公英的探索置于首位。尊重儿童，鼓励儿童积极参与。当儿童要表达自己的愿望时，我们倾听他们的愿望和要求，考虑儿童发展，如聚焦学习品质培养。幼儿在活动中对蒲公英的生长过程感兴趣，我们提供了优质的绘本，提供蒲公英生长的视频等，帮助幼儿更好地了解植物的生长过程。在活动中，做到顺应儿童的自然成长轨迹，通过敏锐的观察与耐心的倾听，捕捉孩子们在探索过程中显露的问题、经验与兴趣点，以灵活调整教学策略，确保活动能够紧密贴合幼儿的兴趣、经验与需求。活动中做到用心等待，让儿童去发现，学会给孩子们留空间、留时间、留机会，支持幼儿不断获得新的发现、产生新的探索、建构新的经验。

儿童友好包括服务友好和成长友好两大方面，从儿童需求出发优化共育。针对幼儿对蒲公英的浓厚兴趣，我们及时地与家长沟通，携手为幼儿提供更多的探索机会，共同追寻蒲公英的踪迹，并分享蒲公英背后的故事，合力构建一个有利于幼儿健康、快乐成长的温馨环境。

在成长友好的实践中，当我们敏锐地捕捉到幼儿对蒲公英的热爱后，立即采取行动，尊重并顺应他们的兴趣点。我们与幼儿并肩种植蒲公英，用画笔描绘蒲公英的美丽，利用蒲公英进行趣味小实验，甚至以蒲公英为主题创作歌曲，同时教导他们如何细心照料这些小生命。在这一系列互动中，幼儿自然而然地学会了"友好"相处的真谛，体验到人与自然和谐共生的乐趣。

蒲公英的探索之旅尚未停歇……这就是"自然土壤"里产生的最真实、最美好的学习故事，让我们携手并进，共同采撷幸福的果实，也见证成长的足迹！

妈妈，我来帮你吧
——一个关于劳动节的阅读活动故事

姜黎婷（上海市浦东新区靖海之星幼儿园）

一、活动缘起

当代孩子的生活条件较为优渥，家长对于孩子生活的照顾细致入微。3—6岁的幼儿大运动及手臂小肌肉群尚未发育完善，对于危险的认知和判别也较为浅薄。然而，大人对于危险敏锐度较高，由此家长经常会拒绝孩子参与家务劳动，觉得是"帮倒忙"的同时也规避了一定的危险。如此一来，幼儿对于劳动的意识也就越来越薄弱了，会认为这是大人的事情，长此以往可能会致使幼儿养成一些不良的习惯，甚至连自己的事情也想要家长来代替。

在五一活动的一次谈话过程中，教师注意到这些问题，发现了孩子们在生活中可能有"帮忙"的心，却没有"帮忙"的机会。"什么是帮忙""我可以帮什么""家长如何保护好孩子'爱帮忙的心'"，都是我们可以开展讨论和思考的内容。"生活即教育"，我们鼓励幼儿主动参与各项家务劳动，积极学习各种生活技能，并努力尝试各类劳动创作，促进幼儿劳动技能的发展，感受劳动的光荣，体会劳动的乐趣，更是引导鼓励孩子能够养成自己的事情自己做、爱劳动的好习惯，同时也能提升幼儿自理能力和责任意识。

二、活动过程

（一）阅读活动的生成——分享做家务的经历

实录：阅读前的一次谈话活动

劳动周系列活动中，孩子和家长一起参与到劳动活动中，我们邀请家长把孩子们在家里做家务的照片拍摄下来，并鼓励幼儿在班级里和同伴一起分享交流自己在家做家务的经历。分享活动结束后，我们就这样聊起来了：

（背景歌曲:《劳动最光荣》）

老师：五一劳动节到了，我们小朋友可以做点什么呢？

A：像小动物一样帮忙。

老师：可以做哪些事呢？

A：可以擦桌子。

B：把东西放放好，整理我们的"小家"。

C：还可以整理书包。

老师：那在家里，我们可以做哪些劳动呢？

D：帮妈妈打扫卫生。

A：整理玩具。

C：叠被子。

E：帮爷爷奶奶拖地、洗碗，可是我奶奶不让我洗碗。

老师：为什么呢？

E：奶奶说我会把衣服弄湿，还会把碗摔碎。

老师：奶奶是考虑到安全的问题，可能等你大一些了，就能帮奶奶这个忙了。

老师：宝贝们，我们的年纪还小，有些事情会存在一定的危险，所以大人会不让我们帮忙，但我们的小手本领还是很大的，也能完成很多自己的事情。

E：是的，老师。就跟我们在红心书坊里看的一本书一样，是一本小老鼠的书。

老师：那是一本什么样的书呢？可以给我们大概地介绍一下里面的内容吗？

E：是小老鼠帮妈妈做家务的故事。

老师：下次我们一起来找找这本书，一起阅读。

分析：

五一劳动节对于幼儿的教育意义是深刻的，孩子是家庭的一分子，也应该是家庭劳动的一分子，所以我们要邀请孩子参与到日常劳动和家务中，可是这份心意却会遭到大人的拒绝，从而可能会影响幼儿爱劳动的品质发展。

聊天过程中，孩子提出了自己遇到的情况，并且还提到了图画书《妈妈，我来帮你吧》：鼠妈妈在家务中忙忙碌碌，小老鼠很想帮妈妈做事情，可是小小的老鼠宝宝在很多事情上帮不上忙。的确，"拒绝帮忙"的情景也经常会出现在我们的日常生活中，充分契合了幼儿的现状，而图画书中，以小老鼠帮妈妈的有趣故事情节教会孩子区分什么忙可以帮，什么忙不能帮或以后帮。

思考：

其实，我认为这本书非常适合亲子共读，家长阅读的同时也会有一定的启发和收获，鼠妈妈能根据小老鼠的能力选择性地邀请小老鼠帮忙，如鼠妈妈这样的回应既能呵护孩子想要帮忙的心，又能鼓励幼儿参与到家务劳作中，如此的做法对我们的家长也一定会有所触动，鼓励家长逐步尝试放手让孩子一同参与家庭劳动。这对于孩子的动作技能和生活经验都是有所助益的，他们会在帮助家人完成家务劳作的过程中获得认同感、责任感和喜悦感。

本次谈话活动中也能看到图画书的阅读对于幼儿的成长起到了潜移默化的作用，孩子们在阅读的同时也会有所思考。在交流劳动节相关话题时，幼儿想到了曾经阅读过的图画书，并与图画书中的内容产生共鸣，将自己的阅读内容与实际生活联系，把自己在生活中遇到的困惑表述了出来。

然而就如这样转瞬即逝的话题，需要教师去及时捕捉和思考其中蕴含的教育价值并给予支持和回应，才能有效地帮助幼儿化解生活中、学习中遇到的困惑，意识到这一点，我们便开始制订班本计划书。

（二）阅读活动后的讨论——我能帮什么忙

在集体阅读后，结合五一劳动节的活动，我们和孩子们一起开展了"我能帮什么忙"的讨论活动，以经常出现的活动"包饺子"为例，让孩子们判别哪些活动存在一定的危险，我们能力有限，可以让家长来操作，哪些是我们力所能及，能提供帮助的。

1. 讨论：包饺子有哪些步骤？幼儿以绘画的形式梳理出完成一道菜需要做哪些事情。

2. 分类：哪些是危险的、哪些是安全的，把所有的步骤以"安全"或"危险"将其分类。

3. 思考：说说爸爸妈妈在做家务的时候我可以做什么。

4. 实践：我也来帮忙，将我们讨论的内容加以实践，及时强化其参与劳动的积极情感，感受他人的劳动付出，同时对他们表示感谢。

5. 任务：我是值日生，完成班级里力所能及的值日生工作。

教师与幼儿共同制定相关活动内容，通过阅读活动、游戏活动、实践活动、任务活动帮助孩子加深"帮忙"的实际意义，了解什么是帮忙、讨论什么可以帮、思考我还可以帮什么，以鼓励幼儿体会劳动的意义所在，感受帮忙做家务带来的自信和快乐，激发幼儿帮助他人，与他人一起参与力所能及的家务劳动的热情。

三、活动感悟

（一）把活动权利归还给孩子

本次活动素材来源于幼儿的成长需求，活动的起源基于教师与幼儿之间的一次五一节话题的讨论，发现了幼儿在"帮忙"这件事情上遇到的阻碍，其他幼儿也说出了在家庭中经常出现的问题。基于班级幼儿的共性问题，捕捉到了"帮倒忙"的活动点。将活动的权利归还给孩子，结合图画书《妈妈，我来帮你吧》的故事内容和孩子一起梳理了帮什么忙的经验，鼓励、支持幼儿参与"帮忙"，将幼儿的交流和反馈作为设计活动的实施依据，并有效地提高了幼儿参与家务劳动的兴趣和参与度，促进幼儿的友好发展，由此衍生出了本次班本课程活动。

（二）从设计者到支持者

教师从设计者到支持者是本次课程活动中最大的转变。教师通过了解幼儿的活动需求、认知需求、情感需求，利用阅读活动、游戏活动、集体活动、家园活动等不同方式促进幼儿的友好交往、意志品质的养成。如在本活动中，教师通过讨论、分析、思考、实践等不同形式来帮助幼儿梳理"什么事情是力所能及的"，激发幼儿爱劳动、爱生活的品质，帮助幼儿促进与周围的环境、人群和睦相处，建立基本的友好关系，促进幼儿良好社会性的发展。

（三）从儿童友好到家园友好

活动中，我们和孩子一起绘画了"现在帮""以后帮"的思维导图，帮助孩子梳理哪些劳动是我们目前力所能及的、家长认可的、相对安全的家务劳动，这样能帮助孩子适当地规避一些劳动中的危险。此外，我们还将活动延伸到了班级的值日生工作中，设置了"关灯值日生""收牌子值日生""书包管理员""图书管理员"等，把每周五定为"叠被子日"，从实际生活、点滴行动中培养幼儿爱劳动的品质。

同时，家长在参与孩子们的劳动活动过程中，同步开展亲子阅读图画书《妈妈，我来帮你吧》，也会将图画书中的某一画面与实际生活中的情景相互重叠，从而反思自身在实际活动中是否曾经拒绝过孩子的"帮助"，关注自身是否用心守护着孩子爱劳动的品质，反思自身如果下次孩子提出"帮忙"是否还会拒绝……亲子阅读，获得的认知经验和情感体验是来自双方的，科学地、有针对性地给予家庭教育指导，能有效地助力亲子之间的情感联系和亲密互动，可预见性地在儿童友好互动中有效促进家园互动、家园友好。

"豆"趣横生

——由图画书《蚕豆大哥的床》引发的种植活动

严婉婉（上海市浦东新区万祥幼儿园）

一、活动缘起

一次吃饭时，宸宸皱着眉毛说："老师，我不喜欢吃这个豆豆，有股怪怪的味道。"旁边的豪豪也附和着："好难吃啊。"我看到对面岚岚都吃完了，忙劝道："你看，岚岚吃得可香啦，好吃吗？"岚岚马上接话："对呀，很好吃的，营养很丰富的。"同桌的蕊蕊也鼓励道："男子汉，你试试嘛，这有什么好怕的。""对呀，这些都是食堂大师傅做的，我们做不挑食的孩子。"顿时，饭桌上一起劝说起来……

第二天饭前，老师说："今天我们来认识一些餐桌上的新朋友，它们就在图画书《蚕豆大哥的床》中，大家自由组合，一起去找找。"

远远："老师，里面有好多豆豆啊，有圆圆的、有扁扁的，还有椭圆形的。"

老师："你们找到了毛豆小弟、豌豆兄弟、荷兰豆小妹、花生小弟。"

一一："我们发现它们的家都不一样。"

轩轩："那是它们的壳呀。"

小宇："我在来伊份吃过怪味花生，好香。"

老师："孩子们，这些豆子不仅是果实，还是植物的种子，你们知道它是怎么种出来的吗？"

基于孩子们的热烈讨论，我们决定开展一次种植实践活动。

二、活动实施

（一）前期准备

1. 经验铺垫

在和孩子们一起投票讨论后确定种植蚕豆。"那蚕豆怎么种呢？"孩子们不禁发出大大的困惑，种植的时间、方法等都还没有确定。我们也发现孩子对于种植比较陌生，对于蚕豆也只是知道其特征和一些蚕豆制品，于是，大家一起查阅绘本资料。孩子们喜欢对感兴趣的事物刨根问底，通过主动探究，动手动脑，寻求问题的答案。同时，我们先下发了一张调查问卷表《小小蚕豆记》，鼓励孩子去收集一些关于蚕豆的知识，丰富幼儿种蚕豆的前期经验。

2. 前期筹备

《幼儿园领域关键经验与教育建议》中的健康领域模块"生活自理能力"指出，"大班幼儿会使用简单的劳动工具"。种植活动可以满足幼儿亲近大自然的需要，增进幼儿对陌生植物生长发展过程的了解。孩子们在9月的时候带着自己挑选的种植工具来到大（5）班的种植地，根据不同的种植工具有不同的作用，选择自己认为的最佳工具。

为了使蚕豆更易发芽，我们在教室内先将蚕豆放入水中泡发，挑选一部分裂开"小口子"的种子。接着，老师带着孩子们走进种植园来规划一下"土地"，看看是否能种下这些种子。

（二）种植实录

种植初体验

我们分三组来播种，第一组刚开始，大家都有点无从下手。岚岚说道："是不是像我们排队一样先给蚕豆宝宝也排排队，这样看起来就不会很乱了呀。"轩轩："那怎么排呀？"岚岚："很简单的嘛，把蚕豆宝宝放在土上，然后前面、旁边这样放放好，再挖洞洞呀。"涵涵："那要分开点呀，我在图书上看见它长大了叶子很蓬松的。"岚岚："好呀，那我们先放排头。"在实际操作前，孩子们大声诉说着自己的担心。佳音："我们应该轻轻地种，不要伤害到小种子。"涵涵："种完后给小种子浇点水，让它喝一些水，这样才能快点发芽。"宸宸："小种子不要都放到一个地方。"老师："小朋友们的担心都是很有必要的，看来大家都是有经验的种植小专家，我们跟着种植手册一起来学习怎么种蚕豆吧。"

1. 解读分析

孩子们已有按顺序种植的经验，是由于上学期我们积累了关于水稻的认识，有了插秧的时候比较有序，而且还要分开些，一个地方不能很多等种植经验。孩子们在成人的帮助下不断地尝试自己去制订种植计划，运用正确的种植工具把蚕豆种下，这是孩子们多次亲身参与种植积累下的良好习惯。通过观察、实践、学习、交流后增长了知识，在探索时有所发现也感到兴奋和满足。此外，蚕豆地的材料比较单一，孩子们只能在现有的条件里，发挥比较局限，比如由于缺乏引导，孩子们在操作前无从下手。

2. 支持策略

（1）孩子们通过猜测种植方式，讨论种植的要点，按照经验和步骤把蚕豆种下来的过程进行图画表征。

（2）设置种植步骤导览图，将翻土、播种、浇水、除草、施肥等步骤展示出来，根据孩子们的讨论结果一起来制作标牌，有步骤地呵护蚕豆成长，在种植中锻炼孩子的自我管理能力。

蚕豆宝宝长大啦

蚕豆种下泥土里，渐渐地蚕豆发芽了，孩子们踊跃地参与到照顾蚕豆队伍之中。

过了半个月，蚕豆破土而出，长出了小豆芽！孩子们开心地围在几株小豆苗处，用手摸摸，用鼻子闻闻，用手指量一量蚕豆的身高。

彧尔："蚕豆苗长得太快了，一天一个样，要不是有小标牌，我都分不清哪颗是我种的啦。"

贝贝："是呀，它刚刚发芽的时候最好看，小小的，嫩绿嫩绿的，我们把蚕豆的成长过程记录下来吧！"

岚岚："可以用手掌量，上次在家爸爸妈妈给我量了量，有6厘米。"

轩轩："我们的手有大有小的，我们在个别化的时候不是还用笔和长长的玩具来量的吗，然后画在观察表上就行啦。"

老师："是的，测量时要从一端到另一端，中间不断开才能量得准。"

睿睿："你们看，这些歪歪扭扭的，量得肯定不对！"

彧尔："我看到奶奶用小棒子和绳子把高高的花绑着，这样就不会掉下来了。"

老师："这确实是好办法，我们来试试吧。"

1. 解读分析

幼儿对种植有初步了解：播种—浇水—除草—施肥，幼儿在照顾蚕豆时，变得更加勤劳，体会种菜的不易，这对幼儿来说是宝贵的劳动技能，能够在种植活动中提升幼儿的劳动素养。此外，大班幼儿已有互相合作的意识，尝试商量着分工，幼儿之间既可以通过商讨种植计划、分工合作、任务分配来合作种植，也可以分小组来照顾蚕豆。在过程中，幼儿的责任心、任务意识有所提高，自然地萌发了热爱植物、热爱大自然的美好情感。

大班幼儿学会将自己的发现用表征的方式记录下来，且有了较好的观察能力，除了物体的外部特征，能结合个别化学习中习得的测量本领在生活、游戏中学以致用，能用替代物来测量。此外，在不断的观察、思考中幼儿又会发现新的问题：蚕豆歪了，结合生活经验，想到了解决的办法，在一次次的互动中，幼儿的合作意识也得到提升。

2. 支持策略

（1）提供多种工具与材料，通过不会、不规范的尝试到自如地、合理的使用，使幼儿的种植技能不断提高，小肌肉动作不断增强。

（2）记录幼儿的游戏过程进行分享，将个人经验变为集体经验，且在班中设置"问题墙"，鼓励幼儿将在种植过程中遇到的问题贴出来，自发地引起讨论，共同寻找解决的方法。

（3）在固定区域提供材料：记录本、测量工具、绳子、小棒子等，便于幼儿记录自己的发现，通过观察、比较发现蚕豆的变化。

探究蚕豆之旅还在继续……

新学期开始啦，孩子们惦记着摘蚕豆，第一天就要去小菜地找找。轩轩："怎么还没长豆呀？"岚岚："比本来高很多，有我这么高，很快会长豆的。"大家等待着蚕豆的变化。很快来到了温暖又潮湿的4月，孩子们在某一天发现了"惊喜"。彧尔："快来看呀，蚕豆开花了，好漂亮呀。""真的真的，紫色和白色的，好美噢。""开花后就要结荚啦。"……孩子们激动地交流，同时怀着期待的心情每周都会去观察。

三、活动反思

在幼儿教育中，图画书以其生动的画面和有趣的故事情节深受孩子们的喜爱。而种植活动则能让孩子们亲近自然，体验生命的成长与变化。当图画书与种植活动相结合，便为孩子们打开了一个充满探索与发现的绿色乐园，不仅为幼儿带来了丰富的成长与收获，也促使老师进行深入的思考。

对幼儿而言，通过与图画书中关于种植的故事相连接，他们能更直观地感受植物生长的奇妙过程。在亲身参与种植活动中，幼儿可以培养观察力，每天见证种子发芽、成长、开花、结果的不同阶段；能提升动手能力，学习如何挖土、播种、浇水等；还能增强责任感，意识到自己需要照顾好这些植物。这一系列的体验让他们对自然和生命有了更深刻的认知，也激发了他们对周围世界的好奇心和探索欲。同时，在团队合作的种植过程中，幼儿学会了与同伴交流、协作和分享，促进了社交能力的发展。

对老师来说，需要深入思考如何更好地将图画书与种植活动结合起来，要精心挑选适合的图画书，确保其内容既有趣又能准确传达种植的知识和情感。在活动设计上，要充分考虑幼儿的年龄特点和能力水平，设置合理的步骤和环节。还要思考如何引导幼儿从图画书中获得启发，迁移到实际的种植操作中，并在过程中给予恰当的指导和鼓励。

当把图画书融入幼儿教育时，经验告诉我们要注重营造轻松、愉悦的氛围。让幼儿在自由阅读图画书时，自主发现其中与种植相关的元素。可以通过角色扮演、故事讲述等方式进一步加深他们对图画书内容的理解。同时，在种植场地的布置上，也可以参考图画书中的场景，增加趣味性和吸引力。

总之，基于图画书设计种植活动是一种充满创意和成效的教育方式，能为幼儿带来多方面的成长和收获，也为老师的教育工作提供了广阔的思考空间和实践经验，是幼儿教育中值得推广和深入探索的领域。

小小人儿为爱行动

王 微（上海市浦东新区靖海之星幼儿园）

一、活动缘起

在一次晨间运动中，瑞瑞在跳跃跨栏时不小心摔了一跤，眼睛一下就红了，泪水在眼里打转。这时，细心的佳颖看到了，马上跑到瑞瑞身边拍了拍他的背。"瑞瑞，摔疼了是不是？没关系，我帮你揉一揉，一会儿就不疼了。"随后，佳颖扶着瑞瑞到边上的小亭子里坐着，一边给他吹一吹，一边给他揉一揉。"佳颖，你怎么这么会照顾人？""因为在家里姐姐就是这么照顾我的呀！我姐姐已经读小学了！"

佳颖是一个二孩家庭，家里还有一个读四年级的姐姐。佳颖是一个比较善于发现别人情绪的小朋友，并且愿意帮助别人。在回教室后，我和孩子进行了一次谈话：说一说自己能为别人做什么力所能及的事情。在这次谈话中，孩子们说了很多自己愿意帮助别人的事。最后我也提到了早上佳颖的暖心小举动，让佳颖说了说自己的想法："我就是学姐姐照顾我的样子，每次我哭的时候、不开心的时候她都会马上来安慰我。每次姐姐来安慰我，我就感觉不伤心了。"原来关心和爱可以治愈心情，现在的孩子们习惯了被爱和被照顾，很少会主动去关心别人、照顾别人。那么我们应该如何让孩子会爱、会关心、会照顾身边的人呢？

在中班或小班阶段，幼儿的自我意识比较强烈。到了大班，幼儿情绪情感的自我调节能力逐步加强。并且，此时的幼儿能有意识地控制自己的感情，特别是道德感明显发展，产生强烈的是非感、集体感、友谊感，情感已具有一定的稳定性。大班的幼儿也愿意开始关心身边的人，照顾身边的人。结合这一特点，我们结合大班主题"我自己"中"我是哥哥姐姐"的活动，展开一次"关心身边的人——从身边最亲密的人做起"主题活动。

二、活动实施

（一）图画书阅读，明白每一个生命的背后都有爱的付出

推荐图画书：《妈妈的魔法肚子》 作者：卢姗

结合我园慧阅读的特色，我们以图画书《妈妈的魔法肚子》为例，展开了阅读活动。这本充满创意的图画书，让孩子体验到妈妈十月怀胎的辛苦，并对妈妈拥有一颗感恩的心，让孩子在阅读体验中明白每一个生命的背后都有爱的付出，让我们珍惜生命，学习感恩。

主人公阿布在听晚安故事的时候，爸爸告诉他妈妈的肚子有魔法。妈妈的肚子有什么魔法呢？神奇的是妈妈的肚子一天天变大了，而且还会动噢！原来妈妈肚子里面住了一个小宝宝噢。阿布学会了照顾妈妈，每天期待小宝宝的到来，做好了做哥哥姐姐的准备。图画书的封面有个七彩的肚子，肚子里有魔法？故事的开篇，一家三口准备睡觉，阿布躺在爸爸妈妈中间，爸爸告诉阿布一个秘密——"妈妈的肚子有魔法！"就因为这一句话，揭开了这个魔法的故事。

图画书中，阿布在观察着魔法所引起的他们家里的变化。变化最大的就是妈妈了——吃得比平时多得多，而且最难吃的也吃了；以前不爱运动，现在很喜欢和爸爸、阿布一起做运动；妈妈的肚子在一天天变大，而且肚子还会动……当然，魔法也影响了爸爸和阿布，妈妈的魔法肚子成了这一家人的生活重心，每一个人都在为迎接家庭的新成员而尽心尽力。这一切，都是家人们在表达对即将迎来的新生命的爱。妈妈的魔法肚子让这个家充满了爱，被温暖和幸福紧紧地裹着。

（二）"大肚行动"：在游戏中感受妈妈照顾宝宝的艰辛与不易

在绘本阅读活动结束后……小朋友们纷纷围拢过来，对我满怀期待地说："老师，我也好想成为妈妈。""老师，我也想有个自己的宝宝。"我温柔地询问他们："你们觉得，当一个怀着宝宝的妈妈，会不会很辛苦呢？""我妈妈告诉我，她怀着我的时候，走路都特别不容易。"小朋友们纷纷点头表示赞同，"那肯定是很辛苦的呢！"我进一步问道："那么，你们想不想体验一下当妈妈的感受呢？"小朋友们几乎是同时大声回答："想！"他们的回答中充满了孩子特有的好奇、兴奋，以及想要尝试的渴望。"大肚行动"的灵感，便在这份纯真的期待中应运而

生……

1. 探讨模拟"大肚子"所需的材料

"大肚行动"是一个模拟怀孕体验的活动，让孩子们通过亲身体验来理解母亲怀孕的辛苦。那怎样来体验怀孕呢？小朋友说："在我们的衣服里塞一样东西，我们就是大肚子了！"园园提议："对，可以用抱枕来尝试！"航航则反驳："抱枕软绵绵的，不需要太多呵护！我认为大篮子可能更合适！"晓月接着说道："大篮子硬邦邦的，应该不需要特别小心吧！"而欣欣又提出了新想法："我觉得篮球最合适，它最像妈妈那圆滚滚的肚子。"经过一阵热烈的讨论后，大家一致决定采用篮球作为模拟"大肚子"的材料。

2. "大肚行动"正式开启

就这样，孩子们在衣物中藏了一只篮球，启动了"大肚行动"的趣味体验活动。我带领他们进行了一系列模拟孕妇日常生活的活动。他们有的挺着"孕肚"去饮水，有的腆着"肚子"去洗手，还有的则挺着"大腹"去绘画。

在活动的最后，我让孩子们分享他们的感受。"经历了这番'大肚子'的体验，你们有何感想呢？"我好奇地询问。欣欣喘息未定地回答："这真是太累了，我坐着喝水都差点够不到桌面。"园园接着说："我走楼梯时，连自己的脚都看不见了。"晓月则分享道："我去洗手时，肚子不小心撞到了洗手台。"航航则抱怨连连："拿东西也变得异常困难。"

经过这次"大肚行动"的体验，孩子们纷纷发出感慨："原来妈妈怀孕时这么辛苦，我以后要更加听话。"有的孩子表示："我以后要多帮妈妈做家务，让她轻松一点。"看到孩子们的这些反应，我感到非常欣慰，因为"大肚行动"不仅让他们体验到了母亲的不易，也让他们学会了感恩和体贴。

（三）母亲节，让我们勇敢地对妈妈说："谢谢妈妈！我爱你！"

母亲节是一个感恩母亲的节日。我们的生命从母亲开始，受到母亲无微不至的关爱和照顾。世界上有一种情感，它与生俱来，没有条件，绵绵不绝。它就是母爱！母亲，是世界上最伟大的。借着母亲节这个节日，我们邀请妈妈们来园一起庆祝这个属于妈妈的节日，也借着这个节日一起对妈妈说一声"谢谢"！

活动1：致美丽的妈妈，让我为您添一抹红唇

孩子们的心中有千言万语想对妈妈说，在孩子心中，妈妈是世间最动人的风景。妈妈为我们做着许多事：照顾我们的生活，挑选书籍，陪伴我们游戏，在每一个夜晚陪伴我们阅读、学习。今天，孩子们想用稚嫩的小手，为妈妈画上最美的口红，让妈妈的节日更加光彩照人。孩子们精心准备了口红，小手紧握着这份心意，眼神中满是真挚与期待，一点一滴，小心翼翼地为亲爱的妈妈增添那一抹红。妈妈的眼中闪烁着感动的泪光，情不自禁地亲吻着面前的小宝贝，整个教室都洋溢着温馨与爱意，仿佛被幸福的气息紧紧包围。

活动2：一首"谢谢你"，唱给最亲爱的妈妈

宝贝们还准备了手指舞"谢谢你"，用歌声和舞蹈向妈妈表达爱意。每一句歌词都充满了孩子对妈妈的感激之情，妈妈们的脸上洋溢着幸福的笑容。看到孩子们学会了感恩、懂得了孝顺，妈妈们心里别提有多高兴了。在歌声中，爱像暖流一样在孩子和妈妈之间流淌。

在这个特别的日子里，孩子们借助节日的氛围，大胆地向妈妈表达自己的感情。一句句"妈妈，你是最棒的！""妈妈，我爱你！""妈妈，你辛苦了！""妈妈，祝你节日快乐！"温暖了妈妈的心房。这些简单的话语和动作，让妈妈们感受到了前所未有的幸福和满足。这，就是母亲节最美好的瞬间！

三、活动反思

在图画书《妈妈的魔法肚子》中，这册图画书的前后环衬，都是蓝色的空中闪烁着亮晶晶的星星，也许作者是为了表达每一个孩子都是天上的一颗星，每一颗星都是天空中的光明天使，他们化身孩子来到人间，来到那些妈妈的肚子里，给整个家庭都带来了光明、快乐和幸福。对妈妈来说，世界上最动听的声音莫过于孩子的声音。然而，孩子们也许会因为没有找到合适的机会，或者不知道用怎样的话语，来表达内心的感恩之意。这次的活动从我们身边最亲近的人——妈妈入手，培养孩子关心、照顾身边的人的意识与能力。

（一）从身边最亲近的人——妈妈，开启幼儿那颗"关爱之心"

对幼儿来说，妈妈毫无疑问是最亲近、最依恋的人。在生活中，孩子们能时刻感受到妈妈的爱，但爱是相互的，孩子们不能只被动地接受爱，也应懂得感恩、主动"表达爱"。关心他人，对于自己的学习、生活和将来的工作，乃至个人事业发展都是有帮助的。学会关心他人，不仅是助人为乐品德的具体体现，也是形成与他人合作这一重要素质的前提条件。从小关心他人，能够培养孩子与人为善的品德，是孩子学会做人的基本条件之一。

（二）利用班里的教育契机分享美好，收获成长

班里的佳颖虽然年龄小，但她已经拥有了关心他人这种美好品格的种子，能够在伙伴受伤时表现出真诚的关怀和帮助，这是幼儿良好本性的体现。所以，我们利用了这一良好的教育契机，及时通过活动培养幼儿关心他人的品质，希望他们从小具备这种良好品格，帮助幼儿今后的成长。在绘本阅读、"大肚行动"、妈妈我爱你这些活动中，孩子们情绪饱满，表达充分，我们很欣喜地看到孩子们在活动中的收获和成长。

（三）家园合作，让孩子体验到关心别人也是一种快乐

老师是教育者，家长更是孩子的第一任老师。不仅在幼儿园中老师会通过系列教育活动引导孩子关心他人，我们也会通过家园合作，指导家长有意识地引导孩子。家人过生日，可以提醒孩子以适当的方式表示祝贺，比如和父母一起给爷爷奶奶买个小礼物、画一张画、做个小手工等；爸爸妈妈下班回家后，可以启发孩子去给爸爸倒杯水、帮妈妈接下手中的包；家人病了，鼓励他去问候一下哪儿不舒服，给病人拿药、倒杯水，等等。对于孩子的关心，家人要由衷地表示感谢，让孩子体验到关心别人也是一种快乐。

培养幼儿关心他人的方法有很多，只要我们悉心总结，循循善诱，就能在培养幼儿关心他人的教育实践中结出可喜的硕果。

遇见，地上的小精灵

陈鑫舟（上海市浦东新区靖海之星幼儿园）

一、活动缘起

夏天来了，孩子们常常到户外活动。中午的时候，孩子们会在葱葱的绿意中散步，盛开的紫藤花、新生的绿叶让孩子们感受到了夏天的勃勃生机。今天他们有了新发现：一群小蚂蚁搬着枇杷从土地上经过。这激发了他们的好奇心，引发了后续的一系列活动。

结合年龄段的主题目标，我们预设了三块内容："动物园里的小精灵""从它们身上我学到什么"和"我和它们做朋友"。我们引导幼儿从室内走向室外，观察地面上的小蚂蚁，旨在通过活动引导幼儿与同伴友好相处；愿意关注他人的情绪和需要，会在他人难过、困难时表现出关心，并努力给予适当的帮助；喜欢探究，能用一定的方法探究周围感兴趣的事物和现象；尝试在探究中认识事物，了解人与自然的关系，懂得尊重和珍惜生命。

我们期望通过图画书阅读、集体教学、实践探究等多种形式，帮助幼儿了解蚂蚁的外形特征、习性与其生存环境之间的联系，并与之建立友好的关系，从而培养友好的性格和与自然和谐相处的意识。

通过阅读以"蚂蚁"为主角的绘本故事，学习它们的品质，能想办法和同伴分工、合作、协商，一起克服困难、解决矛盾；能注意他人的情绪和需求、了解大自然和人的依存关系，学会尊重自然、尊重生命。

二、活动实施

（一）幼儿园里的小蚂蚁

在探究之初，孩子们想到户外去寻找这些小小动物的身影，把它们捉到小杯子里进行观察。

通过交流讨论，孩子们决定制订捕捉计划，准备小铲子、放大镜、小镊子、装昆虫的透明水瓶等，并商量想要捕捉的种类。

为了让幼儿更有计划地去寻找捕捉小动物，我们引入了《小昆虫大奇迹》这本书，为孩子后续的探索蚂蚁打下了基础。之后，教师和小朋友们一起走进大自然，去发现和寻找昆虫的身影。我们深入花丛和草地，拿着放大镜去寻找昆虫，用镊子把它们装进合适的瓶子里进行观察，带到幼儿园和小伙伴们一同分享。

捉到这些小蚂蚁之后，孩子们同教师一起尝试对蚂蚁的特征进行归纳总结，孩子发现它们身体结构分为头部、胸部和腹部。身体表面被细小的纵横交错的皱褶所覆盖，就好像穿着一件带着肋骨的外骨骼衣服一样。此外，蚂蚁的嗅觉和视觉非常灵敏，能够探测到很微小的味道和视觉信息。孩子们听了《香香要回家》的故事之后，还了解到蚂蚁可以根据味道来判断对方是自己的朋友还是敌人。蚂蚁们似乎有着自己独特的小道消息，它们通过释放信息素迅速传递消息，就像它们也拥有手机和网络一样。

教师请孩子们将他们的发现记录在观察记录纸上，除了这些小虫子的外形特点，还包括它们的生活习性，它们喜欢住在哪里？可能喜欢吃什么？孩子们发现，蚂蚁喜欢住在阴暗、潮湿的环境，它们一般多分布在树林里、草丛里、田地里，喜欢成群结队地生活在一起。

当我们观察蚂蚁的行为，就像看一部精彩的电影。它们有着像士兵一样的纪律性，每一个蚂蚁都是如此有条不紊，就好像是机器人一样在工作，真是不得不佩服它们的这种默契和团结！

（二）从它们身上我发现

蚂蚁对孩子们非常有吸引力，在草地上，沙土边，只要停下脚步仔细观察，大多能发现蚂蚁的身影。在了解了蚂蚁的基本信息后，孩子们又着重观察了蚂蚁如何搬运、运输食物。我们发现蚂蚁通常在工作期间背着食物，它们会沿着一定的路径前进，并遵循特定的规律。这些规律对蚂蚁来说非常重要，因为它们可以凭借这些规律找到回家的路。

我们一起分享了绘本《蚂蚁和西瓜》，了解到团结的蚂蚁面对数倍于自己的食物会叫来蚂蚁军团，将大的食物分成小的部分，团结合作将食物运回家。"我们在平时遇到困难的时候也可以向蚂蚁学学噢。"我们观看了相关的视频，了解了蚂蚁巢穴的结构，并用拼贴和绘画的方式为蚂蚁设计了家。有了这些"设计图"，孩子们在建构游戏和美术游戏中也尝试复现小蚂蚁的城堡。

（三）我和小蚂蚁做朋友

最后，老师和孩子们一起商讨了怎样和这些"小精灵"做朋友。很多孩子在看到蚂蚁的时候会用脚踩上去。针对这种情况，我们一起看了《喂，小蚂蚁》这本绘本，看看小蚂蚁和想踩死它的小男孩发生了什么对话。

读完故事后，孩子们重新开始思考生命的渺小和伟大。"如果我做了小蚂蚁，我肯定不想被别人踩死。"孩子们这样说。

我们还引入了《乔治的昆虫乐园》这本图书，这个故事讲述了尊重生命、热爱自然的道理，对于孩子们了解大自然规律和懂得保护昆虫是很有必要的，昆虫也分益虫和害虫。故事让孩子学会爱和取舍，同时明白喜欢的东西不一定要占有，自然界里的植物、昆虫也有生命，有时放手和不打扰就是爱和尊重。

三、活动反思

在草地、水池、泥土等被我们忽视的角落也栖息着许许多多的小生命，它们的足迹遍布每一个角落，是生物多样性的重要组成部分。在过去的一段时间里，我们为幼儿设计了一系列的探秘主题活动，结合多本图画书，引导幼儿了解和探索这些小生命。

（一）幼儿在课程中发展了观察、想象、思维能力

在探索小蚂蚁的过程中，幼儿需要运用手、眼、脑等各种感官去体验和认识它们，这有助于提高幼儿的观察力、注意力、想象力和创造力，同时还可以锻炼幼儿的体能和协调能力，促进身心发展。这也契合了《上海市幼儿园幼小衔接活动指导意见》中的内容，为了培养幼儿初步的逻辑思维能力，有意识地创设问题、利用生活中的契机引导幼儿发现事物与事物之间的关联。孩子们通过观察、抓捕，深入认识了这些平时被我们忽视的小动物的特征和生态，也学会了悉心照顾这些小生物。

（二）幼儿在课程中感受了相互尊重、相互关心的积极情感

通过阅读图画书，孩子们也了解了动物们和谐相处、团结合作的故事，他们在逐渐了解动物，喜欢动物，养成自然保护责任感，学习与蚂蚁及自然和谐友好地相处，学会珍爱生命、和睦友善。

（三）教师在课程中获得了经验和专业的提升

在实施这个课程的过程中，教师获得了经验和专业提升。教师意识到了幼儿的好奇心和求知欲是非常强烈的，需要给予足够的关注和支持。在活动中，教师不断引导幼儿思考、探究，帮助他们获得更多的知识和经验。

（四）教师在课程中收获了用图画书开展活动的经验

在活动组织中，教师也深入思考了如何利用图画书更好地开展主题活动，如何通过阅读来促进幼儿的认知和语言发展。围绕一本图画书，老师可以设计语言领域、科学领域、艺术领域等的教学活动，或是引导幼儿围绕其中的角色和情节进行创作与表现，或是从图画书中学习有关科学、自然的知识。我们还可以围绕图画书来开展环境创设，营造出更具有主题性和氛围感的环境，用幼儿的表征来体现他们对图画书的理解。此外，我们还可以引导孩子们用思维导图的方式整理和实践自己的创意想法，加强他们的思辨、归纳能力。

总之，本次活动中幼儿收获颇丰，他们获得了各式各样的体验和情感。而教师也从中汲取了经验和启示，这将对今后的教学产生深远的影响。

哟呵！韭菜呀！

徐晓琳（上海市浦东新区靖海之星幼儿园）

一、活动缘起

春天到了，万物复苏，大班的小朋友们在这个美好的季节里观察到了幼儿园里的植物都开始冒出了新芽，对小菜园里生长的植物都十分感兴趣，在散步时小朋友们总会抛来许多问题。"老师，这个是什么植物呀？它长得好漂亮呀！""老师，这棵树长得好大呀，它叫什么名字？"

小朋友们站在周围，仔细地观察着并且和小伙伴热烈地讨论着在幼儿园里看到的植物，站了许久都不愿离开。在教室里，小朋友们也一直翻阅着图画书《一园青菜成了精》，对里面不同的蔬菜都十分感兴趣，纷纷来到我的身边说着想在小菜园里种不一样的蔬菜，于是我们一起进行了"春天美事——我和小伙伴一起种植小菜园"的活动，小朋友们通过自主与同伴商量、讨论、绘制计划书等形式做好了前期的准备工作，同时在与同伴种植、护理小菜园时能够互相合作、配合，感受到与同伴友好相处、共同合作的快乐。

二、活动实施

（一）寻韭菜

1. 春天里的植物

在自由活动中小朋友们都在讨论着：春天里我们能看到哪些植物呢？小朋友们纷纷发表了自己的观点，同时也通过绘画等形式给自己的好朋友介绍了一下自己认识的春天里的植物。"我画的是小番茄，上面有很多很多的番茄！""老师老师，你看我画的郁金香，我在小公园里看到过的！"

2. 菜园大探索

我在班级的阅读区中投放了图画书《菜园里有什么好吃的》《你好植物

园》等。

小朋友们通过阅读与观察，以及和小伙伴的讨论，发现了许多在春天里的植物并了解了它们的生长过程。小朋友们也通过自主尝试配对，发现小种子长大后的秘密。"我们可以种大白菜，我以前看到我的奶奶种过。""我们可以种韭菜，我吃过韭菜炒蛋，很好吃！"

在经过激烈的讨论后，最终班级中的小朋友们一起选定了本次春天小菜园里种植的植物——韭菜。

（二）种韭菜

1. 种植、养护大发现

应该怎么种呢？小朋友们自己设计完成了调查表，做好了种韭菜的准备工作，同时，我在阅读区中也投放了关于劳动计划的图画书《我是小花匠》《十四只老鼠洗衣服》等，小朋友们自主了解该如何与同伴合作完成劳动，如何去制订、完成劳动计划。

2. 我们一起种韭菜

小朋友们和自己的同伴一起运用小菜园里不同的工具，互相帮忙，一起拔草、翻土，春天里的小菜园一下子变了一个模样。接下来就是一起种植啦！同时，我在阅读区投放了《汤姆学种菜》《小种子，快长大》图画书，展示如何进行种植、种子的成长过程。

经过前期的调查与经验的积累，小朋友们在种植的时候都是小心翼翼的，他们一起捧着小苗仔细地观察，轻轻地放进泥土里，在与同伴的合作努力下，所有的韭菜苗都种植完成了！

（三）吃韭菜

1. 韭菜大丰收

经过了一天又一天，小朋友们发现韭菜长得可高了，宸宸说："韭菜可以做成什么好吃的呢？"小朋友们和自己的小伙伴针对韭菜可以做成什么好吃的展开了激烈的讨论。"我吃过韭菜炒鸡蛋，很好吃，是妈妈做的。""韭菜还可以做成韭菜汤呀！"小朋友们小心翼翼地运用小剪刀将韭菜剪下来，互相帮忙、合作，开心极了！

2. 制作美味

将韭菜带回家，一起和爸爸妈妈制作美味的韭菜食物！同时，我在班级中投放《妈妈，我来帮你》的绘本故事，小朋友们能通过自主阅读感受到小老鼠想帮妈妈做劳动的热情、体会到爸爸妈妈的辛苦。

三、活动反思

（一）发掘趣事、自主管理

在"春天美事——我和小伙伴一起种植小菜园"这一主题活动中，小朋友们自主运用图画书、调查表、讨论等形式在活动中自主地去观察发现春日里的不同植物，在这一经验基础上，小朋友们自主选定了春天种植园里我们一起种植的植物——韭菜。小朋友们通过和自己的小伙伴一起合作种韭菜苗、共同来照料管理，感受和伙伴友好合作，体验和小伙伴一起种植的快乐。

（二）友好合作、快乐成长

在春天的小菜园里，小朋友们和自己的小伙伴每日精心地养护、照料韭菜，韭菜也在一天天地成长，在此期间小朋友们也有期待、惊喜等，最后感受到了和伙伴一起丰收的喜悦。

《3—6岁儿童学习与发展指南》中提出："支持幼儿在接触自然、生活事物和现象中积累有益的直接经验和感性认识。"植物是小朋友们经常能观察到、触碰到的，春天到来，万物都开始生长，在春日里一起种植小菜园，感受到和小朋友一起合作种植、劳动、管理我们的小菜园的快乐。

（三）捕捉幼儿的兴趣，追随孩子，成全孩子

基于幼儿的兴趣点，针对小朋友们感兴趣的春天里的植物开展了本次的主题活动，这也激发了小朋友们强烈的兴趣，他们都十分积极地参与到不同的活动中。

本次的课程活动让我感受到了小朋友们的力量其实是很大的，他们通过和自己的好朋友们一起商量讨论、一起制作绘画等方式自主进行并完成了选定要种植的蔬菜、照顾韭菜、亲子制作食物等，因此作为教师的我们要更多地"放手"，相信孩子们的能力，放手让孩子们去做。

我是京剧小达人

陈 琳（上海市浦东新区民乐幼儿园）

一、活动缘起

当传统的京剧文化遇上稚嫩童心，图画书《爷爷的面具》犹如一座桥梁，引领幼儿走进中国传统文化——京剧。然而，由于社会发展和现代生活的变迁，孩子们日常鲜有机会了解京剧文化的相关知识，甚至很难体验到京剧戏曲等历史文化瑰宝，京剧文化也因此与孩子们的日常生活渐行渐远，孩子们想要深入了解京剧的需求无法满足。为了解决这一问题，本文以图画书《爷爷的面具》引导幼儿走进京剧，开展基于幼儿深度学习的多元阅读系列实践活动，幼儿通过看、听、说、读、艺术表现等多种形式，加深对京剧文化的了解，拥有了感受京剧文化的机会，萌发了对京剧文化的喜爱之情。

大班第一学期，幼儿收集了许多独具中国传统特色的国风图画书，他们常常翻阅、操作、摆弄，会和同伴一起讨论故事内容或演一演喜欢的故事情节，也会拿起笔画一画图画书中精彩的画面，还会联想到与图画书相关的歌谣并哼唱几句，小书吧中热闹非凡：

"十二生肖中没有小猫！你知道为什么吗？"

"你看，孙悟空的筋斗云可厉害了！"

"我学这个大雁像不像？"

"蓝脸的窦尔敦盗御马，红脸的关公战长沙！我唱的这个就是京剧脸谱！"

…………

在幼儿和同伴分享图画书的对话中，他们虽然已经能够运用到语言、表演、音乐等多种方式表达自己对图画书的理解，但仅仅是粗浅、笼统地看过图画书，停留在浅层阅读。于是，我和幼儿以"最想读懂的图画书"为话题展开了讨论：

"哪本图画书你觉得非常有兴趣但是看不太懂？"

"我觉得《爷爷的面具》挺有意思的，就是我不知道脸谱是用来干什么的。"

"《爷爷的面具》里说的京剧到底是什么样的？我没见过。"

"京剧就是脸谱吗？我会唱脸谱的！蓝脸的窦尔敦盗御马……"
……

幼儿对图画书《爷爷的面具》讨论度较高，对京剧产生了好奇。然而，由于年龄较小，幼儿很少有机会接触京剧，不知道图画书中的京剧到底是什么。为了打破这一现状，我从幼儿的困惑中提取关键词"京剧"，推进幼儿对图画书的深度学习，促进多元阅读的生成，使幼儿得到多维度的发展。

二、活动实施

（一）京剧走入家庭，幼儿初探京剧文化

了解到家长对京剧也是一知半解，所以我们以亲子任务的形式推送图画书，营造家庭中的京剧文化氛围，有助于幼儿深入阅读图画书，初步了解京剧文化。

1. 图书漂流

首先，我们将幼儿对图画书的困惑与京剧结合设为阅读提示，如"什么是京剧？为什么京剧演员要画脸谱？"等。其次，幼儿在亲子阅读中有充足的时间逐页解读图画书画面，表达想法，深入理解故事内容，思考问题。最后，幼儿与家长根据阅读提示一问一答，将阅读后的感悟以视频形式记录下来。幼儿提出的与图画书有关的问题，一些通过图书漂流解决了。幼儿还在亲子阅读中加深了与家长的情感交流，提高了阅读理解能力和表达能力。

2. 亲子调查表

图画书中爷爷提到"不同的脸谱还能区分角色的忠和奸"，幼儿又产生了新的疑问："哪种代表忠？哪种又代表奸？"因此，调查表分为京剧角色、脸谱颜色含义两种，孩子们分批完成，知道了生旦净末丑五种角色及其代表人物，还知道了颜色能够辨别人物性格，真正理解了图画书中爷爷说的话。幼儿通过这种学习方式，对京剧有了更全面的认识，萌发了探索传统文化的信心与热情。

3. 脸谱知识小报

有了图书漂流和亲子调查表的前期经验准备，幼儿将自己对京剧的了解程度以脸谱知识小报的形式呈现。从他们的作品中可以发现，幼儿从男女差异的角度对比两者的脸谱差异，还从京剧角色的角度介绍戏曲行当，最后从脸谱颜色的角度区分角色性格特征。在这一过程中，幼儿不仅锻炼了动手能力和创造力，还发

展了归纳和整理能力。幼儿对京剧文化的理解也不再只是浮于表面,而是产生了不同角度的解读。

4. 观赏儿童京剧

故事中,爷爷和孙女在故乡时喜欢看京剧,到了国外还是喜欢看京剧,小朋友就忍不住问了:京剧真的那么好看吗?于是,幼儿开始观赏儿童京剧,家长在旁讲解相关的知识。通过直观感受,他们自发想要模仿身段、学唱戏曲唱腔,幼儿对京剧的喜爱之情油然而生。

5. 唱脸谱

幼儿最初的兴趣点因为活动的推进,从一个会唱变成大家都会唱,从原本的唱两句变成唱一小段,还添加了动作和唱腔,增强了演唱的观赏性。幼儿在掌握歌曲的演唱技巧的同时,还从中体验到了成功的喜悦,也进一步加深了对京剧文化的理解和热爱。

分析:

活动通过不同的形式和角度,使京剧顺势走入家庭,幼儿从听听、说说、看看、画画、唱唱等多方面初探京剧文化,深入了解了京剧文化。从图书漂流到亲子调查表,再到脸谱知识小报和观赏儿童京剧,幼儿在轻松愉快的氛围中学习了京剧知识,提高了自己的文化素养。最后,通过唱脸谱活动,幼儿将所学知识运用到实践中,展现了学习成果。幼儿不仅在活动中收获了知识,还感受到了传统文化的魅力,萌发了对传统文化的热爱。

(二)京剧走入校园,幼儿体验京剧文化

京剧需要舞台来呈现,幼儿跃跃欲试也需要一个舞台来满足兴趣。京剧走入校园,幼儿就有了体验的机会和条件,从图画书中收获的经验也有机会运用到实际生活中。

1. 感受华服之美

在"演员试衣间",幼儿兴奋地打扮自己,试穿各种戏服、佩戴头冠。走上舞台的那一刻,幼儿体验到了更真实的京剧文化。

2. 表演少儿京剧

幼儿每天都期待能够练习少儿京剧中的动作,喜欢舞台上神采奕奕的自己,也逐渐对京剧有了更深刻的喜欢。

3. 演绎图画书舞台剧

在亲子任务中,幼儿对图画书的内容有了更深层次的理解。通过表演的形

式,幼儿表现出故事中爷爷和孙女对京剧的热爱之情。

4. 乐享数字戏台

数字戏台顺应了幼儿喜欢玩电子产品的现状,将游戏与戏曲相结合。幼儿可以一边闯关一边答题,学习京剧知识时不再感到枯燥,不仅提高了学习兴趣,还巩固了所学的京剧知识。

分析:

幼儿在幼儿园中多感官深入体验京剧文化,表现了对京剧文化的浓厚兴趣和积极参与的态度,并将自己的感受通过多种形式表现出来,如表演、绘画等。通过感受华服之美,孩子们直观地领略了京剧艺术的华丽与精致;在表演少儿京剧的过程中,他们不仅掌握了技巧,更在潜移默化中理解了京剧所蕴含的深厚情感和文化内涵;演绎图画书舞台剧让孩子们将理论知识与实践结合起来,进一步加深了对京剧文化的理解和热爱;而乐享数字戏台则巧妙地将现代科技与传统戏曲结合起来,为孩子们提供了一个全新的学习平台。这些活动不仅锻炼了孩子们的动手能力、表演能力和思考能力,更重要的是,它们培养了孩子们对传统文化的敬畏之心和传承之志,让京剧这一瑰宝在孩子们心中生根发芽,绽放光彩。

(三)京剧走进班级,渗透京剧文化

我们将幼儿在活动中的收获以互动墙的形式呈现在班级环境中,渗透京剧文化氛围。根据对幼儿活动的梳理,我们将互动墙分成四块内容,分别是阅读交流、京剧科普、精彩合集、作品展示。

1. 阅读交流

幼儿通过图符和录音的形式记录下对图画书的困惑,形成了一系列问题。我们将这些问题以Q&A对话框的形式呈现在互动墙上,并提供点读笔,幼儿可以倾听同伴的问题并进行互相交流。结合家庭图书漂流活动,幼儿在家中查阅相关资料解决提出的困惑。幼儿在阅读交流的过程中自主提出问题、自主学习,萌发探究欲望,提高主动学习和解决问题的能力,在困惑中成长和发展。

2. 京剧科普

我们将京剧科普内容与家庭亲子调查表结合起来,设计了两种有趣的探索游戏,涉及脸谱角色和脸谱颜色两方面。幼儿操作、摆弄方块卡片,互相讨论、使用亲子调查表验证结果,在生生互动中了解京剧知识。

3. 精彩合集

活动中幼儿的精彩瞬间被制作成视频合辑,幼儿使用电子产品扫码观看自己和同伴的精彩表现。幼儿在活动结束后继续感受活动的乐趣，加深对京剧文化的理解和记忆。

4. 作品展示

许多家庭通过亲子任务提供了各类作品，如脸谱知识小报等。通过展示这些作品，幼儿在拓宽视野的同时，也能欣赏到同伴的作品。

分析：

互动墙记录了幼儿与京剧之间的回忆，展示了基于幼儿深度学习的多元阅读活动脉络，在班级环境中渗透京剧文化。幼儿不仅锻炼了自主提问和解决问题的能力，更在交流中学习了沟通与协作的技巧。幼儿在互动游戏中轻松学习了京剧知识，增强了对传统文化的兴趣。在展示区域，幼儿通过欣赏、实操，对京剧之美有了新的感受。活动构成了一个丰富多彩的京剧文化探索之旅，为孩子们的京剧之路注入了新的活力，激发了他们对传统文化探索的无限热情。

三、活动思考

基于幼儿对图画书《爷爷的面具》的深度学习，京剧走进了幼儿生活的方方面面，获得了丰富的体验和收获。

一是从好奇到喜欢。经过一系列活动，幼儿对京剧的情感态度发生了变化，并对中国传统文化产生了兴趣。

二是尝试多种表征方法。幼儿在活动过程中不仅使用了语言、绘画等常见的表征方法，还尝试了表演等方式。

三是新旧经验迁移。幼儿基于图画书的深入学习对京剧文化有了一定的了解，积累了学习经验，可以尝试将这些方式方法运用到了解其他传统文化中，如茶文化。

在未来的教学实践中，我将继续关注幼儿的需求和兴趣，不断探索，将传统文化融入幼儿教育中，以更多样化的方式引导幼儿接触和学习传统文化。同时，我们也希望家长能够更多地参与到幼儿教育中，与孩子一起学习和探索传统文化，共同营造浓郁的传统文化氛围。此外，随着科技的不断发展，我们也可以利用数字技术和网络资源，为幼儿提供更加丰富、便捷的传统文化学习途径，让传统文化在现代社会中焕发出新的活力。通过共同的努力，我相信未来传统文化将会得到更好的传承和发展。

第四部分

活动案例

"兔"然遇见你

谈冰洁（上海市浦东新区政海幼儿园）

儿童的生活成长，离不开自然与环境，我们始终秉承着"儿童友好，环境友好"的理念开展集团课题研究。立足儿童友好视角，依托我园生态环境，引导幼儿体会自然的多样、独特和美好，促进儿童亲近自然、热爱自然、与自然和谐相处。在此过程中，我们要把握教育契机并有意识地主动培养幼儿的任务意识。

小兔的烦恼

农夫乐园里，辰辰、帆帆、小涛、小菲他们几个在小兔子的家旁边叽叽喳喳讨论个不停，我好奇地走过去问："你们在说什么呢？老远就听到你们讨论的声音啦。"

辰辰立马站起来，大声喊道："老师，我们想给小兔子换个家。"其他孩子也都附和着。

我便询问道："小兔子在这个房子里待得好好的，你们怎么突然想给它搬家了呢？"

于是，我便引入话题：带着孩子们讨论什么是搬家，他们是否参与过搬家，有什么感受和记忆。

回到教室后，我与孩子们一起共读了图画书《搬家》，图书中的插图能够帮助孩子们理解故事情节，看小熊和爸爸是如何一步步寻找最舒服的家的。通过图画书《搬家》也更加深入地探讨了为何要给小兔子换个新的家，同时培养他们的合作、解决问题和创意思维能力。

小涛说："因为现在这个家太旧了。"

辰辰说："我觉得它这个房子太脏了，上面全是大便，感觉太旧了、太老了，感觉是自己造的房子、乡下的老房子，所以要搬一个新房。"

帆帆说："因为小兔子家的大便太多了，所以要换一个新的了。"

小菲说:"因为它的房子太小了。"

经过这些天的观察照顾,孩子们对小兔的生活环境有了自己的理解和想法。

《3—6岁儿童学习与发展指南》中指出:"结合幼儿的生活需要,引导他们体会人与自然、动植物的依赖关系。"孩子们依据自身的生活经验,发现兔子在原来的家里感到不舒适或者不安全,可能需要更大的空间来活动和玩耍,于是孩子们就想要为小兔换新家。

说干就干,孩子们马上拿了画纸和笔,开始为小兔设计新家。很快,一张张简单的设计图就完成了。

辰辰说:"我设计了一个大别墅,不是乡下的老房子,小兔子住在里面很舒服的。"

帆帆说:"我设计的是小兔子可以吃东西还可以大便的房子,是分开来的,这样就可以保持干净。"

小菲说:"我给小兔子设计的有长长的走廊的,它可以跑出去玩。"

从孩子们不太完整的表达中可以感受到,他们对小兔的新家有着热烈的期盼,既要有舒适性,还要兼顾安全、卫生等。但由于自己动手改造小屋的可操作性有限,我们最后一致决定还是向园长妈妈求助。

小兔搬新家

园长妈妈收到孩子们的心愿后,马上有了回应。过了一个周末后,当孩子们再次来到农夫乐园时,他们惊喜地发现小兔的新家出现在了草地上。

我问他们:"小兔的新家怎么样?"

辰辰说:"新房子设计得这里可以看到外面,还可以在外面一起玩。"

小涛说:"兔子能看得很远。"

我又问:"新房子和旧房子还有哪些区别?"

辰辰说:"兔子的新家是没有楼梯的,一整条长的,它可以在里面睡觉、方便大便,拉在草里面就行了。"

既然有了新家,那接下来就该给小兔搬家啦。那怎么搬对小兔才最好呢?

小霖喊道:"找东西把它们放到这个笼子里。"

辰辰说:"我猜可以用洗干净的萝卜引它到这个房子来。"

小颖说:"拿个纸箱子,把它放里面。"

辰辰又说:"我感觉一开始应该是用那个笼子,然后用手套,拿一个萝卜放在手上，再把小兔子放在手上，让它吃，把它引到新家里。"

有想法就试试看吧，帆帆拿着箱子打开笼子门，把箱子装在了笼子门口。

辰辰喊道："拿一棵草去引诱它。"当孩子们减少一点时，小兔子自己慢慢走了出来，小颖看到后立马蹲下，小兔子也立马缩了回去。

帆帆说："轻轻地抓它，你们不要有声音，不然它要跑的。"手里还拿着一些干草，伸进去喂小兔子，引诱它出来。辰辰拿着青菜回来了，一边拿青菜喂小兔一边说道："我来吧。"孩子们一边喊着一边引诱小兔子出来。帆帆嘴里还喊着："进去，进去。"小兔子缩回了笼子里。帆帆和同伴们说道："小兔子好胆小。"

这时，辰辰又提出："嘿，等下，我们用蔬菜引它出来。"辰辰先试探性地伸出手抓小兔子，但它一直躲在笼子里。辰辰又跑去拿来了胡萝卜，继续尝试引诱小兔子出来。孩子们一直向小兔子招手并说"过来，过来"。

孩子们打开了旁边的小门，辰辰喊着："抓它耳朵，抓它耳朵。"孩子们从房顶上的小门观察小兔子。孩子们齐心协力抓住了小兔子的耳朵，辰辰抓着小兔子的耳朵，拉进了他们准备好的箱子里，辰辰和帆帆一起把小兔子搬到了新家里。

任务意识的培养能有效强化幼儿的责任感，在家长、教师的引导与带动下，幼儿能有目的、有计划地完成某项工作或任务，逐渐建立良好的学习品质，对幼儿未来一生的发展都具有积极的作用。

让幼儿树立任务意识，就是要创造机会，在幼儿的一日生活中，以幼儿喜欢并能欣然接受的方式进行培养，让幼儿独立承担任务，让孩子体验完成任务的快乐。这样孩子会积极主动地承担起应有的责任，自己的事情自己做，并且享受任务完成后的自豪感。

在给小兔搬新家的过程中，孩子们在交流的过程中发生思维碰撞，也能够根据想出的办法，一起努力帮小兔子搬家。在遇到困难时他们也能多次尝试，不轻易放弃，直到任务完成。

小兔饲养员

有了新家的小兔即将开始它无忧无虑的新生活，孩子们又开始为怎么照顾好它而发愁。

于是，我便引入话题，和孩子们讨论他们对小兔子的认知，问问他们在动物园里是谁在照顾它们，孩子们都知道有一份职业是"饲养员"。于是我和孩子们一起共读了图画书《小小饲养员的一天》，帮助孩子了解小饲养员的一天是怎样度过的，特别是其中照顾小动物的环节。

图画书里的故事内容虽然是照顾小熊猫,但孩子们可以通过书中的小饲养员生活,更好地理解如何照顾小兔子,培养他们的责任心和爱心,能帮助孩子们更全面地掌握照顾小兔子的知识和技能。

来到农夫乐园,孩子们照常开始游戏……

辰辰说:"先用水龙头的水给它加点水放在里面,再给它喂点菜菜,把菜和萝卜洗一下晒干,再放在里面,切一片片给它吃。"

小槿说:"把蔬菜放在里面给它吃。"

小涵说:"给它喝点水。"

小菲说:"给小兔子洗澡。"

帆帆说:"拿个盆子喂水喝。"

辰辰又说:"拿水龙头给它洗一下,给它准备一张毛绒的床睡觉。"

孩子们学着大人照顾自己的样子,想象着该如何照顾小兔。

旁边有位同伴说拿小虫子给小兔子吃,辰辰回道:"小虫子不可以给小兔子吃的,小兔子吃了会生病的。不能乱给小兔子吃。"

帆帆说:"一会儿我要把这些菜叶洗洗。小兔子是不能吃小虫子的对吧,青蛙才吃小虫子。"

辰辰附和道:"对的,不然它会生病的,拉出来的大便就不好了。"辰辰看到切菜板脏,说道:"咦,这菜板脏的,看来这东西不能给小兔子吃。"说着便把水壶里刚切完的胡萝卜倒了出来,并拿着菜板去水龙头下冲洗干净,并对帆帆说:"你要先把这个菜板洗洗。"帆帆便去找个小碗把菜装在里面,拿菜板去洗干净。

照顾小兔的过程让孩子们意识到照顾包括喂食、打扫卫生等任务,只有相互配合、相互帮助才能更好地完成任务,照顾好小兔。

《3—6岁儿童学习与发展指南》中指出:"引导幼儿关注和思考动植物的外部特征、习性与生活环境对动植物生存的意义。"在这次农夫乐园的游戏中,孩子们对小兔子有了更加深入的了解。在孩子眼中,兔子不只是一只动物,更是班级的重要成员,孩子们通过一系列的操作,亲近兔子。在这几个小故事中可以看到孩子们能够自觉负责照顾小动物,培养了幼儿对小动物的关爱和责任感,同时也教育幼儿尊重生命、培养同理心和责任感。

幼儿时期是任务意识发展的关键时期,良好的任务意识不仅有助于幼儿学习生活技能,还能促进其认知和情感发展。

在培养幼儿任务意识时,首先,我们可以引导幼儿分解任务,即将任务分解为多个小步骤,让幼儿逐步完成,有利于幼儿理解和掌握任务。如在为小兔设计新家时，孩子们先通过自身亲身经历的照顾和观察，对小兔的生活环境积累自己的理解和想法，再与同伴相互交流小兔的旧家存在哪些问题，依据自己的想法画出新家的设计图纸。

其次，在幼儿完成任务后，要给予鼓励和肯定，同时指出不足之处，帮助幼儿形成正确的自我评价意识。如在给小兔搬新家时，孩子们能够想到使用箱子、食物引诱等方法予以实践并成功帮助小兔搬了家，但在搬的过程中，孩子们会使用蛮力抓住小兔子的耳朵，使得小兔子一直处于一个害怕想逃的状态。可以与孩子们共同分享交流一下在帮助小兔子搬家的过程中如何尽可能地温柔一点，让小兔子舒缓紧张害怕的情绪。

最后，应该为幼儿提供具体、有意义的任务，让幼儿理解任务的意义，提高任务完成的积极性。如在当小兔饲养员时，孩子们都清楚需要清理小兔子的粪便，此时可以引导幼儿将清理的粪便作为种植蔬菜的肥料予以施撒，这样清理粪便的任务能够让幼儿了解动植物之间的关系，是有意义的。

幼儿自觉负责照顾小动物是一个有益的活动，它不仅有助于幼儿任务意识的培养，也有助于培养他们对生命的尊重和保护动物的意识。在实践中，需要结合幼儿的实际情况和兴趣特点，因材施教，引导他们逐步形成任务意识，积极主动完成任务。

用"绘本"点亮分享之路

张 丽（上海市浦东新区彭镇幼儿园）

案例背景

《幼儿园教育指导纲要（试行）》中将"乐意与人交往，学习互助、合作、分享，有同情心"作为社会领域的重要目标之一。在幼儿园中，幼儿时时刻刻都在与其他幼儿进行交往，在面对同一物品或其他事物时，幼儿是否会分享、是否能够与其他幼儿保持良好的关系便成了一个问题。目前，大部分家庭结构是以孩子为中心，所有成年人都在围着孩子转，对孩子有求必应，无限拔高对孩子的关注，这使得孩子不懂感恩，认为一切都是理所当然的，从而养成了他们乐意接受别人的东西，却不愿将自己的东西让与别人的行为。当班级中出现因为争抢东西而发生争执，谁也不愿意退让时，家长也常会习以为常，但长此以往所衍生出的一系列问题是不容忽视的。因此，对幼儿进行分享行为的培养是势在必行，也是不可或缺的。

案例描述

一天，贝贝从家中拿来了一个新奇的玩具，好多小朋友都围着贝贝，都想和她交换玩具玩，此时的贝贝无比"骄傲"，她挑选着可以和她一同玩耍的小伙伴。照理大家都很开心，就在这个时候米多突然和贝贝吵起来，她们一直是最好的朋友，现在居然在玩具玩耍分配时间上产生分歧，直接吵起来，最后两个人闹到直接"绝交"。本来是大家一起分享玩具，很开心的事情，最后变成了一场班级小闹剧，不欢而散。

案例分析与反思

从案例中可以看出孩子有分享的意识，但有个别孩子停留在互换的状态，要做到"慷慨"分享对于大部分孩子有些难度，其实对大班孩子来说，可能他的分享带有一定动机和目的，比如和其他幼儿交朋友，比如他更想玩对方的玩具，等等。不管如何，对于班级中个别幼儿分享行为中存在的问题，教师都需要正视与解决。在此过程中，我们尝试用绘本去激发幼儿的分享意识，绘本是一个很好的媒介，很多绘本都在帮助小朋友培养重要的基础社交技能，培养分享意识。绘本里幽默的故事和可爱的角色，能让孩子们产生共鸣，从而联想到自己的行为，引发思考和改变。

一、挖掘分享类绘本，激发幼儿分享意识

绘本类型很多，有一类是分享类绘本。这类绘本故事是围绕"分享"这个主题来讲述故事，须教师在开展活动过程中不断挖掘出有效的"分享"内容。

教师可以为幼儿推荐一些积极的、弘扬分享理念的绘本，大班如《阿诗的大花布》《彼得的椅子》《和甘伯伯去兜风》《烟》《凯琪的包裹》《生日快乐捉迷藏》等分享类绘本故事。通过绘本阅读，引导幼儿了解分享的重要性，激发幼儿的分享意识，在潜移默化中懂得如何去分享。

例如绘本《烟》故事的一开始就很有趣，幼儿在阅读绘本的同时，很快就感同身受，联想到自己的行为。故事讲述胖子和瘦子因为小事发生争执，导致两家人一直互不理睬，就连小孩和小狗也不允许和对方家做朋友。对此孩子们在阅读中发表了很多自己的看法，有些幼儿认为本来就是小事，大家互相谦让一下就好；有的幼儿认为遇到矛盾大家可以商量，我们和朋友也会吵架，但过一会儿就和好了……有幼儿认为朋友之间不应该吵架，如果是我错了，我会先道歉，我会把我的玩具分享给朋友，我们一起玩了，就又是好朋友了……看，孩子把自己日常交往行为情感迁移其中，有了自己解决的方法。

而随着故事不断继续，故事中胖子和瘦子在一次追逐烟的过程中，两人尝试夸奖对方，与对方分享自己的东西，最终，两人从互不理睬的冤家又成了友好相处的好朋友。在这个过程中，孩子理解从"冤家"到好朋友之间的变化，幼儿明白在处理事情的过程中不能只想到自己，而应该互相欣赏、互相分享，主动接纳对方，这样才能找到更多的朋友。平日里，小朋友之间你送我一张贴纸，我送你一块饼干，都可以增加朋友间的亲密感情，也让孩子懂得分享的快乐。在孩子遇到社交问题时给他们最正确的引导和关注，让孩子乐于分享，体验分享的乐趣，在分享中获得快乐与友情。

对于大班幼儿，他们是乐意与他人交往的，但在与同伴的交往过程中，常会表现出各种各样的交往问题和障碍。大班幼儿面临着即将毕业进入小学，同时将面对陌生环境、陌生的人群，更需要学习与他人交往的技能，以及遇到争执时有效的解决方法，提升社会交往能力，而学会分享恰恰也是在交往过程中幼儿必备

的社交技能。

二、阅读分享类绘本，实践分享行为

教师可以利用一日活动，引导幼儿分享自己最喜欢的绘本。如我们利用每周一次午休时间进行故事分享活动，请每名幼儿准备一个自己最喜欢的绘本故事，共享自己对绘本的理解、感受和看法。通过这种方式，孩子能够学会用自己的语言表达对绘本的感悟，增强自信心，培养共享和交流的能力。同时，这也是一种分享行为的很好实现，在具体活动过程中，孩子通过准备相关的故事内容，了解分享的意义与价值。此外，孩子在班里将相关的内容讲述给小伙伴，也可以让大家有效地领悟到分享的真谛。这样一来，不但能在一定程度上提升孩子展示自我的积极性，在展示的过程中，体会到同伴的关注和老师的赞赏，还能使其他的孩子更好地传播相关的分享精神，对分享理念进行积极的弘扬。

例如小峻在好几次自由活动时，一个人玩玩具，后来得知，原来小峻在跟小伙伴玩的过程中，常要按自己的想法来要求他人，不愿意与同伴商量，还常会将玩具占为己有，不愿意分享，长此以往，小伙伴们就慢慢疏离他，不愿意跟他一起玩。找到根本原因后，我便"对症下药"。绘本《大象不是小气鬼》讲述大象不愿意和他人分享东西可能带来的一些问题，随之而来的是被他人排斥引起的孤独感……

当时我看小峻仿佛就是绘本中的大象，经历着同样的境遇。我鼓励小峻把这个绘本故事分享给全班小朋友，聊一聊对于绘本的感受，大胆说出自己的想法。和孩子们聊一聊分享的好处，比如有些游戏是必须和别人一起玩的，一个人是玩不了的；再一起和孩子们讨论哪些游戏和活动，朋友们一起玩会更开心……同时也告诉其他小朋友我们是一个集体，不和人家玩是不正确的做法，我们可以一起解决问题，帮助小峻纠正错误。共享绘本的意义和价值就在于让每个孩子都可以学习到勇敢、善良、诚实等优秀的品质，并逐渐建立起正确的世界观、人生观和价值观。

三、亲子阅读分享，有效家园共育

除了幼儿园里开展的分享活动，家庭也是孩子成长的重要环境之一。因此，对幼儿的分享行为培养来说，家庭环境的塑造是必不可少的。

亲子阅读能增进家庭成员的情感交流、加强家庭之间亲子阅读分享、营造温馨的亲子共读氛围，孩子与家人一起翻开绘本，去触摸这世间的美好，创造与孩子沟通的机会，分享读书的感动和乐趣。与此同时，我们还可开展亲子活动，把家长请到幼儿园和孩子一起进行绘本阅读，使幼儿从情感上认识什么是分享，怎样与别人分享，懂得只有和大家共同游戏，共同分享快乐，才是真正的快乐。

再者，可以让孩子与父母共同完成相关的亲子绘本制作，开展亲子绘本展示交流，幼儿之间可以互相分享作品，或者投放到班级阅读区供大家一起阅读，也可以同伴之间互相赠送或者交换绘本自制的作品，使幼儿逐渐形成分享的习惯。

当然家长也可从中进一步了解到分享对幼儿的意义和价值，与我们的教育达成一致的态度。家长与幼儿园观念的统一有利于孩子分享意识的培养，也方便教师及时了解孩子在家的一些情况，对于一些特殊孩子，与家长配合，针对具体问题采取相应的措施，以帮助幼儿尽快形成良好的分享行为。

案例小结

大班幼儿在社会化程度上已具备一定水平，多数幼儿可以表现出积极的分享行为，然而，当他们作为分享对象时，无明显反馈的情况较为常见。这种情况的出现说明幼儿的去自我中心化程度还处于低层次，他们还不能较好地理解他人主动分享的意义，以及在接受分享时需要给予一定回应和反馈。因此，教师和家长应更有培养幼儿分享行为的意识。

我们在班级中开展的一系列绘本阅读分享主题会，逐步成为班级的常态化活动，孩子们也乐在其中。活动也得到家长的一致配合与支持，为幼儿今后的成长与发展奠定积极的基础。

分享是孩子人格构成中一个十分重要的部分，学会分享是孩子社会性发展的重要一步。我们希望孩子学会分享，乐于分享，进而能够更好地解决问题，形成健全人格，提升社会适应性。在这方面，除了言传身教，还需要潜移默化。绘本中没有说教和要求，有的是贴合孩子感受和需求的情境，借助绘本，可以让幼儿在实际的生活与学习过程中真正理解分享的意义，逐渐养成与他人分享的行为，又让幼儿在分享中获得快乐，使其得到更多、更积极的人生感悟。

土豆，我的土豆

——图画书阅读助推幼儿友好种植探究

孙红卫（上海市浦东新区祝桥东港幼儿园）

案例背景

幼儿园种植园地是幼儿接触自然的缩影，其中蕴含了丰富的科学现象和生物多样性，为幼儿提供了认识自然、理解生态关系的机会。种植活动中的自然现象如种子发芽、植物生长等能激发幼儿的好奇心和探究欲望，促使他们在真实体验中获得直接经验，并享受发现和探究的快乐。《幼儿园教育指导纲要（试行）》中指出，环境是重要的教育资源，应当利用自然环境和社区的教育资源，扩展儿童的生活和学习空间。这表明种植活动作为一种自然环境下的教育活动，是被鼓励和推崇的。《3—6岁儿童学习与发展指南》中也明确支持幼儿在接触自然、生活事物时进行探索和学习，强调了种植活动在幼儿园教育中的价值。

但是，在幼儿园的自然角种植探究活动中，存在着幼儿"假种植""假自主""假参与"的现象，有很多植物是幼儿从家庭中带来的，幼儿并没有亲历种植的过程；哪怕幼儿真的种植了，教师如何在活动中充分激发幼儿对种植的探究自主性，使幼儿成为种植活动的真正主人，而不是使种植流于形式，这方面老师也存在不少困惑；另外，在种植过程中教师怎么抓住有价值的问题推动幼儿的探究，真正使幼儿的探究能力获得发展，在现实中也存在很大问题。

案例实录

针对以上问题，我们在班内进行了积极的尝试，考虑到图画书丰富多彩的插图和故事情节可以吸引幼儿的注意力，激发他们的探究兴趣，浅显易懂的植物学知识为孩子探究提供理论基础，我们将图画书阅读融入种植探究活动之中，助推幼儿的探究。此次探究基于"儿童友好"的理念，倡导以儿童真实需求为导向，以尊重并赋予儿童权利为基础，为儿童提供满足其天性需求及健康成长的环境，确保儿童能够享有生存权、发展权、受保护权和参与权。

种什么？

转眼到了春天，我带孩子们在菜园里散步，看到保安爷爷在种东西，回到教室里，孩子们还在讨论种植的事情，于是我立刻趁热打铁，询问孩子们："你们想不想种？"孩子们兴趣高涨："想！""那种什么呢？"有的孩子说要种蚕豆，"可是我们班级里没有蚕豆种子呀。"有的孩子说要种青菜，"青菜的种子也没有呀。"后来，妍妍提议种土豆，她妈妈在菜场里卖菜，她看到有好多卖不掉的土豆发芽了，她妈妈说可以种了，我立刻联想到我婆婆前几天也在种土豆，土豆应该是当季的种植物，"那我们就种土豆吧！"孩子们同意了，于是种什么植物就确立下来了。

反思这个过程，我发现比起上次班级种植活动，在选择种植物方面我有所进步，能够听取孩子们的意见，根据他们的想法来确定，而不是由我说了算。而且，当看到保安爷爷的种植，孩子们对此发生兴趣的时候，我能敏锐地捕捉到，并且支持孩子们开展种植活动。《互动还是干扰？有效提升师幼互动的质量》中指出，成人应关注儿童的兴趣，并将儿童的兴趣作为显示儿童已发展到某一状态的标志来加以观察，这样就能知道应该给予儿童什么样的支持。

怎么种？

因为有了上次的经验，我没有着急种，先是向孩子们抛出问题："那么土豆该怎么种呢？"

彩彩说："先把土豆放在花盆里，然后再放上土，再给土豆浇水就可以了。"

我追问道："放在花盆里？怎么放？"我拿出一个发了芽切成块的土豆，雯雯看了一下说："把土豆芽放在上面，土豆埋在泥土里。""你觉得这样放更有利于土豆发芽，是吗？""是的。"雯雯肯定道。

妍妍说："我要把土豆全部埋在土里。""那你觉得应该怎么种？是先放土还是先放土豆？""先放土豆，再放土。""哦哦，明白了。"

轩轩说："我不把土豆埋在泥土里，我直接放在泥土上面。""为什么你要这样种？"我好奇地问。"我看见我奶奶把土豆放在一个篮子里，它自己就会发芽的。""哦，原来是这样，那你试试看，这样种能不能发芽。"

接着孩子们把自己的种植想法在纸上记录下来，归纳一下，一共有以下四种方法：全部埋进泥土；直接摆在泥土上面；土豆埋在土里，芽在泥土上面；土豆一半在土里，一半在上面。

之后孩子们带上花盆、土豆和种植工具，按着他们的想法，一起到小菜园里挖土种植。

当儿童主导学习时，教师的角色就是追随他们、回应和支持儿童的想法，让儿童的想法"自由生长"。回顾这个过程，我发现抛出问题"土豆该怎么种"，然后让孩子们自己设计种植方法，是推动幼儿探究的很好方法。上次的种植我都没有意识到"怎么种"不仅是一个很好的探究内容，也是一个很好的"科学探究点"，直接让孩子们带回家种了，错失了探究机会，所以这一次我进行了改进，取得了不错的效果。

怎么会这样？

两个星期之后，种植的土豆陆陆续续发芽了，孩子们惊讶地发现不同的种植方法得到的结果完全不一样：芽朝上埋在泥土里的土豆没动静，芽朝下摆在泥土上面的土豆烂掉了，整个埋在泥土里的土豆发芽了，一半埋在土里一半露在外面的土豆也没动静。

当孩子们发现这些现象之后，都议论纷纷。"怎么我的土豆烂掉了呀！""我的终于长出来了，我都等了好久，我以为它死掉了。""我天天浇水的，怎么就不长呢？""是不是你浇的水太多了呀？"……

我意识到，是时候和孩子们开展一次有关"土豆怎么种植才有效"的集体讨论活动了。

我问孩子们："你们发现哪种种植方法种出来的土豆发芽了？"

"埋在泥土里的土豆种得最好。"

"那为什么其他种植方法种的土豆不发芽呢？"

轩轩说："土豆摆在上面，浇水的时候就浇在土豆上，土豆就烂掉了。"

华华说："土豆芽露在上面吸收不到泥土里的营养，土豆就长不大了。"

可可说："土豆芽放在下面，被压住了，就发不了芽了。"

"那怎样才能让你们种的土豆都发芽呢？"

轩轩说："我要多弄些土，把土豆埋起来。"

诺诺说："我要挖一个大一点的坑，把土豆都埋在里面，把芽也埋在里面。"

趁势，我打开了一本《植物为什么要开花？》的书，翻到了"种子的种植和生长"那一页，为孩子们阅读了上面的内容：

一些种子落到了干燥寒冷的地方，那里没有合适的温度和水分，因此种子就不能再发芽生长了；另外一些种子落到了温暖潮湿、适宜生长的地方，它们又能长出新的植物……原来适宜的温度、水分、土壤都是土豆发芽和生长的条件，缺少这些条件植物就不能发芽。

孩子们听了之后，开始动起脑筋：

"我要把我的土豆放在太阳照得到的地方。"

"我要给土豆多浇水，增加营养，我的泥土太干了，前几天我没来上幼儿园，水太少了。"

有效的互动是教师在持续专注观察和倾听儿童的基础上审慎做出的决策，教师和幼儿是同频共振的，会让孩子感受到他们的发现是能得到老师的支持和帮助的。当孩子们遇到问题时，我及时组织了集体的讨论和书籍的查阅活动，给了孩子们很好的启示，与种植相关的图画书为幼儿提供关于植物生长、季节变化、土壤等基本概念的直观理解，图画书中的色彩和形象有助于吸引幼儿的注意力，激发他们解决种植中问题的兴趣，并且有了下一步的行动计划。

怎么救？

土豆还没发芽的小朋友，决定开展一次拯救土豆行动，他们带上简易的工具，行动起来：

孩子们努力地挖土，把土豆重新埋了起来，轩轩的土豆已经烂掉发霉了，但是他不舍得丢弃，决定再试试！

又过了一周，奇迹出现了，周一早上轩轩惊奇地发现他烂掉的土豆竟然发芽了！虽然明显地看到他的土豆已经发黑，但是一旦埋入泥土，土豆还是焕发了顽强的生命力，竟然长出了一条长长的嫩芽！轩轩见了别提有多高兴了，逢人就讲："我的土豆发芽了，我成功了！"

其他几个小朋友的土豆也拯救成功了，也陆续冒出了芽！

看来，土豆真的很害羞，有没有埋进土里，真的是土豆能不能发芽的关键！孩子们对此有了深刻的认识！

事后我反思，当我支持孩子们采取进一步的"拯救"行动后，孩子们品尝到了成功的喜悦，也深刻认识到了正确的种植土豆方法，这种"支持"对孩子们的探究来说无疑是很有意义的。从失败中分析原因、吸取教训、采取措施直至成功，这不正是科学家的发明过程吗？效仿科学家，不正是我们做探究所追寻的最终目标吗？

哪里结？

又过了一段时间，孩子们的土豆苗越长越高，有几棵竟然开出了白白的和淡紫色的小花。

彩彩说："土豆开花了，花掉了后就能长出土豆来了。"

我立刻想起彩彩一开始作的种植设计图，她的设计是土豆长在上面的，原来她一直觉得土豆是在花那里结果的。

我立刻意识到土豆结果或许是孩子们的知识盲点，或许又是一个值得探究的好问题。

于是我问小朋友："土豆果实是长在花那里的吗？"孩子们争论起来。

然然："不是的，土豆是长在叶子旁边的。"

可可："是的，我看到很多植物花谢了之后，就在那里长出果子来。"

翊翊说："才不是呢，土豆是长在下面的，土豆那么大，长在上面，不是要把土豆苗压坏吗？"

可可说："那它的茎可以长得粗点，就不会压坏了！"

究竟是长在哪里的呢？孩子们都看向我。我打开手机，搜了一张图片，图片上土豆的根部结出了好多土豆，这把彩彩和可可看得愣住了，"原来土豆真的长在下面的呀！""那叫根部。"我纠正道。

事后，我找到了一个《土豆，我的土豆》的绘本故事，绘声绘色讲述了土豆的成长过程，故事中的小土豆在老鼠妈妈的期盼下不断成长着。

于是就有了孩子们的土豆生长过程设计图……

情境学习可以增强幼儿的情感参与和理解，推动幼儿在原有基础上形成新的探究行为，获得新的知识。当我无意中听到彩彩的话语之后，立刻意识到了"土豆在哪里结果"是孩子们的知识盲点，是值得推动的探究问题，于是当孩子们看向我的时候，我果断地为孩子们提供了土豆结果的图片，让孩子们注意到了图画中的细节，知道了土豆结果的部位。我还为孩子们讲述了《土豆，我的土豆》的故事，利用图画书中的故事情境，鼓励幼儿运用绘画方式再现土豆的生长过程。

怎么长？

又过了段时间，孩子们的土豆苗越长越高，有的就长歪了，粗心的亦亦小朋友拍皮球时竟然把轩轩的土豆苗弄断了，轩轩好生心疼，好不容易把它救活，长这么高了竟然断掉了，有了上次的成功，轩轩决定再拯救一次，妍妍也来帮忙，她拿来了植物角中的树枝、透明胶、剪刀等工具，开始行动起来。两个人合作通过绑、缠的方式，土豆终于又立了起来。

当他们得意扬扬地向大家展示成果时，晨晨却质疑道："把土豆缠住了土豆还怎么长大呀？""我绑的是下面，不是上面。"轩轩回应道。"下面也要长大的呀！"晨晨坚持自己的想法。"那么土豆苗成长究竟是长上面还是长下面呢？"直觉告诉我应该是长上面的，但是我不敢确定，于是把这个问题让轩轩带回家问问家长，查查资料，看看正确的结果是什么。

回家之后，轩轩在妈妈的帮助下查到了答案，他告诉大家植物生长点是在上面的，下面是不长的，所以绑住没关系的。他还告诉大家植物会朝着太阳的方向长，妈妈告诉他这叫"向光性"。听了他说的，孩子们惊奇地发现玩具柜上的土豆苗真的是朝一个方向斜着，原来这就是"向光性"呀！不仅孩子们又懂了一个植物的"小秘密"，连我也觉得学到了！

孩子天性里就有"好奇"的基因，他们天然对很多事情有好奇心，家长的任务是认可、加强和拓展这些好奇，在日常的互动中帮助孩子完成这个任务。家长重视孩子的每个问题，认真对待孩子的所有疑问并给孩子一个合理的回复，不知道科学知识也没关系，可以带着孩子去查阅图书、上网搜索，让孩子感觉到自己的好奇被支持，同时学习了榜样——不知道没关系，可以努力去获取知识！家长的协助可以更快地帮助个体孩子获得他们所需要的知识，并且当孩子把这些知识带到班级里的时候，就成了全班的"共享"。

案例背景

这次幼儿亲力亲为的种植活动，孩子们从"种什么""怎么种""怎么会这样""怎么救""哪里结"等问题入手，很好地开展探究性种植活动，我也深深认识到"以儿童为中心"的种植探究活动对老师的要求更高，老师要保持对幼儿的敏锐度才能引发、推动、支持孩子们的种植探究，并对孩子们能力的发展有促进作用。通过这样的实践活动，我欣喜地发现幼儿在种植中快乐地学习，不断发现问题、解决问题，体验成功的喜悦，从而在能力、认知、心理上都得到健康的成长。同时，图画书的阅读在激发兴趣、提供知识、解决问题、亲子互动方面起到多方面的助推作用，不仅能够提供知识和技能，还能够促进情感、社交和认知发展。

1. 激发兴趣

图画书中丰富多彩的插图和故事情节可以吸引幼儿的注意力，激发他们对植物和种植活动的兴趣。本次活动中,《土豆,我的土豆》的绘本故事立刻引发了孩子们对土豆生长过程的兴趣,运用绘画的方式再现了土豆生长过程。

2. 提供知识

图画书可以向幼儿介绍基础的植物学知识,如不同植物的名称、生长环境、结果部位等,为他们的种植活动提供理论基础。当老师发现孩子们对土豆生长部位提出质疑时,一张结了果的土豆图片立刻让小朋友找到了答案,给孩子们提供了理论基础,让孩子们知道土豆是根部结果实的。

3. 解决问题

当幼儿在种植过程中遇到自己种植的土豆为什么不发芽这个问题时,通过《植物为什么要开花?》故事的阅读,幼儿理解了关于植物发芽的几方面要素,有助于他们在实际操作中更好地应用所学知识,帮助自己解决问题,直至达到成功。

4. 亲子互动

在进行种植活动时,家长可以与孩子一起阅读图画书,讨论书中的内容,有助于增强亲子关系,也能给幼儿提供更多的书面学习机会。如轩轩在家庭中对植物生长点和向光性的探究,就很好地体现了这种互动。

图画书与艾草的视觉交响：探索艾草的多元魅力

冯 怡（上海市浦东新区宣桥幼儿园）

案例背景

清明前夕，我与孩子们闲聊："明天是什么特别的日子？"他们纷纷猜测："是妇女节？""植树节？""不是哟，每年4月4日或5日是清明节。"他们对这个传统节日的习俗和内涵充满好奇，尤其是青团这一特色食品，这是他们熟知的清明记忆。为了丰富他们的认知，我特意和孩子们一起学习绘本故事《奶奶的青团》。他们一同翻阅，不仅学习到了青团的制作材料和步骤，更深刻感受到了传统文化的韵味。

在品尝的过程中，虞虞兴奋地提出："青团这么美味，我们自己动手做吧！"然而，寒寒则提出了实际的问题："做这个需要艾草，这好像不好找吧，我们都不知道长什么样子。"孩子们的好奇心和探索欲望让我深感欣慰。清明节是自然节令二十四节气之一，是一个与自然界息息相关的节日，能够让幼儿在亲身体验中培养对生命和自然的敬畏之情，由此开启一场充满探索与发现的旅程。

案例实录

一、艾草寻踪，自然探秘

由于孩子们对于艾草的各种好奇，我们前期通过图画书、视频等各种资源问卷调查认识了艾草。"艾草是绿色的。""艾草形状像我的小牙齿一样。""艾草的身上有白白的毛。""味道还很浓郁。"初步认识了艾草后，孩子们便开启了一场"寻找艾草"之旅。他们在幼儿园中翻遍了每个角落，这时候铭铭指着他找到的一棵植物说："快看，这是艾草吗？""我感觉挺像，颜色也是绿绿的。""它的样子看起来就不像艾草。"……孩子们一边寻找一边交流着自己的发现。遗憾的是，找遍了整个校园都没有找到艾草的踪迹，但是他们仍然没有放弃，放学后，他们在校外的路边、小区等各个地方寻找艾草的踪迹，终于在不懈努力下，找到了好多艾草。

孩子们将找到的艾草拿到班中，小伙伴一起近距离地观察艾草，有的拿起来闻一闻,说:"艾草闻起来挺香。""它的叶子小小的,没有照片中那么大。""叶子一面是绿色,一面是淡绿色。"……在探索认识艾草后,孩子们通过手中的画笔将其观察到的画了下来,与艾草的距离又近了一步。

二、艾草栽培,探索自然

教室内一下子有了好多艾草,孩子们开始讨论:"这么多艾草怎么办呀?""放着会死的。""叶子太小了,还不能做好吃的。""我们种起来,这样能做好多青团。"说干就干,孩子们先将泡沫盒中的杂草拔除掉。接着,他们把艾草一棵棵地分开,尝试用小铲子挖出一个小坑,再把艾草放进小坑中,用土埋一埋。"这个坑这么大可以了吗?""我的艾草埋上土怎么站不稳呢?"……最后一步,给艾草浇水,让它快快长大。在孩子们不断的尝试中,艾草被成功地种植在我们的自然角中。

每天早上一来园,孩子们就迫不及待地去照顾自己种下的艾草,期待它们茁壮成长。突然有一天,裕裕跑来说:"老师老师,不好了,艾草好像都蔫了。"我们一起连忙过去看,这些艾草真的都像没有了精气神似的。"这是为什么呢?""难道是缺水?""缺少肥料?"孩子们一个个猜想着。由于第一次种植艾草,大家都没有经验,在尝试多种方法后仍没有见效。

于是,我们决定去翻阅一些相关书籍,从《艾草先生》这一书中发现,原来艾草分为好多品种,有的喜欢太阳,有的叶子更深绿的喜欢阴凉的地方。经过调整照料的方式,艾草逐渐焕发生机。随着孩子们观察与照顾,他们慢慢地明白了艾草的本质,知道它们有多勇敢、多坚强;体会到了生命的脆弱与宝贵,更加珍惜并呵护这份自然的馈赠。

三、制作青团,品味传统

有了制作青团的重要材料艾草后,便开始准备制作传统美食——青团啦!由于没有煮艾草的设备,我们前期先将艾草磨成粉末,一切材料准备就绪,便开始行动了。

先将糯米粉打开倒入托盘中,沐沐迫不及待地伸出小手摸了摸,"哇,好软呀!""搓起来还嘎吱嘎吱的。"随后,将艾草粉混合进糯米粉中,面粉逐渐变成了淡绿色;接着,挖出一个小坑倒入温水,赶紧将其和在一起。"哇,变成小团团了。""好黏呀,我的手指都黏在一起了。"经过不停的"压翻",盆里渐渐出现了一团巨大的面球。终于,一团绿色的面团做好了,大家凑近闻了闻,一股浓郁的大自然清香扑鼻而来。开始动手捏一捏,好像橡皮泥一样柔软。恒恒灵机一动,拿起一小撮面团揉成一个碗形,弄上些甜粉,一个青团"热激凌"就诞生了。大家快乐地做着"青团",刚做完一个他们就已经开始流口水了……

四、摘艾制香,古韵传承

随着季节转暖,艾草的叶子开始逐渐变黄了,孩子们想要保住这些艾草。于是,大家便开始讨论如何保存,"要不我们搭个棚把它们放在里面""时间久了不还是没了吗""而且会闷坏的""那有什么办法",他们一起翻阅投放在阅读区的相关书籍,通过翻阅图画书《一株超级厉害的艾草》,打开了艾草的新世界大门,孩子们从中发现了艾草更多的作用。"原来端午节挂艾草是用来驱邪祛湿的。""艾草还可以制作艾条,用来治病。""艾草是一株神奇的草药。"

孩子们了解了艾草的作用,想要体验制作艾草香包,把教室内的蚊子赶跑。我们欣赏了香包的制作方法,一起讨论怎么做艾草包。"做香包是直接把艾草塞进袋子里吗?""好像香包里的艾草和我们的不一样。""对的,颜色也不一样。""是呀,老师这真的是艾草吗?"我们将采摘晒过的艾草和新鲜的艾草进行对比,观察出了两者之间的颜色和形状的区别。我也进一步做了解释:艾草香包是要用干艾草做的,所以第一步就是要晒艾草。孩子们把艾草一棵一棵放在竹篮里,还经常帮艾草翻身。晒干后,把干艾草捣碎将其装入布袋子内,不一会儿,一个个小香包就做好了,真是太神奇了。

案例分析

《3—6岁儿童学习与发展指南》中指出:"幼儿科学学习的核心是激发探究兴趣,体验探究过程,发展初步的探究能力。"而图画书作为开展科学教育活动的载体,能够助推幼儿的科学学习。其独特的内容趣味性和形象性,不仅能够轻松点燃幼儿对阅读的兴趣,还能使他们在阅读中发现的科学现象或事物与自己实际生活的经验相吻合,进而点燃他们内心对未知世界的探索欲望。

正如上述案例中由清明节气引发出的《奶奶的青团》这一图画书,让幼儿在学习阅读中对自身熟悉的"青团"产生了浓厚的兴趣,从而引出了青团制作中的重要材料——艾草。正如陈鹤琴先生所言:"儿童的世界是儿童自己去探讨、去发现的,课程就在儿童的生活和行动里。"图画书就像一把钥匙,打开了孩子们探索艾草世界的大门,引领他们带着好奇心踏上了深度学习的旅程。

通过《奶奶的青团》《艾草先生》《一株超级厉害的艾草》等图画书的阅读,幼儿不仅知道了相关事物和现象"是什么",例如在亲身寻找和种植艾草的过程中,逐渐对艾草外形特征有了清晰的认识,这是幼儿对科学知识的初步探索;而且,通过图画书的阅读,孩子们知道了"为什么",比如当幼儿每日观察艾草时,发现艾草在逐渐枯萎，通过图画书指引，他们知道了不同艾草需要的生长环境各不相同，这是幼儿对科学知识的深入探索；另外，通过图画书的阅读，孩子们还知道了"怎么做"，这是对科学经验的积累与拓展。

在寻艾、识艾、玩艾等过程中，孩子们在图画书的陪伴下积极参与、亲自动手。他们用眼睛观察艾草的形状和色彩，用耳朵聆听艾草相关的故事和传说，用鼻子嗅闻艾草独特的香气，用舌尖品尝艾草制成的美食，用双手触摸艾草的质地，深入了解了艾草的多重作用，并尝试了艾草的多种玩法。在这个过程中，孩子们发现艾草不仅可以做美味的食物，还有其他用途，这进一步激发了他们内心探索的渴望。

这场探索，让孩子们在观察发现、提出疑问、探究问题、寻求亲身体验的过程中，亲身参与、多元感知、积极表达、实际操作。图画书不仅让孩子们在知识的海洋中畅游，更将生活中的体验与知识紧密相连，使孩子们在探索中获得了新知识、开阔了眼界、养成了良好品格。

在这个过程中，我们老师始终坚守以幼儿为中心的教育理念。当孩子们提出问题时，我们认真倾听，给予他们支持和鼓励，引导他们自主探索和发现。图画书搭建了我们与孩子之间探索的桥梁，使得我们与孩子们一同成为这场探索之旅中不可或缺的参与者和探索者。我们共同见证了孩子们在探索艾草过程中的成长和进步，也深刻体会到了图画书在幼儿教育中的独特价值和魅力。

我们的"菇"事

诸丽君（上海市浦东新区绿苑幼儿园）

绘本在幼儿园里具有多元的教育价值，可以促进幼儿认知、情感、能力、社会性等多方面的发展。我们对绘本进行深入解析和合理运用，不仅可以发展幼儿的语言，打动幼儿的心灵，还可以培养幼儿分析、综合、评价的高阶思维，促进幼儿的深度学习。而深度学习是一种主动的、在理解基础上的学习，具有理解与批判、联系与建构、迁移与运用的特点。

《3—6岁儿童学习与发展指南》中指出，语言的积累和思维的发展离不开阅读和书写，阅读可以打开幼儿的视野，让他们在文字中找到乐趣、学到知识。《上海市幼儿园办园质量评价指南（试行稿）》也提到了5—6岁幼儿"乐意与他人交流讨论图书和故事中有关的内容""阅读图书后发表自己的看法"等。而绘本就是推动幼儿主动、深度学习的媒介之一，对幼儿的发展起着非常重要的作用。

而我们的绘本阅读故事，缘起于一首和蘑菇有关的歌曲……

"红伞伞，白杆杆，吃完一起躺板板……"教室里传来一曲耳熟能详的旋律，几个孩子坐在一起唱起了抖音神曲《红伞伞》。我来到他们身边，问道："你们知道这歌唱的是什么吗？"婷婷说："知道啊，吃了有毒的蘑菇就会死掉。"这时旁边的孩子们似乎都找到了共同话题，纷纷加入进来。"我也会唱，红伞伞，白杆杆……""我家里也种了蘑菇，妈妈说叫平菇。""我知道，有的蘑菇长得非常漂亮，但它是有毒的，不能碰。"……孩子们你一言我一语地讨论着，好不热闹。

初读绘本

看着孩子们对蘑菇那么感兴趣，在之后的某一天，一本《不可思议的蘑菇》静静地躺在了图书角。

有不少孩子会在自由活动时去翻阅《不可思议的蘑菇》，指着书中的各种蘑菇进行交流。"你看，这里有，那里也有蘑菇。""这个蘑菇是长在树枝上的。""哎哟，这个蘑菇怎么长在便便旁边呀？""你看，这几个蘑菇好奇怪，那么长，颜色也不一样。""这个蘑菇长得好像一把伞，这个像小裙子。"……

孩子们在绘本中发现了很多自己从来没有见过的蘑菇，而且那些蘑菇都长得千奇百怪。他们在初读绘本的过程中，获得了一些关于蘑菇的"浅阅读经验"，同时他们也对蘑菇产生了一些疑问。孩子们经常会跑来问我："诸老师，这个是什么蘑菇啊？""诸老师，蘑菇不是应该从土地里长出来的吗？为什么这个木头上也会长出蘑菇啊？"等等。

于是，我把孩子们集中在一起，说："我发现最近好多小朋友都来问老师关于蘑菇的问题，你们想知道什么呀？""我想知道蘑菇为什么会在便便的边上？""为什么树干都死掉了，还有蘑菇可以在上面长出来？""我见过奶奶种菜，是把小菜苗种到田里去，那蘑菇是怎么种的？""蘑菇的种子是什么样的？蘑菇是怎么生长的？"我对孩子们说："你们对于蘑菇的问题可真多，那怎样才能让大家都知道你们的问题呢？"于是，孩子们关于蘑菇的问题墙产生了，他们用自己的方式记录下自己对蘑菇的疑问。

周五放学的时候，不少孩子带着自己的爸爸妈妈来到问题墙，给他们介绍各种关于蘑菇的问题。当周一上学的时候，有的孩子带来了自己的记录纸，有自己画的各种蘑菇，也有爸爸妈妈帮忙找的关于蘑菇的资料，孩子说想要带来和其他小朋友一起分享。

那么分享些什么内容呢？我们可以就"蘑菇"做些什么事情呢？

共读绘本

一、菌菇大搜索

于是我们对《不可思议的蘑菇》进行了一次共读，但是在共读的过程中，我并没有将所有的内容讲述给孩子们听，而是选择了其中的一些内容和孩子们共读。

我们先对"菇"的一些基本情况开展了一次讨论。

师：菇一般会生长在什么地方呢？

幼：树根旁边、枯树枝上、动物尸体边、落叶附近、便便附近、地底下。

师：那为什么菌菇会长在动物尸体旁边呢？

幼：因为动物尸体可以给它们营养，让它们长大……

在共读的时候，孩子们发现，书中涉及的菇多种多样，很多是我们不常见的，也不认识。同时，孩子们也了解到，平时食用的菇都是菌菇的一种，是可食用菌。于是我把话题引到孩子们的生活当中，在我们的生活中，有哪些常见的菇呢？回到家后，孩子们便化身成小侦探，开始了"菌菇大搜索"。

在爸爸妈妈的陪同下，孩子们搜索菌菇的第一站便是身边的超市和菜场。在那里，孩子们找到了不少我们身边最为常见的菌菇，有金针菇、海鲜菇、黑木耳、平菇、冬菇等。有的孩子在寻找菌菇的时候，还拍下照片和视频；有的孩子把找到的菌菇买回家，在妈妈的巧手下，变成了一道道美味的菌菇菜肴；还有的孩子把他们搜索到的这些菌菇带到了班级来。我和孩子们一起把这些菌菇分类展示，数一数，还真不少，俨然变成了一个"菌菇展"！

看着孩子们每天都围在"菌菇展柜"上欣赏个不停，我对孩子们提出了这样的一个问题："这些菌菇放了一段时间以后，可能就会烂掉，有没有什么办法可以把我们找到的菌菇呈现出来，不会坏掉，过一段时间大家还可以一看就知道我们身边有哪些菌菇？"孩子们想了想，一个声音冒了出来："用气泡图吧，我们不是学过吗？上次中秋节的时候，徐老师带我们一起画过。""对呀对呀！"

思维导图是我们在大班新学习到的一个思维方法，用来记录、整理，尝试过几次之后，孩子们已经能够学以致用了。于是几个孩子用画笔记录下他们所找到的一些菌菇，我协助他们制作了版面，一张"菌菇大搜索"的气泡展示图出来了，并呈现在了"菌菇展柜"边上。

孩子们对菌菇的搜索乐此不疲，周末的时候还来到了公园、路边，也收获了一波小惊喜，马路的边边缝儿里居然长出了一个大蘑菇，还有小虫子与之为伴；大树的树干上也长出了几个大小不一的蘑菇，收获可真不小。他们在自己的绘画本上，结合书中获得的知识和自己实践的经验，利用气泡图把菌菇的生长地点画了下来，一目了然。

孩子们利用思维导图梳理、记录自己的生活发现和经验，而记录本身就是一种学习方法与手段，在生活中、自然科学活动中，记录都起着重要的作用，幼儿应该在幼儿阶段就积累一些记录的经验。

二、菌菇大种植

随着谈论的开展，孩子们又有了新的问题："菌菇是一年四季都有的吗？""菌菇上面的小伞叫什么？"于是我和孩子们一起阅读了菌菇生长的内容，孩子们了解了原来菌菇的生长是一个循环的过程，其中有孢子、菌丝、菇蕾等。

有孩子提出："我们可以自己种菌菇吗？"当然可以啊！经过和孩子们的讨论，最终我们决定在自然角种植我们最为熟悉的平菇、海鲜菇、金针菇。

很快在自然角的一个角落，竖立着十个菌菇包，虽然孩子们都知道我们种的是什么菇，但他们还是非常好奇，刚刚长出来的菌菇是什么样子的呢？之前孩子们在共读绘本的时候已经简单地了解到，菌菇的成长需要潮湿的环境，因此孩子们每天都会积极地给这些菌菇包喷水，盼望着快快长出来。同时，为了孩子们更清晰、直观地知道菌菇的菇蕾和菌丝的生长过程，在自然角里，我和孩子们一起完成了"菌菇生长图"，由孩子将菌菇生长的每一个过程用画画的方法画下来，我协助他们将这些内容呈现在环形流程图上，孩子们可以结合菌菇生长图观察菌菇生长过程中菇蕾的变化。

终于有一天，在菌菇包上，一个、两个、三个……小小的菇蕾从土里冒了出来。孩子们发现的时候都兴奋不已，围着那些菇蕾。有的说"这个菇蕾是圆圆的，黑黑的"，有的说"这个是扁扁的，也是黑色的"，有的说"正上面长了好几个"，等等。

我提醒道："我们可以把菌菇的变化记录下来，每天看看这些小菌菇变得怎么样，有什么变化，如果有的小朋友请假没来，没有发现这些变化，一定挺失望的吧？"

孩子们兴奋地叫道："好！好！"

孩子们商量着用流程图记录下菌菇的生长过程，"今天是小菌菇长出来的第一天，我们把它画下来，然后是第二天、第三天，这样子就很清楚了"。

有个孩子问道："可是，如果明天的样子和今天的一样呢？也要记下来吗？"

孩子们你看看我，我看看你，有人说道："可以记，也可以不记。"也有人说道："那我们不要每天记了，三天记一下，老师这样可以吗？"

我笑了笑，说道："你们可以自己决定啊，每个人记录观察的方法都可以不一样。"

于是孩子们开始了他们的"菌菇种植观察记录"，有的孩子每天都会去观察一下菌菇的变化，有的孩子则是固定地每隔几天去观察一下。他们在观察的过程中总是会带来不同的小收获——"这个菌菇不是圆圆的了，像花瓣了。""这个蘑菇的身上还长出了一个新的小蘑菇。""颜色变了，本来是黑黑的，现在变成白色的了。""这个长大的菌菇，上面怎么有一条一条的花纹了？""哎呀，这个菌菇裂开了。"……

孩子们利用流程图、格子图等将菌菇的变化记录下来，投放在自然角里，那些没有及时观察到菌菇变化的孩子，也可以通过其他孩子的记录去了解菌菇的生长变化。

《3—6岁儿童学习与发展指南》中提到，5—6岁幼儿具有一定的综合分析能力，他们不只是简单地、静止地、孤立地观察一个事物，而是把不同的事物联系起来观察、比较和分析。菌菇种植其实就是孩子们观察—记录—再观察—再记录的过程，他们用思维导图的方式描述物体生长过程中的特征和变化，通过这样的描述能更加深化孩子的思维，对孩子来说也具有更大的挑战性。

在种植活动中，幼儿与植物共成长，获得很多有关植物的知识经验，这些知识来自幼儿的直接经验，并记录下探究的过程和结果，这可以帮助幼儿梳理自己的学习，同时促进学习的进一步深化。此外，在这一过程中，孩子们的观察能力、书写能力都得到了提高。

再读绘本

会阅读、会理解、会发现，还需要融会贯通，继续引导幼儿用已有的知识经验进行进一步的探索和联想，将"学会阅读"变为"阅读贯通"，支持幼儿自主构建阅读经验，支持他们深度阅读和学习的需要。而且，幼儿是积极主动的学习者，他们的学习是一个动态的过程，是不断循环往复的过程，关于"菇"的实践，从绘本而来，又回到绘本，继续开阔幼儿的阅读眼界，丰富阅读经验。

随着菌菇的生长和孩子们的观察，他们不断地产生新的问题。"我们种了那么多菇，有的还是同一个品种，可为什么有的长出来了小菇，有的却一直都没有长出来呢？""为什么都是这样照顾的，这个上面长了那么多，可是那个却只长出了一个？""为什么同一个菌菇包上的菇长得很快，那几个却还是小小的？"等等；还有的孩子提出了这样的问题："我们有没有办法让那几个没有长出菌菇的菌菇包快点长出来呢？"……

随着问题的产生，孩子探索菇的兴趣也越来越高，为了满足孩子们的求知欲，语言区里除了《不可思议的蘑菇》，还增加了《神秘菌菇林》《我们的蘑菇朋友》等其他图画书，引导孩子们通过阅读相关的绘本尝试解决他们的问题，发现答案。同时，为了让孩子们对书中的内容更易于理解，我们还提供了点读笔、绘本扫描机，孩子们可以通过这些现代化多媒体机器的协助完成自主阅读。

这一次孩子们的阅读方式发生了变化，他们会结合自己的问题有意识地翻阅书上不同的内容，有的孩子让爸爸妈妈一起上网查了相关的资料，还带到了阅读角和同伴一起分享。

不久后，孩子们找到我，对我说：

"诸老师，我们需要一些小毛巾。"

我问道："小毛巾用来做什么？"

"书上说菌菇要在阴凉和很湿的地方才能长得快。"

"对对,我和妈妈一起上网查了,可以在上面盖一条湿答答的毛巾,这样可以让菌菇快快长出来。"

"诸老师,我们喷水喷得太少了,我们每天才喷一次,要多喷几次才行。"

"诸老师,我知道为什么这些菌菇长得不一样了。"

"为什么?"

"你看,书上写了,这个菌菇要十几天才会长出来,你看这个七八天就行了,而且菌菇不一样,长出来的样子当然也不一样……"

我回应道:"哦,原来不同的菌菇长出来的时间都不同啊。那你们去自然角再试试……"

孩子们再次尝试,找来好几条小毛巾,沾湿后盖在那些还没有长出的菌菇包上,值日生每天喷上好几次水;有一个孩子还让我帮忙给菌菇包做一个小房子,他说他和妈妈上网查的资料,农民伯伯会把菌菇种在一个叫暖棚的地方。

菌菇种植在孩子们的实践中一点点发生着变化,从最初最简单的投放菌菇包、喷水,到现在增加了湿毛巾、喷水次数、小暖房等。而这些在种植过程中发生的变化,都是孩子们通过再次阅读、查找资料,自己想到的方法。

就这样,孩子们在实践与阅读中不断地切换,他们会带着问题去阅读、查找有关的内容,寻找答案。在再实践和再阅读的过程中,孩子们学习新的阅读经验,产生新的体验,引发新的探究活动。

随着活动的开展,孩子们对"菇"的认知和经验越来越丰富,但他们的经验还是比较分散的,有的孩子在阅读中获得间接的知识,有的孩子通过观察自然角里的菇获取直观的经验,于是,属于我们班级的自制书"我们的'菇'事",也就新鲜出炉了。

"菇"事带给我们的思考

全面筑构,整合实施,以绘本为载体,结合多元阅读活动多形式、多领域、多途径整合的特点,涵盖环境、学习、生活等各方面,助推着幼儿的多元化发展。

一、阅读活动与多领域学习活动的融合

阅读活动的价值不只在于语言能力的发展,阅读理解能力的提高,还应充分挖掘绘本所蕴含的教育价值,与各领域学习相互融合。幼儿在兼顾科学性与趣味性的绘本阅读中,习得良好的阅读习惯,交流书中的内容,了解书中文字、符号

表达的意义，提高一定的语言表达及表现能力；通过阅读后的记录、描述，提高前书写的能力，激发书面表达的愿望；通过阅读活动，培养幼儿探究与认知的能力，获取植物生长中的科学领域知识和经验。

二、阅读活动与实践活动的融合

阅读活动不局限于教室，我们结合绘本，将幼儿自主探索的内容或能够满足幼儿个性化需求的绘本价值点转化为低结构材料，投放在自然角中，幼儿在植物的种植、照顾过程中，通过直接感知、实际操作等方式去发现植物的特征、习性、生存环境，运用数字、图画、思维导图等进行探究记录，提高幼儿科学探究的兴趣与能力，更将书中的知识与自己的实践收获加以整合，完善经验。其间幼儿与同伴之间的合作机会变多了，合作能力也得以提升，在共同完成一项实践任务中，能够与同伴交流自己的发现、问题、观点和结果等。

打破以往的绘本集体教学模式，以幼儿自主、师幼共建的方式，开展多元化的阅读活动，不断构建、不断思考、不断总结中优化阅读活动的实践，促进幼儿更好、更多元、更全面地发展。

寻找好朋友

程 琳（上海市浦东新区政海幼儿园）

在开展集团课题"基于图画书阅读的儿童友好课程生成与发展"的研究过程中，我结合《幼儿园教育指导纲要（试行）》社会领域目标内容，有意识地把关注点聚焦在了幼儿社会性交往上。

在新生家访中，我发现我们班大部分孩子在0—3岁这个阶段主要是在小区内、在家中度过，他们和家人在一起的时间更久，和同龄人一起接触交往的时间相对较少。在调查问卷中，超过一半的孩子平日为祖辈教养，只有周末时父母才为主要教养人。这些孩子是否能适应集体生活？他们是否能和同伴友好相处？我以自主游戏为切入点，重点观察幼儿在游戏中的社会交往行为。

不参与活动的宸宸

今天的中庭非常热闹，有的孩子在野餐，有的孩子在玩"警察捉小偷"，有的孩子在玩"娃娃家"。但是宸宸却披头散发地站在中庭的圆盘内东张西望。（由于早上哭闹，爸爸妈妈没有来得及给她梳头发就送来了幼儿园。）她眼神看向四周，身体朝各个方向转动，但是既没有和材料、环境的互动，也没有和同伴的互动。

埃里克森的理论强调，儿童在不同年龄阶段会面临不同的发展任务和挑战。对于处于入园初期的宸宸，她正面临着"基本信任与不信任"的心理冲突。我感受到宸宸由于长时间请假，目前仍处于入园焦虑时期，对她来说，进入陌生环境、面对陌生的老师和同伴让她感到焦虑，因此她还不能如同其他的孩子一样融入集体，与同伴共同活动。

怎样才能让宸宸更快地适应幼儿园的活动呢？我选择用图画书《幼儿园的一天》作为支持，帮助宸宸建立起对幼儿园生活的信任感。

老师：哪些小动物上幼儿园了？

宸宸：小蜗牛、鳄鱼、骆驼。

老师：小动物们在幼儿园里做了什么？

宸宸：画画、吃好吃的、睡觉。

老师：小动物感觉怎么样？

宸宸：喜欢上幼儿园。

老师：那你在幼儿园喜欢做什么？

宸宸：和老师在一起。

老师：我也很喜欢你。

通过图画书的阅读，宸宸初步了解幼儿园一日活动的内容；通过一对一的倾听，宸宸感受到教师对她的关心。这些都能帮助宸宸缓解焦虑，更快地适应幼儿园。

我和老师是朋友

今天我们再次来到了中庭，与上次不同，这次宸宸紧紧跟在老师身边，老师走到哪儿，宸宸就跟到哪儿。宸宸："老师，这个是什么？"看到感兴趣的材料，宸宸就会问材料的名称。"老师，这朵花是什么颜色的？"看到花坛里的花朵，宸宸会问花朵的颜色。"老师，他们在玩什么？"看到同伴在追来追去，宸宸会好奇他们在玩什么游戏。但是整个游戏活动宸宸都跟在老师旁边看着，没有拿材料，没有和同伴互动，仅有的互动都是与老师进行的。

在今天的活动中，我们可以看到宸宸能与老师友好沟通，表达自己的想法，但是在与同伴的交往方面，她仍无交流、无沟通。我想可能是因为游戏材料不足以吸引宸宸兴趣，所以宸宸没有参与游戏；也可能是宸宸没有找到熟悉的同伴，因此没有与同伴产生交流。

猜想到可能的原因后，我再次进行了家园沟通，以了解幼儿需求。在和妈妈的沟通中我了解到，宸宸每天来园时仍旧比较困难。（表现在进幼儿园前哭闹，进班级后停止哭泣。）同时，我们得知宸宸在家中表示希望有朋友。针对这种情况，我们改变教室环境，增加材料，试图吸引宸宸兴趣。在平时一日活动的观察中，我们发现宸宸每次游戏结束时会收拾、整理，看到地上有玩具会及时捡起来。根据这个特点我们为宸宸提供了"小超市"的环境，试图通过提供更多的游戏材料和环境支持来激发宸宸的参与意愿。为此，我们寻找宸宸的最近发展区，希望找到适合她的游戏和活动，以促进她在社交技能上的发展。最后，根据家园沟通中妈妈提供的信息，我们为宸宸找了一名开朗的幼儿与她一起游戏，希望通过同伴的带动，促进宸宸交往行为的发生。

这不是我的朋友

芯芯是个开朗活泼的孩子，喜欢做别人的姐姐，带着小朋友一起玩。因此，最近几天在游戏开始前,我都会问芯芯:"你愿意和宸宸一起玩,做好朋友吗?"芯芯也很愿意成为宸宸的好朋友。今天游戏一开始芯芯就拉着宸宸的手走向她希望游戏的区域。但是,宸宸甩掉了她的手,指着地板上被小朋友打翻的花盆,告诉老师那里脏了。芯芯再次去牵宸宸的手,宸宸摆动身体,用身体语言拒绝了芯芯。芯芯带着蹊蹊走了,而宸宸扶起了花盆。过了一会儿,芯芯又来找宸宸,宸宸还是没搭理,于是芯芯牵着蹊蹊离开了。

我意识到之前的尝试可能没有充分考虑宸宸的个体差异和兴趣。皮亚杰的认知发展阶段理论指出,儿童在成长过程中会经历不同的认知发展阶段。因此,我们需要提供更具吸引力和趣味性的游戏与活动,以激发宸宸的参与意愿。同时,我们也需要更加尊重宸宸的选择和意愿,避免过度干预她的社交过程。从本次活动宸宸的表现看,老师根据家长的想法和自己的主观判断为幼儿找的"朋友"并没有站在儿童立场上,因此宸宸没有与同伴进行交往。而在一日活动中,由于教师的关注,宸宸与教师更为熟悉,遇到事情会找老师,而不是选择和同伴交流。

经过快一个月的观察与调整,我认为我们更应该站在儿童立场下思考孩子需要什么。因此在阅读区,我投放了适合小班孩子阅读的图画书《小熊宝宝》。喜欢阅读的宸宸会在自由活动时间翻阅图书,这次我和她一起阅读的是《好朋友》。

老师:你看到了什么呀?

宸宸:小动物在一起玩。

老师:我看到了这个,它是谁?

宸宸:小浣熊。

老师:它怎么了?

宸宸:它也想和小朋友一起玩。

老师:怎么样才能和小朋友一起玩呢?

宸宸:要说出来。

老师:你发现了找朋友的秘密。你想和小朋友交朋友吗?

宸宸:愿意的。

老师:那怎么做呢?

宸宸:和小朋友说一起玩。

通过绘本的阅读,宸宸学会了简单的交友技巧,懂得了如果想和喜欢的朋友一起玩,需要主动和小朋友表达意愿。

我的好朋友

又过了两周左右，我们发现宸宸越来越适应幼儿园的生活，也找到了自己感兴趣的材料。她会用雪花片拼成各种好看的花朵分享给同伴，也会按照颜色为雪花片分类。瞧，今天的游戏一开始，宸宸就找到雪花片想开个花店，正当她拼花朵时，勋勋来园了。宸宸大声说："勋勋，快来，我们一起玩。"边说边招手邀请勋勋跟她一起玩游戏。在游戏的过程中，我们可以看到宸宸和勋勋开始有了互动和交往。

开学已近两个月了，宸宸现在能较好地适应幼儿园的生活。从活动中，我们看到了宸宸在社会性交往方面的成长：从一动不动到愿意和老师交流，从不接受同伴的交往到主动招呼同伴。在宸宸的眼中，世界是五彩斑斓的，充满了新奇和未知。当她遇到困难或挑战时，老师和同伴友善的面孔与温暖的拥抱，让她感到温暖与安全。友好的氛围不仅让宸宸感受到被接纳和被关爱，更让她学会如何与人相处。在和小伙伴们一起玩耍的过程中，她学会了分享和合作。

回顾宸宸在社会性交往上的成长历程，我们深感阅读环境的重要性。一本适合的图画书，不仅能够促进孩子的心理健康发展，还能够培养他们的社会交往能力和情感表达能力。因此，教师需要努力营造一个充满爱与友善的环境，让每一个孩子都能够在阅读中健康快乐地成长。

果实与种子：孩子的自然探秘之旅
——从师生共读图画书《果实是种子的旅行箱》说起

施光美（上海市浦东新区大团幼儿园）

案例背景

在当前城市环境中，孩子们对自然世界的认识相对有限。为了增强孩子们对自然生态的了解，提高他们的环保意识和实践能力，我设计了一节"果实是种子的旅行箱"集体教学活动。活动以图画书《果实是种子的旅行箱》为引导，带领孩子们探索种子的传播方式，了解果实的特征。

案例实录

在谈话导入环节，我提问："你们去旅行过吗？你们是怎么旅行的呢？"孩子们的答案是五花八门的。于是，我请幼儿带着这个问题去部分阅读《果实是种子的旅行箱》，看到有回形针的那一页。阅读结束后，教师再次提问："种子有哪些旅行方式？"

轩轩说："蒲公英是乘着风传播的。"

小方说："我也看到了风，还有水。"

杨杨说："莲蓬就是靠水传播的。"

小结："是呀，原来有些种子乘着风儿去旅行，有些种子随着水漂向远方。"

为了加深孩子们对种子传播方式的理解，我提前分发了一份调查表，让孩子们在家长的协助下，通过查阅资料或实地观察，了解并记录不同的种子是如何传播的。孩子们积极发言，互相学习、介绍和补充。

甜甜："荷花是靠水传播的，豌豆和油菜花是靠自己弹射出去传播的。"

艺艺："樱桃是靠鸟叼走种子传播的，苍耳会黏在动物身上进行传播。"

凡凡："凤仙花是自己爆炸后传播的。"

…………

小结：原来种子娃娃的办法可真多呀，有的靠风去旅行，有的靠水去旅行，有的靠动物去旅行，还有的靠自身弹射的力量去旅行。

在孩子们完成调查表的分享和视频学习巩固后，我又组织了一个"找朋友游戏"，并和孩子共同验证，我提供了不同植物的种子图片和它们对应的传播方式图片，让幼儿们进行匹配。孩子们积极参与，不仅巩固了所学知识，还提高了他们的观察力和思维能力。

我还准备了一些常见的果实，让他们观察果实的特征，并尝试将果核分离出来。孩子们通过实际操作"果核分一分"游戏，进一步了解了果实的结构和种子的位置，知道了原来很多种子是长在果实外面的，如草莓、蓝莓等；有的是长在果实里面的，如苹果、梨、樱桃等；还有的自己就是种子，如玉米。

接着，整体阅读《果实是种子的旅行箱》，看看剩下的绘本中不一样的水果和蔬菜，找一找它们的种子和果核都在果实的什么地方，并进行小结："大自然中真神奇，原来种子的传播方式不同，种子在果实中的位置也不同。还有许多种子的奥秘还没被发现呢，等待着我们小朋友们用心去观察、去发现它们。请你们回家去找一找蔬菜的种子在哪里吧。"

最后的活动延伸，请和爸爸妈妈一起制作图画书《种子的旅行》。

我的分析

一、图画书的引导作用——知识增长与探索精神的激发

孩子们通过这本图画书，非常直观地了解了种子的多种传播方式，这不仅增长了他们的自然科学知识，更重要的是，这种生动有趣的呈现方式激发了他们的好奇心和探索欲望。孩子们开始对自然界中的种种现象产生浓厚的兴趣，这种探索精神对他们未来的学习和成长至关重要。

二、多样化的活动形式——能力提升与学习兴趣的增强

本次活动采用了阅读、讨论、调查、游戏和实际操作等多种活动形式，为孩子们提供了一个愉快的学习环境，在这样的氛围中，孩子们不仅能够学习到知识，还能在实践中提高观察、分析和解决问题的能力。同时，这种活动形式也极大地增强了孩子们的学习兴趣，使他们更加愿意主动参与到学习中来。

三、家长的协助——家校合作的加强与资源拓展

通过调查表的形式，让家长参与到活动中来，不仅丰富了活动内容，还增进了家校之间的联系。家长们能够更加了解孩子们在学校的学习情况，从而更好地支持和指导孩子们的学习。同时，家长的参与也为孩子们提供了更多的学习资源和支持，如相关书籍、实物等，这些资源能够进一步丰富孩子们的学习体验，拓宽他们的视野。

我们的收获

通过开展"果实是种子的旅行箱"这一基于图画书的亲自然主题活动后，幼儿、教师和家长都收获了很多。

一、幼儿收获

在这个图画书活动中，孩子们不仅在知识方面有所收获，更重要的是，他们的综合素质得到了全面的培养。他们学会了观察、分析、解决问题，也学会了与他人合作、交流和分享，有了初步的环保意识和责任感，这些能力对孩子们未来的学习和生活都具有重要的意义。

1. 对自然生态有了更深入的了解。通过本次活动，孩子们对自然生态有了更深入的了解，特别是种子的传播方式和果实的特征。这些知识的积累将为他们今后的学习和生活打下坚实的基础。

2. 提高了观察力和实践能力。通过观察和实际操作，孩子们的观察力和实践能力得到了提高。他们学会了用眼睛和心灵去感受自然的美妙，也学会了通过实践去探索自然的奥秘。

3. 培养了环保意识和责任感。在了解种子传播方式和果实特征的过程中，孩子们也意识到了自然资源的宝贵和环境保护的重要性。他们开始关注自己的行为对环境的影响，并愿意为保护环境做出努力。

二、教师收获

在这个活动中教师的收获也是多方面的，包括教育理念的更新、教学方法的创新、对教材内容的深入理解、专业成长和自我提升等。这些收获有助于教师不断提高自己的教学水平和专业素养，为未来的教育工作奠定坚实的基础。

1. 深化了对自然教育的理解。通过这次活动，我更加深刻地理解了亲自然教育的重要性。通过观察和探索果实与种子的关系，孩子们能够直观地感受到大自然的神奇和生命的魅力，从而激发他们对自然的热爱和敬畏之情。

2. 创新教学方法的启发。本次活动采用了图画书作为教学工具，通过生动有趣的插图和故事，吸引了孩子们的注意力，提高了他们的学习兴趣。这启发我在未来的教学中，可以更多地运用图画书等多媒体资源，丰富教学内容和形式，使课堂更加生动有趣。

3. 增强了跨学科教学的意识。果实与种子的关系不仅涉及生物学知识，还与地理、环境科学等学科密切相关。在活动中，我意识到可以通过跨学科的教学方式，将不同学科的知识融合在一起，使孩子们在综合学习中获得更全面的知识和技能。

4. 加深了对幼儿年龄特点的了解，提高了集体教学活动中提问的针对性和有效性。通过设计集体教学活动"果实是种子的旅行箱"，我们在教研中一起研讨、互动、交流，帮助教师积累了基于图画书的集体教学活动中师幼互动的有效策略。

三、教学策略

1. 激励式互动策略

为激发幼儿的活动兴趣，鼓励幼儿的持续性活动而与幼儿进行的互动行为。

（1）情境感染：通过情境创设和感染，激励幼儿的学习与活动兴趣。如在教学活动中，创设"种子宝宝去旅行""找朋友"的情境。

（2）语言催化：运用生动形象、富有感情的语言激励幼儿的活动兴趣。如提问种子的旅行方式时，追问："种子为什么要去旅行呢？它能跟人一样一直待在家吗？"生动形象的语言，一下子让幼儿打开了话匣子。又如"原来很多的种子是长在外面的，有的长在里面的旅行箱里，还有的自己就是旅行箱"，让幼儿更容易理解果实与种子的包含关系。

（3）情感分享：在互动中，我们要给予幼儿情感态度上的支持和肯定。如在整体阅读《果实是种子的旅行箱》时，看看不一样的水果和蔬菜，找一找它们的种子和果核都在果实的什么地方，音乐结束后回到座位上。我看到轩轩小朋友第一个看完书并把书整齐地放在桌上后回到自己的座位上等待，就及时鼓励："哇，轩轩的书放得真整齐，阅读习惯可真好！"

2. 追随式互动策略

在与幼儿的积极互动中我们要减少和避免直接的要求或指令，以平等宽容的心态追随幼儿，观察分析幼儿的行为表现再与之展开有效的互动，进而促进幼儿的自主发展、主动学习。

（1）变换调整：教师及时根据幼儿在活动中的表现和出现的问题，变换原先的应对策略，以更好地满足幼儿活动与发展的需要，尽可能照顾到幼儿个体需要与幼儿全体需要之间的关系。如在看完《种子的传播方式》的视频后，请幼儿说一说不同的植物所对应的传播方式。刚开始大部分幼儿只能说出一两个，甚至还有一个都说不出的，于是我们后续做了调整，当幼儿说到植物和对应的传播方式时，教师就利用多媒体技术将两者进行连线，更好地帮助幼儿理解种子的传播方式。

（2）耐心等待：互动过程中，教师需要适时适度的耐心等待。但是，等待的互动策略并不意味着消极的袖手旁观，而是可以暗暗地辅助支持，通过材料的中介，暗示幼儿并耐心等待幼儿的发现和迁移性学习。如在"果核分一分"环节时，幼儿们分不清玉米的种子是在里面还是外面，还是整体就是种子，于是教师准备了实物，真的拿出一个玉米让幼儿观察后才最终理解。

（3）及时反思：教师要及时反思自己与幼儿的互动行为，从互动过程中判断自己行为的适宜性和合理性。

3. 挑战式互动策略

在互动中及时捕捉教育时机，在"质疑"的基础上给幼儿一个有"挑战性"的提问，进一步提高幼儿问题解决与思维发展的能力。

（1）问题质疑：在与幼儿的互动中，适时适宜地提问、质疑，以激发幼儿探索和解决问题的愿望，引发幼儿进一步思考、商量、冲突，直至解决问题。如在"一起找果实"环节中，交流分享时教师质疑道："有没有不对的?"请幼儿互相检查调整，让幼儿知道原来种子的传播方式不同，那么种子在果实中的位置也不同。于是幼儿仔细观察，教师的问题质疑鼓励了幼儿的探究兴趣和探究行为。

（2）启发思考：可借助某个情境，通过开放性的问题并提供丰富的材料，激发幼儿不断思考、自主探究。在基于图画书的亲自然活动互动过程中，我经常问幼儿："你发现了什么?""你有什么问题吗?""这个问题你是怎么想的?""你有什么办法解决?"……正如最后活动延伸部分，教师提到："还有许多种子的奥秘没被发现呢，等待着我们小朋友们用心去观察、去发现它们，请你们回家去找一找蔬菜的种子在哪里吧。"

（3）推动深化：在以幼儿自主探索为主的活动中，教师通过观察幼儿的兴趣和需要，在幼儿原有经验的水平上帮助他们即时生成既有兴趣又有挑战的活动内容，在与幼儿的支持性、挑战性互动中有效深入推进幼儿的学习和探究。

当幼儿对种子的传播方式了解比较零碎或仅停留在表面时，教师就以合作者身份和幼儿一起讨论、交流，或通过家园共育的形式完成《种子的传播方式》调查表后再进行分享交流。当幼儿由于对"玉米的种子是什么?"的探究问题引发争论而无法继续活动时，教师则用启发式、开放式的问题鼓励幼儿的讨论和争议，我们可以拿出实物，让幼儿通过多感官（看、摸、闻、听等）真实地感受并建立新旧经验之间的认知冲突。当幼儿因为活动形式或其他因素的影响而降低或失去活动兴趣时，教师可以通过材料环境的调整、语言的激发与鼓励等方式支持幼儿持续活动。

四、家长收获

家长在协助幼儿完成《果实是种子的旅行箱》图画书活动的调查表时，不仅增进了亲子关系，了解了孩子的学习过程，还拓宽了知识视野，提升了指导能力，加强了家校合作。

1. 增进亲子关系

共同完成调查表的过程为家长和孩子提供了一个亲密的互动机会。家长需要耐心引导孩子观察、思考并回答问题，这种互动有助于加深亲子之间的情感联系，让孩子感受到家长的关爱和支持。

2. 了解孩子的学习过程

通过参与调查表的活动，家长能够更直接地观察到孩子的学习过程，包括他们的思考方式、兴趣点和问题解决的策略。这种了解有助于家长更好地把握孩子的学习需求和发展方向，为未来的教育提供有针对性的指导。

3. 拓宽知识视野

调查表的内容往往与图画书内容紧密相关，涉及种子的传播方式、自然环境等方面的知识。在协助孩子完成调查表的过程中，家长也能同步学习到这些知识，拓宽自己的知识视野。

4. 提升指导能力

家长在协助孩子完成调查表的过程中，需要引导孩子观察、思考并解答问题。这种指导过程有助于提升家长的教育指导能力，使他们更加擅长引导孩子学习，培养孩子的自主学习能力和问题解决能力。

通过这样的活动实践，每个教师都能深度思考高质量的师幼互动并对自己教学行为进行反思，也让我们更懂得了如何去筛选适宜的素材点，根据幼儿的阅读兴趣和活动的重难点对绘本进行删减，能够吸引幼儿内容的活动素材，才能引发孩子们探索的兴趣。我将继续聚焦"师幼互动"，发现幼儿、关注幼儿、追随幼儿，支持幼儿深度学习，在实践、反思中不断地自省、成长、突破。

"美言美语"促成长

——从"脏话"到"有魔力的话"的转变

张佳闻（上海市浦东新区政海幼儿园）

环境对儿童社会性发展的影响无疑是巨大的。从环境心理学、儿童心理学和生命历程观等理论出发，人的行为与物质环境、心理环境、自然环境之间有密切关联，对于儿童这一群体的作用更加显著。在人的未来发展过程中，时不时会映射出儿童时期的友好环境影响着其情感和价值观的表征，而语言环境在儿童的认识和思维过程中发挥着重要作用，儿童阶段是语言发展的关键时期，如果错过这一阶段，或者在这一阶段给儿童以不恰当的示范或指导，那么很可能使儿童出现语言障碍，或者形成不良的语言交往习惯。因此，我们站在儿童立场，努力为儿童创设安全的、发展的、符合年龄特征的成长环境是有意义的。

班级里孩子说脏话的情况最近多了起来，中班的孩子已经开始满嘴脏话了吗？这究竟是怎么回事，老师该如何正确去引导他们呢？孩子们对于脏话是否有概念呢？究竟是什么原因让他们说出这些不好听的语言？带着这些疑问，我有意识地在日常活动中对幼儿说脏话的行为给予更多关注。

说"脏话"的派派

这天自由活动的时候，皮皮和派派正在玩"奥特曼打怪兽"的游戏，皮皮的奥特曼不小心把派派搭的积木打倒在了地上，啪的一声，弄得满地都是玩具，派派很生气地白了皮皮一眼说道："你干吗把我的玩具弄到地上啊，傻×。"皮皮对于"傻×"这个词感到陌生，但他知道这是一句不好听的话，皮皮也很生气说道："我又不是故意的，我不要和你玩了。"派派说："不行，你把我的KV44拼好，是你弄坏的。"皮皮准备走了，派派很生气，一把抢过皮皮手里的奥特曼，可能在抢夺的过程中不小心弄痛了皮皮，他马上跑来和老师告状了："老师，刚刚派派骂我傻×。"

当我听到这个词的时候很震惊，从这样一个孩子口中说出了"傻×"两个字让我一时间有些呆住了，我立马让派派来到我的身边，询问他："派派，这个词你从哪里听来的?"面对我的疑问,派派显得不知所措,他也记不起何时学会了这个词,我又问他:"你为什么要这么说皮皮?"派派说:"因为皮皮把我搭的积木弄坏了。"我立刻很严肃地批评了派派,告诉派派这是一个不好的词,不可以这么说同学,在我的劝说下,派派也给皮皮道歉了。

我以为脏话事件就此翻篇,但在之后的几天,我又在派派的嘴中听到了。户外游戏时间到了,孩子们准备搭一个大型的坦克,当他们搭完作品正在欣赏的时候,派派很激动地来了一句:"我×,你看这个坦克好牛×。"皮皮他们也很开心,跟着起哄说:"好牛×!"激动的声音引起了我的注意,我立马把他们叫到身边,进行了严肃的批评,不可以这样说话。这次游戏之后,我觉得有必要把这个现象拿出来讨论了,于是我利用自由活动的时间与他们进行了一次谈话:

老师:孩子们,你们觉得傻×、牛×这样的话可以说吗?

皮皮:不可以。

老师:为什么呢?

小左:因为这是脏话,不好听,是骂人的。

老师:是的,脏话是不好的话,我们在和别人交流的时候不可以使用,这个作为我们的班级新规则一起来监督好不好?

班级的小朋友异口同声地回答道:"同意!"

在阅读区角的每月阅读推荐里,我放入了一本书叫作《有魔力的话》,让幼儿能够通过自主阅读的方式去寻找说话的魅力,图画书中的故事能够让幼儿懂得语言在交往中的重要性。

中班幼儿有自己在幼儿园行为活动的固有表现,在长期和同伴相处的过程中会有一些模仿行为的出现。模仿行为作为一种很必要的学习方式,对幼儿的自身发展及社会性的发展有很重要的影响。但幼儿缺乏判断是非的能力,模仿不仅发生在正面,还常常会出现问题行为的模仿。

通过这个事情,我意识到作为老师我们应该重视这样的问题,应当告知他们的父母,及时分析出现这种行为的原因,通过家园共育的方式,帮助孩子改善说脏话的情况。同时我也反思自己是否在带班过程中出现过不文明的词语,导致孩子受到了我的影响,并且我也寻找了谈话和图画书的方式,来引导幼儿如何正确使用礼貌的语句进行交往。

说"脏话"的皮皮

自从有了班级的新规则,孩子们都在积极地遵守,但还是会出现一些小状况……

午餐后的自由活动时间,天祺和皮皮正在用雪花片搭作品,这时候皮皮搭了一个很像马桶的东西,他觉得很好玩,于是和天祺分享道:"你看我搭的这个东西像不像马桶,里面可以装大便,好搞笑啊!哈哈哈哈哈。"皮皮正在那边笑得很开心,天祺听到后马上跑到我的面前,义正词严地和我说道:"老师,刚刚皮皮说脏话了。"

我听到之后有一点生气,立马问天祺,皮皮说了什么,天祺说道:"他刚刚说了马桶和大便。"这时候的我产生了满脸的疑惑,孩子们现在定义的脏话是这样的吗?于是我叫来皮皮询问了事情的经过,发现他们并没有发生冲突,而是在感叹他的作品形象,于是我告诉他们两个,皮皮这不是在说脏话,只是在讲述他的作品,两个孩子点了点头就离开了。

第二天户外游戏的时候小左和皮皮正在玩打仗游戏,突然小左跑来和我说:"老师,我刚刚听到皮皮在说脏话。"我立马暂停了他们的游戏,叫来了两个人,我很生气地批评了皮皮说脏话,皮皮一头雾水,表示自己没说脏话,小左反驳道:"我刚刚明明听到你说了要打爆我的头。"面对皮皮委屈的脸庞,我一时间对于刚才的批评感觉有些愧疚,因为我才搞明白在孩子们的世界里,暴力词语和脏话对他们来说是一样的,他们并没有真正理解脏话是什么含义,而我没有好好地解释与倾听就批评了他们。

于是我在下午的自由活动时间,将《有魔力的话》这本图画书和孩子们一起再次共读讨论:

老师:在本书里你们看到了什么是有魔力的话?

小范:就是在看到别人的时候要打招呼说"你好"。

皮皮:还有就是做错事情了要说对不起。

老师:没错,你们说得对,这些话都很有魔力对不对?故事里的小熊说了这些有魔力的话之后,它就交到了很多的好朋友。

派派:还有"谢谢""不客气"也是有魔力的话。

老师:是的,看了这本图画书以后你们知道哪些话应该是我们交往的时候说的了吗?

孩子们:知道!

老师：那以后在和别人交流的时候，要说有魔力的话噢！

通过这件事情我也在反思自己，是不是脏话这个词对孩子们来说有些难以理解，或许他们有自己的理解，我是不是应该从他们的视角去理解这个现象，然后用他们所能理解的说法去和他们解释？我也反思了自己是不是应该先倾听孩子们将事件还原之后再做评判，当然从这个事件中我也可以看到孩子们真的在认真遵守班级的新规则，也在互相监督。

这是不好听的话

我转变了一下视角，和孩子们又一次进行了关于脏话的讨论，仔细地倾听了他们的想法，在孩子们的世界里他们认为恶心粗暴的语言就是脏话，我也及时和他们解释了脏话的概念，脏话就是不好听的话，会伤人的，脏话和不好听的话我们都不能说。

这天孩子们正在画游戏故事，有个孩子画了一个黑乎乎的东西，而一旁的小高看到之后笑个不停，说道："你看她画的这个像大便一样黑乎乎的。"一旁的皮皮听到了以后也很开心地跟着说道："大便好搞笑。"那个孩子一下子就不高兴了，这时候小左听到了立马说道："我要告诉老师你们在说脏话。"这时候派派也在一旁纠正小左："老师说过了这不是脏话，是不好听的话。"小左似乎也想起来了，又说道："老师也说过在教室里不能说不好听的话，我们要说有魔力的话，我要去和老师说。"于是小左跑到我这里来告诉我事情的经过，我把小高和皮皮叫到了身边，询问他们是否说了不好听的话，他们似乎也意识到了自己的错误，主动和那个孩子道歉。

在那之后我就经常能够在教室里听到，"你说了不好听的话""不能说不好听的话""这是有魔力的话"。渐渐地，孩子们在交往的过程中，脏话的现象出现得越来越少。有一天放学的时候，皮皮的姥爷和我聊到，说在家里爸爸有的时候可能一激动说了一些不太文明的词语，孩子立马就制止了，说是在学校里老师说过不能说不好听的话，还让他的爸爸去看一本书叫《有魔力的话》，说和别人交往要说有魔力的话，不然就没有人愿意和他做朋友了。由此可见，当孩子们理解了脏话真正的意义之后，他们愿意去改正，也愿意去监督他人，其实他们不是故意要说这些不好听的词语，只是对这些词语的理解还不够深入，他们不太懂得哪些词语是文明交往中的禁忌。

经过由脏话引发的一系列事情后，我对儿童视角有了新的思考，我深刻认识到孩子们的学习模仿能力有多么强，也明白了脏话事件带给我的一些道理：首先，我们不能以成人的视角去强加给孩子们，孩子和我们所理解的世界是不一样的，所以我们要多以儿童的视角去让他们理解一些道理。其次，改变不是一个简单的事情，但孩子们会在环境中慢慢改变，他们需要机会、需要时间，也需要一些规则的约束。最后，我们要学会先倾听孩子们的内心，尝试理解他们所理解的。

《3—6岁儿童学习与发展指南》提出了与友好相关的目标，如愿意与人交往，能与同伴友好相处，具有自尊、自信、自主的表现。"儿童友好发展"需要实施具体化，行为发展习惯化。我们把友好化作具体的一种行为，同时，要将"友好发展"培养成一种习惯，内化于心，外化于行。

面食之旅

曹颖莹（上海市浦东新区政海幼儿园）

"今天的面条真好吃，我吃了两碗，你吃了几碗？"
"我只吃到了一碗，我吃得太慢了，想去添的时候已经没有了。"
"那真的太可惜了，下星期三你要加油，不然又添不到面了。"
"我会加油的，如果我还是来不及，你能不能给我留一点面条，你多吃点炒饭。"
"那不行，我碗里的面条只能我自己吃。"

每周三的午餐后，我经常会听到这样的对话。孩子们对面条似乎情有独钟，每次都能比吃饭菜的时候吃得更快、更多，还会聊自己在家吃过的各种各样的面。于是我和孩子们一起分享了《我们都爱吃面》这本图画书，它向孩子们讲述了中国人常吃的主食面条的产生、种类、做法及背后的饮食文化。孩子们的兴趣非常大，总是要求再多看一遍。既然孩子们都对面条这么感兴趣，那不如就一起来一次面食之旅吧！

面条初相识

为了更好地了解面条是怎么做的，我们重新一起翻看了《我们都爱吃面》中关于"面条的产生"这一片段，在看之前，我提醒幼儿可以把自己最感兴趣或者最想了解的事情记在心里。

看完后，孩子们立刻开始热烈地讨论了起来。
"你看到了吗，那个面可以拉得那么长。"
"看到了，而且还不会断开。"
"你吃过这样的面吗？"
"我吃过，我家里有，是妈妈从超市里买来的。"
"那个面条在两根很长的筷子上绕来绕去，这是在干什么？"
"还有还有，面条中间怎么还有个洞？"
"那个面粉为什么要放在一个大盆里，还要给它盖被子？"

孩子们你一言我一语地讨论着,最后我们共收集了18个由幼儿提出的问题,然后我逐一对问题进行复述,让幼儿用举手的形式表达自己是否也想了解这个问题。最后我整理发现,幼儿最想了解的问题都集中地指向了"面条的制作过程"。

传统面条的制作,工序繁杂,幼儿喜欢吃,但却不知道是怎么做出来的。幼儿对制作过程中的每一个环节都充满了好奇。根据幼儿的这个困惑,我在班级群中发了公告,请家长和幼儿一起查阅资料,了解具体制作过程,然后一起记录自己学习的结果。同时还可以尝试找找面条的起源等。

《3—6岁儿童学习与发展指南》中提出:"既贴近幼儿生活来选择幼儿感兴趣的事物和问题,又有利于拓展幼儿的经验和视野。善于发现幼儿感兴趣的事物、游戏和偶发事件中所隐含的教育价值,把握时机,积极引导。"

第二天,当一张张面条制作过程记录单呈现在我面前时,我被孩子们的自学成果深深地感动着,从和面、醒面,到揉面,再到最后的切面,所有步骤都记录得有模有样,果然兴趣是最好的老师和动力。

玩 转 面 条

最近我发现美工区的泥工用得比之前更多了,自由活动时间,灏灏拎着泥工向我走来。

"老师,我要做面条了,你想吃什么口味的?"

"你会做面条?"

"会啊,上次我们一起看了视频以后,我在家和妈妈一起做过。"

"你做成功了吗?"

"有一点成功,有一点不成功。"

我们的对话吸引了不少幼儿的加入,他们纷纷表示也想做面条,但是爸爸妈妈不愿意跟他们一起做,只能在学校里用泥工做。原来,这就是泥工用得快的秘密。

既然家里条件不允许,那就在学校开干吧,虽然不能严格按照面条的制作过程来做,但是办法总比困难多,手工面条还是可以试一试的,孩子们想做面条的小心愿我还是可以帮他们实现的。

我在班级群发出了召集令,邀请有做面条或者揉面经验的家长来幼儿园和孩子们一起尝试制作面条。很快就获得了奶奶们的积极响应。孩子们兴奋极了,撸起袖子加油干,在揉面的过程中,有失败的,也有成功的,付出了汗水也收获了成功。在奶奶们的帮助下，一根根长短不一、粗细不一的纯手工面条诞生了。做完面条，孩子们纷纷表示，还想吃一吃自己做的面条，由于幼儿园条件有限，我就让孩子们用保鲜袋把面条带回了家，跟家人一起分享，烧一碗自己爱吃的面条。这天晚上的班级群里热闹极了，尽是一碗碗喷香的手工面条，一张张孩子们满足的笑脸。

孔子说：知之者不如好知者，好知者不如乐知者。有什么能比循着幼儿的兴趣去探索更快乐呢？有什么能比发现和保护幼儿的好奇心更美好呢？当发现孩子们对面条制作的兴趣，我们便提供材料，引导幼儿通过直接感知、激发幼儿的探究兴趣，鼓励孩子去亲历制作面条的过程，有针对性地提出问题，帮助他们回顾反思，引发交流讨论，帮助幼儿不断积累经验，再通过验证操作获得成功经验。原来生活中时时处处，只要我们关注孩子，都可以有教育发生。

面食地图

我们陆续在图书角里投放了一系列关于面食的图画书，如《家乡的味道》《一碗生日面》《美食中国——馒头·包子》《神奇的面粉》等，孩子们一边翻着手里的美食书，一边聊着天。各种各样的面食被他们描述得津津有味。

"你知道吗，我昨天晚上在包饺子。"

"我也包过饺子，我奶奶很会包的，上次还在里面放了一个硬币，结果被我爸爸吃到了。"

"我没包过饺子，但是我们家做过馒头，我也一起做了。"

"馒头我没做过，我们家做的是包子。"

"包子也很好吃的，我可以一次吃两个。"

…………

面食是中国人的主食之一，在博大精深的中华美食中，面食被国人发展得花样百出、口味丰富，一种面能吃出百种味。面对孩子们关于面食的讨论，我又有了新的想法——面食地图。

幼儿园的环境对于幼儿的影响是潜移默化的，温馨良好的环境更加有利于孩子的整体发展。营造出适宜的环境，就能高效、潜移默化地支持幼儿的发展。为此我和孩子们共同商量讨论该如何布置我们的"面食地图"。

孩子们提出，首先需要一幅中国地图。这个简单，幼儿教师的手工活还是拿得出手的。很快，一幅用无纺布做成的中国地图就出现在了教室墙上。孩子们利用自由活动、餐后时间等，画了自己和家人爱吃的面食。这时，新的问题又出现了，这些面食应该贴在哪个地方？是属于哪里的特色美食？

为了解决这个难题，我们又得查资料咯。绘本、百度甚至美食宣传单，都是我们可以获取知识的途径。通过讨论、制作、布置的面食地图，让孩子们有了更强的参与感和认同感。

孩子们经常会看看面食地图上哪些地区还没有标出当地的特色面食，第二天这个地方就会出现美味的面食图片了。慢慢地，随着孩子们对面食的了解越来越多，对祖国的了解也越来越多了，一方水土养一方人，通过对美食相关的多重侧面的了解，孩子们对中国人的文化传统、饮食习俗等也有了初步的感知。

我们开展幼儿爱国主义教育的依据是《3—6岁儿童学习与发展指南》中"社会"领域的发展目标之一"具有初步的归属感"，归属感即幼儿对自己的家乡、城市及国家等的认同感和信任感，为自己是中国人感到自豪。中国地大物博，饮食文化传统深厚，面条作为我们最重要的主食之一，不但种类丰富、形态多样、风味不一，也体现着不同地区的饮食文化和饮食习惯。从幼儿的交谈中能感受到他们有着较强的自我认同感，常常会说我们国家真大呀，好吃的好玩的可真多呀！

其实，幼儿爱国主义教育的内容包含很多方面，在以往幼儿园开展的爱国主义教育活动中，教育者有时只停留于引导幼儿参与活动，忽视幼儿在活动过程中，以及活动结束后的感受体验和情感表达，没有及时把握教育契机给予幼儿充分表达感受的机会。我们在开展爱国主义教育时应重视与幼儿的日常生活建立紧密的联系，教师应从幼儿身边可及、可见、可感的事物或事件出发，帮助幼儿通过一日生活活动、游戏活动、教学活动等多种途径充分参与、感受、体验，初步萌发幼儿的爱国情感。

探索不息，发现不止，只要孩子们想，我们的面食之旅一定还会有更精彩的在路上。

合作的学问

唐舒芸（上海市浦东新区政海幼儿园）

友好是幼儿之间表现出相互尊重、理解、信任和关心的态度。学会友好相处能够帮助幼儿更好地与周围的人建立良好的关系，获得积极的回馈，提升幼儿的自尊心和自信心。同时，幼儿能更好地理解和感受他人的情感需求，更好地关注周围的人。而能够与同伴友好合作就是其中至关重要的一环。

从进入幼儿园开始，孩子们经常会一起玩，在一起玩的过程中经常会发生一些小故事，从独自游戏到平行游戏再到合作游戏，如果游戏中幼儿没有合作行为，我们需要马上介入吗？采用什么样的方式介入才能有效促进幼儿的合作行为？怎样才能引导幼儿主动合作，激发他们的合作意识？

热闹的"娃娃家"

中班"娃娃家"每一天都很热闹，有一天，很多个打扮得很漂亮的小女孩先后出现在"娃娃家"中，于是我一个一个地问她们："今天小大人游戏你们是谁呀？"她们都说自己是妈妈，但是其中一个小女孩在已经有同伴说"我今天是妈妈"后说"那我做姐姐吧"，引起了我的关注。

于是我选择了一本图画书《蚂蚁和西瓜》来和我们班幼儿分享，开展集体教学活动，让幼儿从图画书中了解蚂蚁是怎么分工合作解决困难把西瓜运回家的，了解分工合作的重要性。从绘本中幼儿发现，一只蚂蚁的力量很小，但许多蚂蚁分工合作，有的铲西瓜，有的把西瓜放到吊车上，齐心协力才成功把西瓜运回家，初步体会到了分工合作的意义。在游戏之前我又开展了一次谈话，我们在小大人游戏的时候可以怎么分工合作呢？有的朋友说，在点心店可以有人做厨师，有人做服务员；在理发店可以一个人洗头，一个人剪头发；在医院可以一个人做医生，一个人做护士。

在之后的游戏中我发现幼儿的分工合作进行得并不顺利。为了引导幼儿更好地分配角色，在游戏分享时，我提出"在小大人游戏正式开始前我们应该和朋友用好听的声音商量"。"那应该怎么商量呢？"这个问题是每个人都会遇到的，于是我邀请了几个朋友来试一试，如果她和我都想做妈妈，她会怎么说。有的说："我也想做妈妈，你愿不愿意做姐姐？"有的说："我先来的，应该是我做妈妈，你可以做姐姐。"有的说："我还没有做过妈妈，可以让我先做妈妈，明天你做妈妈好吗？"我又问另一个朋友："你愿意吗？"让孩子们表达自己的想法，倾听他人的想法，从那一天开始，每一天我们都在游戏开始前先分享"在小大人游戏中你想做什么"，引导幼儿去找小伙伴商量、分配角色，孩子们也了解到原来商量的时候应该主动表达出自己的想法。

皮亚杰认为，正是产生于同伴关系中的合作与感情共鸣使得儿童获得了关于社会的广阔的认知视野，在同伴关系中出现的冲突将促进儿童社会观点采择能力发展，从而促进社会交流所需技能的获得。因此，皮亚杰很重视在"合作"意义上交往，更重视儿童间的交往，他认为"从理智的观点来看，这种合作最利于鼓舞儿童真正交流思想和进行讨论"，合作意识的培养能够促进幼儿理性思维的发展。

我意识到中班是幼儿合作意识发展的关键时期，我们应该创造机会引导幼儿在参加游戏时主动表达自己的想法，尝试与同伴协商，这样幼儿能够表达自己的意见和需求，倾听他人的意见和需求，激发幼儿的同情心和同理心，促进幼儿合作意识的进一步发展。

被拒绝的嘟嘟

"主动表达"也要抓住窍门，不恰当的表达方式会被人拒绝。

嘟嘟和小赵是好朋友，这一天我却发现嘟嘟一个人在搭枪，他先将一块圆形积木用螺母固定在长条形积木上，然后将一块弯形的积木固定牢，不转动，拿着他搭建的作品一直走动，原本拿了一块直的积木，但是看了一下，换了一块弯的长条形积木，摆了一下，又换了一块短一点的卡进去，在旁边的洞洞里固定上螺丝和螺母，又将一块弯形的积木固定在另一端。

搭完之后他终于带着枪去找小赵了，见到第一面却是对着小赵开枪，嘟嘟说："我是跟你一起的。"

小赵说："不是，我今天和小施一起。"嘟嘟介绍说他的是冲锋枪。小施说："不好吧。"小赵就被小施叫走了。

发现了这个情况，我和大家分享了《我们和好吧》这个故事的前半部分，了解故事中的好朋友为什么吵架，引导幼儿体会如果你是故事中的波力和埃迪你会怎么做，体会在合作一起玩的时候朋友之间相互体谅、相互理解的重要性，之后我把绘本投放在语言区让幼儿自己去了解故事的后续，扮演故事中的角色开展故事，进一步体会合作中相互尊重、相互体谅、相互理解的重要性。

后来我去找到了嘟嘟和小赵这对好朋友，先询问了小赵为什么不和嘟嘟一起玩了，小赵觉得嘟嘟太凶了，而且在别人那里捣乱，我将这个原因告诉了嘟嘟，并鼓励他去找小赵交流。

于是第二天，嘟嘟一大早就央求小赵一起搭积木。在搭积木的时候，小赵需要圆形积木，嘟嘟去给他拿来了，虽然小赵中途还是有一些"他会捣乱的"担忧，但是在嘟嘟的保证下，小赵与嘟嘟又和好了，并且在小赵拆不下来东西的时候，嘟嘟还帮小赵扶着，尝试帮他将积木拆下来，后来他们一直在一起玩了。

嘟嘟性格比较冲动，容易与人发生冲突，在语言表达和行为上也比较简单粗暴，坚持自己的想法。在与朋友相处时，朋友们会觉得他比较凶，因此在与他人合作时比较别扭。后来在介入时我选择了帮助嘟嘟与他的朋友商量这个做法，发现嘟嘟还是很想和朋友合作玩的，所以他进行了很多次的尝试。嘟嘟逐渐改变了他的说话方式，变得有礼貌、温和一些了，并且在一起玩的时候能够和朋友相互理解、相互帮助。这次嘟嘟有了很大的改变，改变了原先比较粗暴的表达方式，能够礼貌地表达自己的想法，得到了小赵的接受。我发现在合作时要想得到朋友的接受，需要在相互尊重、相互理解的基础上表达自己的想法，与朋友协商，用比较粗暴的方式协商往往得不到接受。

争吵中的超市

升入大班后，幼儿的合作意识有了进一步发展，有一天，几个男孩子在户外长廊中开了一家超市，他们说那是山姆超市，我过去的时候他们讨论得很激烈。

天天说："我还缺个机器。"

小倪问："什么机器？"

"就是我在（超市）看到有个东西的，我在超市里看到有一个机器。"天天说。

"就是那个扫的。"小曹说。

"扫码的我已经有了。"天天指着网说。

小曹拿着一个东西到天天身边说："这个，就是用这个来扫。"

"还有放东西的，就是买了之后用来放东西的地方。"天天把椅子放在桌子上说。小曹坐在扫码付钱的那里，意思是他想要做收银员。

不一会儿有客人来了，问："开店了吗？"

"马上开业，这个已经挂好了。"天天说。

客人来买东西，到小曹这里付钱，这时候天天跟小曹说："这个我来吧。"但是小曹不愿意，他解释说："我一开始就在这里。"他们看着对方谁也不让谁，我已经很想要介入"帮帮"他们了，这时候搭班老师阻止了我，我继续看下去，发现他们没有继续争吵，而是决定一起来收银，先一起帮客人扫了商品，并告诉客人需要付多少钱。

陈鹤琴提出"做中学，做中教，做中求进步"的"活教育"理论，幼儿能够主动学习，应以"做"为基础，促进幼儿的学习，保证幼儿的主体性。在超市游戏中，幼儿表达出自己遇到了困难，于是伙伴们都来和他一起想办法，最终解决了问题。而后来他们虽然发生了争吵，情绪比较激动，但是争吵最终平复了，他们选择继续合作，幼儿的亲身体验能够激发幼儿去思考解决矛盾的方法，提升幼儿的合作意识。

大班幼儿的语言表达能力增强，越来越多的幼儿能够主动表达自己的想法，而在协商过程中无法避免地会遇到意见不合、有矛盾的时候，"争吵"事件经常发生。通过这个小故事我体会到"主动表达"也有学问，我应该适当放手，给予孩子充分表达的空间，积累经验，掌握"主动表达"的学问，提升幼儿的交往合作能力。

从小班幼儿之间有一定的简单交流，关心帮助同伴，合作意识开始萌芽，到中班幼儿能够有意识地发起合作，合作意识真正开始发展，到大班能够商量玩法、分配角色，产生良好的合作行为，我们教师需要为幼儿创造与同伴协商合作的机会，鼓励幼儿主动表达自己的想法；不必过于着急介入幼儿的争吵，而是观察事情的发展，适当放手，让幼儿积累交往合作的经验；更重要的是，要引导幼儿在与同伴交往合作时，避免不恰当的表达方式，礼貌友好地与朋友交往。教师可以利用丰富的自主性游戏活动，通过游戏分享、一对一倾听幼儿的想法，逐步增强幼儿的合作意识，为幼儿创造交往合作的机会，形成友好的合作习惯。

幼儿合作意识的培养是友好道德情感培养的重要部分，友好道德情感的培养应该渗透在一日生活中，在与同伴交往合作中，逐渐认识自己，了解他人，摆脱以自我为中心，引导幼儿关心、尊重同伴，能够用主动表达、协商的方式友好地处理玩伴关系。

第五部分

活动方案

小 班

我爸爸超级厉害
（核心领域：语言）

活动设计：曹晨洁（上海市浦东新区南六幼儿园）

设计思路

10月下旬，小班孩子们开始慢慢适应幼儿园集体生活，喜欢上幼儿园了。这个阶段他们在家庭生活和幼儿园之间不停地建立起交集的纽带，孩子们在幼儿园很愿意和同伴、老师一起分享自己的家人、家里发生的好玩的事情，而"我爸爸超级厉害"这样的一个话题正好打开了小班幼儿的话匣子，他们充分表达自己拥有超级厉害爸爸的自豪和骄傲。小班"娃娃家"的主题活动的内容和要求是了解自己的家和家人，亲近父母和长辈，以各种方式表达自己的情感。综上两点，结合绘本《我爸爸超级厉害》，我设计了一个贴合幼儿生活话题、紧扣主题的小班集体教学活动"我爸爸超级厉害"。通过集体阅读、观察图片来理解小猪和爸爸之间发生的故事，说说自己爸爸拥有超级厉害的本事，激发拥有超级爸爸的自豪感。

活动目标

1. 理解故事内容，感受小猪从讨厌爸爸到喜欢爸爸的情感变化。
2. 分享自己爸爸超级厉害的本事，表达自己拥有超级爸爸的自豪和骄傲。

活动准备

1. 物质准备：多媒体课件。
2. 经验准备：了解过爸爸的工作。

活动过程

一、挨骂的小猪（设计意图：森林情景导入，引发思考，猜测小猪哭泣的原因，激发幼儿对活动的兴趣）

情景：在一片美丽的树林里住着小猪的一家和他的好朋友们，他们最喜欢在树林的大草丛里玩游戏。这天,好朋友们在等小猪和猪弟弟一起玩,远处却传来了一阵不一样的声音。

重点提问:听听这是什么声音?小猪怎么了?

小结:小猪在草原上大哭,原来是被爸爸打了呀!

过渡:爸爸为什么要打他?他到底做了什么?我们一起去看一看吧!

二、讨厌爸爸和喜欢爸爸(设计意图:观察图片,理解故事,感受小猪的情感变化)

1. 讨厌爸爸(播放小猪抢弟弟机器人玩具,弟弟大哭的画面)

重点提问:小猪为什么被爸爸打?小猪是怎么想的?

过渡:是呀,小猪这时候真的讨厌爸爸了,小猪的好朋友们,犯错挨打了是不是也很讨厌爸爸呢?

2. 喜欢爸爸(逐幅欣赏小花豹、小企鹅、小象的爸爸)

重点提问:

(1)小花豹是怎么说的?小花豹讨厌爸爸吗?(播放小花豹的语音:"我犯错爸爸也打我,我很难过,但是我遇到大狮子差点被吃掉,是我爸爸大声一吼就把大狮子给吼跑了,我喜欢我的爸爸,我爸爸保护了我。")

(2)小象的爸爸什么技术最棒?(播放小象的语音:"我最喜欢爸爸用长鼻子给我荡秋千,真是太好玩了!")

(3)小象最喜欢什么?小花豹和小企鹅都说他们爸爸超级厉害,厉害在哪里?

小结:小花豹、小企鹅、小象多么喜欢他们自己的爸爸呀!说起自己的爸爸是多么骄傲呀!

三、夸夸我的爸爸(设计意图:分享自己爸爸超级厉害的本事,表达自己拥有超级爸爸的自豪和骄傲)

我们也来夸夸我们自己的爸爸,你爸爸超级厉害的本事是什么?

小结:爸爸们真是超级厉害,会开车,会修电脑,会……爸爸真了不起。

过渡:听我们说了那么久的超级爸爸,小猪开始有不一样的想法了。

四、最喜欢爸爸(设计意图:阅读绘本结尾,一起感受小猪喜欢爸爸的情感)(播放背景音乐、小猪奔跑、和爸爸拥抱的图片)

小猪还讨厌爸爸吗?

小结:看着爸爸担心的表情,感受着爸爸温暖的拥抱,小猪觉得最喜欢爸爸了。

活动延伸:小猪和爸爸的故事就是来自《我爸爸超级厉害》这本书,喜欢这本图书可以回去再看看,活动结束。

小班

小蓝和小黄

（核心领域：语言）

活动设计：袁霖（上海市浦东新区馨苑幼儿园）

设计思路

绘本《小蓝和小黄》的内容十分简单，讲述了两个好朋友"小蓝"和"小黄"在一起玩，相互抱一抱后，变成了绿色，他们一起去了很多地方旅行。有趣、曲折的情节，常见的场景，惊奇的变化，是这本书带给小朋友新奇的体验。孩子们生活在一个丰富多彩的世界里，漂亮、鲜明的颜色总是吸引着幼儿的注意，为了提高幼儿的学习兴趣，设计了这次活动，目的就是利用幼儿对颜色的喜爱，结合捉迷藏这种幼儿喜欢的游戏方式，进而激发幼儿对颜色调和变化的兴趣，寓教于乐，非常适合小班幼儿的教学。

活动目标

1. 理解绘本内容，能够根据自己的生活经验看画面并想象、猜测故事的情节。
2. 在看看、听听、讲讲中，感受朋友间、亲人间的爱意。

活动准备

1. 物质准备：多媒体课件《小蓝和小黄》、可操作展板。
2. 经验准备：对日常生活中的颜色有一定认识与了解。

活动过程

一、谈话导入（设计意图：知晓故事主角，激发幼儿了解绘本的兴趣）

1. 出示封面图片

引导语：你从上面看到什么？你知道这个故事的主人是什么颜色吗？故事的名字是《小蓝和小黄》，那你知道谁是小蓝吗？

2. 出示图片：这是小蓝

引导语：你们看，这就是小蓝。让我们一起和小蓝打个招呼吧！

二、欣赏绘本《小蓝和小黄》(设计意图：通过解读绘本画面，理解绘本内容，并进行大胆猜测)

（一）认识小蓝和小黄

1. 出示图片：小蓝家

重点提问：

（1）这是小蓝的家，你看，小蓝家一共有几个人呀？

（2）哪个是蓝妈妈？哪个是蓝爸爸？为什么？

小结：小蓝的家里有爸爸、有妈妈，还有小蓝，他们是相亲相爱的一家人。

2. 出示图片：好朋友

重点提问：

（1）小蓝有许多好朋友，你们知道他们叫什么名字吗？

（2）可他最好的朋友是谁呢？

小结：小蓝最好的朋友是小黄。

3. 出示图片：小黄家

重点提问：

（1）小黄就住在街对面，他的家里有几个人？都有谁呢？

（2）哪个是黄妈妈？哪个是黄爸爸？为什么？

小结：小黄家里有妈妈、有爸爸，还有小黄，他们也是相亲相爱的一家人。

（二）小蓝和朋友做游戏

1. 观察图片，大胆猜测游戏内容

提问：小蓝和他的朋友经常在一起玩游戏，你们猜猜他们最喜欢玩什么游戏？

小结：原来他们最喜欢玩"藏猫猫"和"转呀转圈圈"的游戏。

2. 师生共同游戏

（1）转圈圈

提问：他们还玩了一个什么有趣的游戏？

小结：是转圈圈。

引导语：那我们现在就一起试试转圈圈游戏吧。

（三）小蓝和小黄在学校

出示图片：他们排排坐

重点提问：

（1）他们排排坐是要干什么呢？

（2）想想他们会学什么大本领呢?

小结：原来他们排排坐是要上课学习大本领，他们可能会学唱歌、跳舞等。

（四）小蓝找小黄

一天，妈妈要去买东西，她对小蓝说："你待在家里别出去。"可是，小蓝没有听妈妈的话，还是跑出去找小黄了。他跑到街对面的房子一看——唉，房子里没有人。他这边找找，那边找找，找呀找呀……突然在拐弯处找到了小黄!

重点提问：

（1）想想看，这时候小蓝的心情会是什么样的?

（2）小蓝和小黄两个好朋友见了面会做些什么，说些什么呢?

（3）他们真的开心地抱在了一起，可是，发生了什么事呢?

小结：小蓝找到了小黄，他们开心地抱在一起，抱呀，抱呀! 结果他们变成了绿色。

（五）小蓝和小黄出去玩

引导幼儿自由观察场景，说一说小蓝和小黄去了哪里玩。

他们一起去了好多好玩的地方，我们去看看他们去了哪里，在玩什么。

小结：原来他们去了那么多好玩的地方，真开心! 玩得有点累了，他们要回家了。

三、完整欣赏（设计意图：加深对故事的理解，感受朋友间、亲人间的爱意）

1. 引导语：今天我们和小蓝、小黄做了好朋友，还记得他们之前的故事吗? 我们再来读一遍好不好?

2. 师生共同完整欣赏故事。

四、活动延伸

小蓝和小黄回家了，你们觉得他们的爸爸妈妈会让他们回家吗? 我们一起回教室找到这本书看一看吧!

小 班

最好吃的蛋糕

（核心领域：社会）

活动设计：倪清（上海市浦东新区彭镇幼儿园）

设计思路

幼儿的分享行为可以帮助他们结交玩伴，使幼儿在分享的过程中获得语言发展、人际交往、解决问题等能力，还能帮助幼儿不断发展适应社会生活的能力。目前我们班大部分幼儿是独生子女，家长对他们过度保护、溺爱和顺从，使他们慢慢产生了以自我为中心的心理，不愿与人分享合作，因此，教师设计了此次活动，通过故事的形式让幼儿感受与人分享的情感，最后让幼儿将自己喜欢的玩具、食品、图书等进行展示、讲述和分享，从而在活动体验过程中，逐渐体会因分享带来的快乐和满足感。

活动目标

1. 通过观察画面，理解小老鼠为妈妈制作生日蛋糕的故事情节，乐意与他人分享自己的物品。
2. 体验分享带来的快乐。

活动准备

1. 物质准备：故事PPT，幼儿每人带一样自己喜欢的物品。
2. 经验准备：会介绍自己的物品。

活动过程

一、播放生日歌（设计意图：引出老鼠妈妈的生日，激发活动兴趣）
1. 提问：这是什么时候放的音乐？
2. 追问：生日的时候可以做些什么事情？
小结：过生日真是一件快乐的事情，今天老鼠妈妈也要过生日了。

二、观看故事PPT（设计意图：通过观察画面，理解故事情节，感受老鼠三兄弟乐意与人分享的情感）

1. 提问：老鼠三兄弟想给妈妈送什么礼物？用什么买呢？

小结：三兄弟拿出了自己所有的零用钱准备给妈妈买生日蛋糕。

2. 提问：老鼠三兄弟买到生日蛋糕了吗？为什么没买到？

追问：他们没买到蛋糕心情怎么样？（学习"垂头丧气"，请幼儿一起来做一做。）

3. 提问：蛋糕没买到，三兄弟想了什么好主意？

提问：好主意在哪儿呢？

追问：他们是怎么做蛋糕的？

小结：老大拿出了自己最爱的奶糖，老二拿出了自己舍不得吃的火腿，老三采了妈妈最喜欢的鲜花，宝贝们把自己平时舍不得吃的东西都拿出来给妈妈做蛋糕。

4. 提问：妈妈高兴吗？你从哪里看出来的？

提问：为什么妈妈说这是她吃过最好吃的蛋糕？

小结：老鼠妈妈吃着老鼠三兄弟亲手做的蛋糕，开心极了，她亲了亲三兄弟，说这是她吃过最好吃的蛋糕。

5. 提问：那你们的妈妈过生日你们会怎么做？

小结：看来你们和老鼠三兄弟一样，都很爱自己的妈妈，都愿意把自己的东西拿出来跟别人一起分享。

三、尝试讲述并与别人分享物品（设计意图：感受分享带来的快乐和满足感）

1. 组织讨论

提问：我们可以怎样分享自己的物品？

小结：我们可以把自己的物品和别人的交换，或者大家轮流玩，也可以把物品送给人家。

2. 分享交流

提问：刚刚跟小朋友们一起玩得开心吗？为什么你们可以收到许多不一样的玩具和食物呢？

小结：跟大家一起分享所以能收到大家的物品，一起分享真快乐。

小 班

脸，脸，各种各样的脸
（核心领域：语言）

活动设计：李淑雯（上海市浦东新区听潮幼儿园）

设计思路

小班幼儿对照镜子情有独钟，常与镜中的自己互动，捕捉表情的微妙变化。年龄越小，对人脸越好奇，而《脸，脸，各种各样的脸》一书中每一页呈现的鲜明表情，如同镜子般映射出幼儿对日常各种情绪的体验。同时，同样的心情，有可能会映射出不同幼儿不同的情绪，连接着不同的事件。我将常见的四种心情（高兴、难过、生气、舒服）串联起来，在漫游表情王国的情境中，感知不同的情绪，让孩子通过操作与探索，自主感受并介绍自己制作的表情。

活动目标

1. 感知脸的特征和不同表情，了解高兴、难过、生气、舒服四种常见情绪。
2. 喜欢参与讨论，在情境中体会表情变化的乐趣。

活动准备

1. 物质准备：PPT、五官操作板、小黑板。
2. 经验准备：对五官的名称能够有经验。

活动过程

一、律动《合拢张开》（设计意图：激发兴趣，感知脸的基本特征）

孩子们，让我们一起跟着音乐，唱一唱、动一动吧！

1. 提问：刚才我们的小手爬到了哪里？小脸上有什么？

2. 过渡：对呀，它们都住在我们的脸上。我们看看小哥哥的脸，是不是缺了什么？（出示五官操作板）谁来帮帮小哥哥，把他缺的部分送回家？

3. 小结：原来，我们的眼睛、鼻子、嘴巴都有它们的家，位置也不同。眼睛在上面，嘴巴在下面，鼻子在中间。

二、漫游"表情王国"（设计意图：感知不同表情，了解四种常见的情绪）

孩子们，我们刚才帮助了小哥哥，他特别感谢我们小（1）班的小朋友。所以，他邀请我们去"表情王国"做客。让我们乘着小火车出发喽！

1. 到站了，孩子们，你们知道我们到了谁的家吗？我们一起听一听它的声音。（播放笑的声音）

（1）提问：这是什么声音？笑脸宝宝是什么样的？

（2）小结：是呀，这是笑脸宝宝，它的眼睛弯弯的，嘴巴向上翘翘的，看起来特别高兴。

2. 我们再开着小火车到另一个脸宝宝家里去吧。（播放哭的声音）

（1）提问：这是什么声音？哭脸宝宝是什么样的？

（2）小结：这是哭脸宝宝，它的小嘴向下撇，眼睛向下垂，还有眼泪流出来了，看起来特别难过。

（3）提问：我们可以用什么办法让它不难过呢？

（4）小结：原来我们有这么多的办法能让它变得不难过呀。

3. 我们再开着小火车到另一个脸宝宝家里去吧。（生气）

（1）提问：这个宝宝怎么了？它的表情是什么样的？

（2）小结：这是生气宝宝，眉毛皱皱的，眼睛睁得凶凶的，嘴巴也会变得大大的，牙齿会露出来。

（3）提问：你什么时候会特别生气？怎么才能让自己不生气呢？

（4）小结：生气的时候我们可以找自己最亲近的人或者最喜欢的玩具，想办法变得不生气。

4. 再开着小火车到另一个脸宝宝家里去吧。（睡觉）

（1）提问：这个宝宝在干吗？它的表情是什么样的？

（2）小结：原来它在睡觉呀，它的眼睛闭得紧紧的，嘴巴笑眯眯的。

（3）提问：你们睡觉的时候感觉怎么样？

（4）过渡：是呀，睡觉的时候很舒服，我们一起学学它睡觉的样子，跟着音乐摇一摇吧！

5. 还有许多不同的脸娃娃，就藏在李老师的大书里，我们一起来看一看吧！

三、自主粘贴五官（设计意图：尝试表达自己对于表情的理解）

1. 过渡：刚才我们看了表情王国里那么多的表情，今天李老师把几个表情宝宝请过来了，但是需要你们自己动手，贴出它们的表情噢！等会儿要请你来介绍一下，你贴的是什么表情噢！

2. 自主操作：

（1）选择自己喜欢的五官进行粘贴。

（2）介绍一下这是什么表情，它是什么样的。

3. 小结：孩子们，我们今天去表情王国做客，认识了许多表情宝宝，我们把它们介绍给其他的朋友吧！

小班

小兔的连衣裙

（核心领域：语言）

活动设计：赵紫杰（上海市浦东新区馨苑幼儿园）

设计思路

"看"和"说"是幼儿早期阅读的重点。《小兔的连衣裙》结合小班幼儿的语言与思维特点进行设计，结合小班幼儿的认知特点，选取并设计了五幅内容：小花园、小树林（结合幼儿的已有经验和兴趣）、雪花飞舞、红火新年，同时，像冬天有雪花、新年在冬季、天黑出现星星等都是常识方面的，可以提升幼儿的认知经验。故事内容本身神奇梦幻、富有童趣，不仅可以吸引幼儿的注意力，调动幼儿参与活动的积极性，还可以给幼儿很多想象和表达的空间。整个活动设计分为三个环节……环节之间紧紧相扣，逐一铺开，带给孩子们的既是结构上重复的快乐，更在操作中享受在重复中变化的乐趣。

活动目标

1. 仔细观察画面上的图案，说说小兔连衣裙的不同变化。
2. 阅读理解小兔连衣裙变化的有关情节，感受故事的奇妙有趣。

活动准备

1. 物质准备：多媒体课件《小兔的连衣裙》、自制小图书。
2. 经验准备：幼儿有"小兔乖乖"主题经验，有冬天会下雪、新年在冬季、天黑出现星星等常识经验。

活动过程

一、猜谜导入，认识小兔（设计意图：模仿猜测，激发幼儿兴趣）

1. 提问：森林里住着很多动物朋友，请你来说一说你最喜欢谁，为什么？
2. 猜谜语：今天有一位好朋友来我们班做客，她长着红红的眼睛、长耳朵，短短的尾巴蹦蹦跳。（幼儿边模仿边猜测）

揭示谜底，和小兔子打招呼。

二、课件导读，认识连衣裙（设计意图：欣赏故事前半段，感受理解小兔连衣裙变化的有趣情节）

1. 白布变连衣裙

主要提问：这块布可以用来做什么？（幼儿自由表述）

师小结：白布变成了一件连衣裙。小兔穿上自己做的连衣裙，漂亮吗？我们一起来夸夸她。

过渡语：小兔想，我要让我的朋友都瞧一瞧。她决定出门走走，她会怎么神气地走一走呢？（幼儿自由表演直着走、转身走、转一圈等）

2. 连衣裙变出花朵来

——走走走，小兔走进花园里，转个圈，变变变，连衣裙变出小花来。

主要提问：发生了什么有趣的事？

师小结：小兔走走走，走到花园里，转个圈，变变变，连衣裙变出小花来。原来这是一件神奇的连衣裙，只要小兔走到哪里，看到什么，连衣裙就会变出什么。她决定再去试一试，让裙子再去变一变。

3. 连衣裙变出小树来

——走走走，小兔走到树林里，转个圈，变变变，连衣裙会变出什么来？

师小结：走走走，小兔走在树林里，变变变，连衣裙变出小树来！

过渡语：小兔站在树林里，东瞧瞧、西看看，她还想继续走下去，你们愿不愿意牵着小兔子一起走一走？

三、阅读理解，说说变化（设计意图：教师陪幼儿自主阅读，引导幼儿大胆表达）

1. 介绍小图书及阅读的特殊方法

2. 教师陪伴幼儿自主阅读

——走走走，小兔走在花园里，变变变，连衣裙变出花朵来。（香香的）

——走走走，小兔走在树林里，变变变，连衣裙变出小树来。（又有花又有树）

——哇，下雪了，带着小兔在大雪中走走走，连衣裙变出雪花来。（数一数有几朵雪花？）

（连衣裙唱歌啦，教师唱《小雪花》，是不是很神奇呀？）

——听，噼噼啪啪鞭炮声，原来是过年了，小兔走进新年里，变变变，连衣裙上面会变出什么花样来？（幼儿自由表述）师幼共同夸夸小兔子。

——天黑了，星星出来了，连衣裙变得亮闪闪。（大星星、小星星）听一听，这会儿连衣裙会唱出什么歌?

四、活动延伸，送小兔回家（设计意图：学习整理图书，养成懂礼貌的好习惯）

——夜深了，快送小兔回家吧！

小班

神奇的连衣裙

（核心领域：语言）

活动设计：施光美（上海市浦东新区大团幼儿园）

设计思路

《3—6岁儿童学习与发展指南》中指出："应为幼儿提供丰富、适宜的低幼读物，经常和幼儿一起看图书、讲故事，激发幼儿的阅读兴趣，丰富其语言表达能力。"所以本次我选择了绘本《我的连衣裙》，设计了"神奇的连衣裙"这节课，这是一本极具童趣的故事图画书，主要通过小兔子的特写和背景环境的改变来表现连衣裙的变化与连续性，引导幼儿在活动过程中从想说、敢说到喜欢说并学会一些简单的句式，为幼儿多多创造口语表达的机会。在感受小兔连衣裙的奇妙和有趣中，让幼儿在看看、猜猜、说说中发展天马行空的想象力。

活动目标

1. 感受图画书中小兔连衣裙花样的变化，愿意用语言表达自己的理解和想象。
2. 喜欢阅读，能感受到小兔连衣裙的奇妙和有趣。

活动准备

1. 物质准备：PPT课件、穿着镂空连衣裙的兔子、自制图画书。
2. 经验准备：幼儿穿过或看过连衣裙，知道一些图案。

活动过程

一、图片导入（设计意图：认识故事主人公，激发幼儿兴趣）

PPT先出现兔子脸，再出现兔子耳朵。

提问：猜猜看它会是谁啊？

小结：原来是只可爱的小兔子，让我们和小兔子打个招呼吧。

二、小兔散步，真神奇（设计意图：感受图画书中小兔连衣裙花样的变化，愿意用语言表达自己的理解和想象）

1. 边看画面，边讲述故事第一段。

提问：小朋友们帮小白兔想想，这块雪白的布能做什么呢？

小结：雪白的布可以做成布汽车、布飞机、小口袋、爱心……

2. 让幼儿观察大屏幕，小白兔把白布变成了什么？（连衣裙）

提问：小兔美不美？你们用一句话夸夸她。

小结：小兔听到你们夸奖她更高兴了，原来被别人表扬是件那么开心的事情。

3. 于是小兔决定穿上连衣裙出门走走，让更多的朋友看到这条好看的连衣裙。

重点提问：发生了什么有趣的事情？小兔的连衣裙变成了什么？为什么？

小结：瞧，小兔出门啦，一二一，走走走，小兔走进花园里，白裙子变成花裙子。一二一，走走走，小兔走进森林里，白裙子变成树裙子。

追问：请用一句话夸夸小白兔的裙子，应该怎么夸？

过渡：小兔听了很开心，谢谢你，谢谢你们。能够夸一夸也是件了不起的事情，我还要让我的裙子变一变，变得更美丽。

4. 回忆情节，展开想象。

重点提问：刚才变过了什么东西？这次你希望她能变成什么样子？

如果变成这样，那需要到哪里才能变成这样？

如果到河边走一走，会变成什么样子呀？

小结：这个时候，小兔知道了，原来这裙子真的很神奇，只要走到哪里，看到什么，觉得什么漂亮，就会变出什么来。

过渡：小兔说你们的主意可真多，我也要请你们和她一起去书里散散步。

三、欣赏绘本（设计意图：喜欢阅读，能感受到小兔连衣裙的奇妙和有趣）

1. 规则：请你一页一页地翻书，翻过去后要放到后面。

2. 师幼一起坐到桌子边，每人一本绘本，老师讲故事，幼儿边欣赏边操作，看看小白兔的裙子变成了什么美丽的图案。

3. 小兔真开心啊，去了那么多地方，变出了这么多漂亮的连衣裙，现在把她夹在书里，让她甜甜地睡一觉吧。

活动延伸

等小兔睡醒后，我们再带她去美丽的幼儿园里转一转，变出更好看的连衣裙。

小班

温暖的围巾

（核心领域：语言）

活动设计：徐桃慧（上海市浦东新区南六幼儿园）

设计思路

小班阶段孩子都以自我为中心，《温暖的围巾》这个绘本很好地诠释了关心与关爱这一主题，因此，教师通过开展绘本活动，一起围绕给长颈鹿找适合的围巾这一情境，与孩子们一起观察、一起猜测、一起表达，来感受同伴之间的友爱之情。

活动目标

1. 围绕"给长颈鹿找适合的围巾"这一情境，能仔细观察画面，愿意说说自己的看法。
2. 遇到困难时，萌发对同伴的关爱之情。

活动准备

1. 物质准备：PPT课件。
2. 经验准备：认识围巾，知道围巾的功能。

活动过程

一、导入主题，引出情境（设计意图：引出主人公，激发幼儿进一步了解故事的意愿）

1. 介绍主人公长颈鹿，引出长颈鹿脖子冷，需要求助的情境。

重点提问：这是谁？长颈鹿怎么了？有什么好办法吗？（在发抖，脖子冷。）

2. 猜猜、说说如何缓解长颈鹿的不适。

重点提问：那有什么好办法能让长颈鹿的脖子舒服一些呢？

过渡：你们真热心，想了那么多好办法。长颈鹿想找它的朋友求助，会遇到谁呢？

二、寻求帮助，传递关爱（设计意图：围绕帮助长颈鹿这个故事情境，大胆猜测并表达自己的想法）

（一）遇到小猪

播放PPT（小猪页面）

重点提问：你们觉得小猪会怎么帮助长颈鹿呢？

小结：你们的猜测都有可能噢，那小猪到底想了个什么办法呢？

（二）遇到小老鼠

播放PPT（小老鼠页面）

重点提问（1）：小猪的办法是什么？（问小老鼠借围巾。）那小老鼠会愿意吗？

提问（2）：你们发现长颈鹿怎么样？为什么？（围巾太短了，依旧冷。）

小结：是呀，小老鼠的围巾短，长颈鹿的脖子长，长颈鹿戴了小老鼠的围巾依旧觉得脖子冷。小猪好担心长颈鹿，拼命地想办法，到底该怎么办？我们继续看下去。

（三）遇到小熊、大象

同时播放PPT（小老鼠页面）

重点提问（1）：小猪的办法是什么？（问小熊、大象借围巾。）那小熊和大象会愿意吗？

提问（2）：那围巾合适吗？你是从哪里看出来的？（长颈鹿还在发抖，围巾依旧太短了，依旧冷。）

小结：虽然小熊和大象都愿意借围巾，但是长颈鹿的脖子实在太长了，它还是觉得脖子冷。你们还有更好的办法吗？

（四）解决问题

1.播放PPT（围巾连起来）

重点提问：朋友都找遍了，你们还有好办法吗？那我们来看看它们到底想了个什么办法。

小结：原来它们把围巾都系在一起，这样围巾就变得长长的了。

2.播放PPT（集体高兴）

提问：它们为什么都这么高兴啊？（长颈鹿不冷了。）你觉得这些动物朋友怎么样？

小结：是呀，动物朋友们都十分热心，它们都是好朋友，遇到问题会关爱他人。

三、完整阅读，拓展延伸（设计意图：通过完整阅读，进一步感受动物们帮助长颈鹿的友爱之情）

完整讲述绘本故事。

1. 介绍绘本的名字

师：这个好听的绘本有个好听的名字叫作《温暖的围巾》，你们觉得为什么取这个名字呢？

2. 那我们把这本绘本一起再来看一看、听一听吧

要求：每个人找一个位置坐下，看一本书；跟着大象的脚步一起去找适合它的"温暖的围巾"吧。

小班

妈妈抱抱我

（核心领域：语言）

活动设计：钟丽杰（上海市浦东新区南六幼儿园）

设计思路

小班的孩子们特别需要安全感，时常需要去抱抱他们、亲亲他们，给予他们爱的支持，因为"爱"是现实生活中的主题。通过这个活动的开展，在师生共同解读故事内容的过程中，让孩子们了解动物妈妈与自己孩子之间的友爱表现，让孩子们学会不同爱的表达方式，能够主动学会爱自己、爱别人。

活动目标

1. 仔细观察图片，了解动物妈妈和宝宝之间爱的方式。
2. 感受亲子间浓浓的亲情。

活动准备

1. 物质准备：PPT、舒缓轻音乐。
2. 经验准备：有被大人呵护时亲亲、抱抱的经验。

活动过程

一、歌曲导入，引出主题（设计意图：从歌曲表演导入，激发幼儿回忆妈妈平时爱我们的各种事情）

1. 师生共同表演歌曲《我的好妈妈》。
2. 重点提问：妈妈平时是怎么爱我们的？

小结：原来妈妈会无微不至地照顾我们，默默地帮我们做很多事情，给我们买好吃的东西，好玩的玩具，时刻爱着我们。

二、故事引导，互动表达（设计意图：在观察画面的过程中，感受动物妈妈对小动物表达爱的方式。）

1. 解读鸡妈妈的爱

重点提问：看看图片上有谁？鸡妈妈是怎样爱小鸡的？

小结：原来鸡妈妈用翅膀抱她的宝宝。

2. 解读鸟妈妈的爱

猜谜语：个头小，本领大，常在空中玩耍，爱在树上睡觉。

提问：是谁来了？

追问：鸟妈妈在干什么呢？

小结：原来鸟妈妈用嘴巴轻轻地给她的宝宝挠痒痒。

3. 解读狗妈妈的爱

提问：仔细观察画面，又是谁呢？

追问：狗妈妈是怎样爱宝宝的？谁愿意来表演一下。

小结：原来狗妈妈用舌头轻轻地舔她的宝宝。

过渡：这个故事里的爱可真多呀，动物妈妈们都爱着她们的宝宝们，好温暖，真让人感动，而她们表达爱的方式都不一样。

三、拓展讨论，升华情感（设计意图：通过讨论不同的爱的方式，让孩子们感受浓浓的爱意）

重点提问：你还知道其他动物妈妈是怎样爱她的孩子的吗？（幼儿讨论）

追问：你的妈妈是怎么爱你的呢？

小结：宝贝们，当你很爱很爱一个人的时候，我们要抱抱他们，亲亲他们，把自己的爱表达出来告诉他！这样我们的爱会越来越多、越来越多……

小班

迎春花开

（核心领域：艺术）

活动设计：郁燕华（上海市浦东新区靖海之星幼儿园）

设计思路

4月的中旬正逢"小花园"主题，"小花园"主题核心经验是喜欢观察周围的花草树木，有爱护它们的情感。孩子们愿意用不同的方式表达对花草的喜爱之情。这次活动素材来源于自由活动中的一个小插曲，孩子们在自由活动时看图画书，图画书的名字叫作《迎春花开了》。孩子们都说花花老师，这是什么花呀？好漂亮，像精灵一样。我和孩子们说这是迎春花，孩子们对迎春花特别感兴趣，于是我开展了本次"迎春花开"的艺术活动，试图通过解读《迎春花开了》的画面，让孩子们在看看、说说迎春花的过程中，配合上朗朗上口的自编童谣，尝试用棉签点画的方式表现迎春花，在创作的过程中感受迎春花的美，以及我们要爱护迎春花，尊重自然，与自然友好相处。

活动目标

1. 在看看、说说的过程中，尝试用棉签点画的方式表现迎春花的样子。
2. 在点画的过程中感受迎春花的美，知道要爱护自然。

活动准备

1. 物质准备：《迎春花开了》图画书、PPT、画纸、颜料、抹布、棉签、反穿绘画衣等。
2. 经验准备：认识迎春花，知道迎春花的外形特点。

活动过程

一、观察欣赏，认识迎春花（设计意图：激发幼儿对活动的兴趣）

1. 出示迎春花不同造型的图片，欣赏迎春花的美。

重点问题：孩子们，还记得我们在幼儿园散步的时候看到的这个花是什么花吗?

追问:你觉得迎春花美吗?美在哪里?

小结:迎春花真美呀,有的弯下了腰,有的像在跳舞,每朵迎春花都有不同的造型。

2. 出示迎春花图片,观察迎春花的花瓣和花蕊的颜色。

重点问题:迎春花的花瓣和花蕊是什么颜色?

追问:那它的叶子是什么颜色呢?

小结:春天到了,美丽的迎春花开在树上好美啊,它的花瓣是黄色的,花蕊是橙色的,叶子是绿色的。

环节衔接语言:那你们知道吗?我们可以用棉签点画的方法把美丽的迎春花画在画纸上。

二、创作表现,点画迎春花(设计意图:幼儿尝试用棉签点画的方式表现出迎春花)

1. 介绍绘画材料。

2. 交代要求(跟着童谣来说出点画迎春花的方法)。

问题:孩子们,你们看哥哥姐姐们已经把美丽的迎春花画在了画纸上,请你猜猜看他们是怎么画的。

小结:小棉签来帮忙,蘸一蘸,点一点。橙的变成小花蕊,黄的变成小花瓣。小棉签,画一画,绿的变成小叶子。

3. 个别幼儿尝试。

(1)用棉签蘸橙色颜料画迎春花的花蕊。

(2)用棉签蘸黄色颜料画迎春花的花瓣。

(3)最后用棉签蘸绿色颜料画迎春花的叶子。

4. 幼儿用棉签点画,教师巡回指导,引导幼儿点画出美丽的迎春花。

(1)明确指导要求:橙的变成小花蕊,黄的变成小花瓣,绿的变成小叶子。

(2)重点观察指导:

观察幼儿是否能根据童谣来点画迎春花。

指导幼儿在表现迎春花时要错落有致。

三、分享交流,爱护迎春花(设计意图:幼儿相互交流自己点画的迎春花,知道要爱护自然)

重点问题:孩子们画的迎春花都好漂亮,像个小精灵,那我们在生活中看到迎春花,你会怎么做呀?

小结：我们班的孩子可真棒，知道要爱护迎春花，我们可以给它浇水、施肥、除草等。其实大自然中有很多美丽的植物，我们都要学会爱护它，和它们一起做好朋友。

附童谣：

迎春花开

春天到，百花开。
黄的黄，绿的绿。
小棉签来帮忙，
蘸一蘸，点一点，
绿的变成花叶子，
橙的变成小花蕊，
黄的变成小花瓣，
迎春花开真美丽。
我们都要爱护它，
大家脸上笑眯眯。

小 班

你来帮帮我，我来帮帮你

（核心领域：社会）

活动设计：祝丹芸（上海市浦东新区南六幼儿园）

设计思路

《你来帮帮我，我来帮帮你》这本绘本的画面内容非常清晰地表现出了同伴间互助友好的亲社会行为，画面以跨页的形式呈现，主旨表达明确，适合低年龄段幼儿阅读。同时，小班末期到中班初期是幼儿从自我中心到去自我中心化的重要时期，故本次教学活动的实施更适合于在小班末期或中班初期实施，符合幼儿的年龄特点。

在绘本素材的处理上，将割裂的情节通过森林中小动物的问题以整幅画的形式共同呈现，让幼儿阅读的过程中有情景辅助，便于阅读感受。同时，根据情景的创设，将过冬与前几幅画面内容冲突的内容酌情删减。

活动环节的设计由绘本出发，引发幼儿对绘本故事中主人翁情感的共鸣，从而建立初步的互助情感基础。再从身边成人的互助需求出发，引发幼儿对身边成人帮助的积极情感，使幼儿在助人后获得情感的满足。最后回归到幼儿自身在生活中遇到的困难，让孩子大胆表达自己的求助情感，萌发该阶段幼儿求助、互助的初始行为。整个活动的情感路线从理解故事出发，再由成人示范示弱并请幼儿帮助，最后到幼儿自主表达需求。整个情感能够给予幼儿层层代入的机会。

在活动形式上，有阅读、实际操作、视频回顾等多种形式，丰富幼儿的体验感，促进幼儿从体验到情感内化。

活动目标

1. 感受帮助与被帮助的积极情感。
2. 愿意大胆表达自己在阅读和生活中的感受。

活动准备

1. 物质准备：体验材料（便利贴、跷跷板）、视频材料（爸爸妈妈、老师、保安等熟悉的人录制的求助视频）、展示材料（展板、记录纸、记录笔）、大绘本（删减过冬内容，其余内容共同呈现）。

2. 经验准备：教师帮助积累幼儿在一日活动中幼儿独自遇到困难的经验，有初步的同伴共同合作的经验。

活动过程

一、绘本阅读，共情感受（设计意图：理解故事，从故事情节中初步感受互助的情感）

导入：在森林里，住着许多小动物，我们一起去看看它们都在做什么。（出示整幅动物遇到困难的绘本画面）

——小动物们都想做些什么事情呢？

——它们成功了吗？是什么样的心情？

小结：小象一个人搬不了长长的树干，小刺猬一个人用长长的勺子喝不到水，棕熊一个人刷不到后背，小猪一个人摘不到高高的果子，犀牛一个人玩不了上上下下的跷跷板。它们一个个都愁眉苦脸，心情确实挺糟糕。

——有什么办法可以让它们的心情不那么糟糕呢？

——（出示画面搬树干）是什么事情让小象的心情变得开心起来了呢？

小结：朋友的帮助，让原本搬不动的树干也变得简单起来了，你来帮帮我，我来帮帮你，可真快乐！

——（拿出跷跷板）怎样才能让犀牛因不能玩跷跷板糟糕的心情变好起来呢？

——（拿出长勺子）这么长的勺子，该怎么喝水呢？

——（给每个小朋友背后贴便利贴）挠不到的背，怎么样才能变得舒服呢？

小结：（出示整幅互助的画面）一个人的困难，两个人就变简单了，你来帮帮我，我来帮帮你，可真方便！

二、视频观看，尝试帮助（设计意图：基于幼儿生活经验，从绘本情感迁移到生活情感）

过渡：除了故事中的小动物，我们身边也有许多需要帮助的人，让我们一起来听听他们遇到了什么问题。

保安：我在幼儿园里巡逻的时候，有人要进校园，我就没办法帮他开门了！

妈妈：这么大的被单，我一个人折起来一点都不方便，一直掉地上！

老师：×老师生病请假了，我一个人带你们走楼梯，后面的小朋友就没办法关心了!

——你们有什么好方法吗?

小结:生活中一个人的困难,两个人来解决就方便很多了!你帮我,我帮你,还有什么解决不了的呢!

三、经验分享,情感延伸(设计意图:情感延续,从绘本情感到生活中熟悉的人的情感,最后到幼儿自身个体的情感,尝试去解决自己生活中遇到的困难)

——朋友们,你们有没有遇到过自己解决不了的问题呢?(教师即时记录,呈现在展板上)

小结:一会儿我们带着这些问题,到班级里你来帮帮我,我来帮帮你,一起把困难解决掉吧!

中班

猜猜我有多爱你

（核心领域：语言）

活动设计：唐云霞（上海市浦东新区南六幼儿园）

设计思路

"爱"是现实生活中的主题。如今，幼儿大都是独生子女，他们尽情地享受着父母及其他长辈的宠爱。3—5岁的幼儿已形成了初步的自我意识，此时，他们不能感悟"爱"，认为是理所当然的，只是一味地享受，不懂得去关爱他人，也不能够大胆表达自己的情感。"饮水莫忘清水源，舐犊情深意绵绵，不是跪羊无傲骨，人间孝道法自然。"《幼儿园教育指导纲要（试行）》中强调，"幼儿园应与家庭、社区密切合作，综合利用各种教育资源"，还要"善于发现幼儿感兴趣的事物、游戏和偶发事件中所隐含的教育价值，把握时机，积极引导"。借此机会我开展了这一活动，对幼儿进行"爱"的教育，使其学会感受周围人对自己的爱并能够爱家人、爱同伴、爱集体，塑造幼儿良好、健康的心理品质。

活动目标

1. 理解故事内容，愿意用语言、动作大胆地表达自己的爱。
2. 借助故事，感受亲子之间浓浓的亲情。

活动准备

1. 物质准备：PPT、舒缓轻音乐。
2. 经验准备：幼儿有过阅读绘本的经验。

活动过程

一、解读封面，了解故事的主要人物（设计意图：从故事的封面导入，激发幼儿想了解这个故事的欲望）

1. 看看封面，说说你看到了什么。
2. 猜猜小兔子扯着兔妈妈的耳朵在说什么呢。（介绍书名《猜猜我有多爱你》）

过渡：小兔子和兔妈妈之间到底发生了一个什么故事呢？让我们跟着小兔子、兔妈妈一起听听这有趣的故事吧。

二、分段阅读，理解故事（设计意图：通过不同的阅读方式让幼儿了解小兔子和妈妈对彼此不同爱的表达方式，从而能进一步理解故事的内容）

1. 第一段故事：

（1）小兔子用了一个什么动作，表达对妈妈的爱？（引导幼儿做出张开双臂的动作）

（2）刚才小兔子对妈妈说了一句什么话？

（3）教师示范动作，引导幼儿共同参与。

（4）个别幼儿示范。

2. 第二段故事：

（1）小兔子和兔妈妈用了哪两个动作表达心里的爱？

（2）请你和好朋友比比谁的爱多。

（3）你用什么样的动作来表达自己这么多的爱？

小结：是啊，小兔子深深地爱着大兔子，兔妈妈也深深地爱着小兔子，虽然现在兔妈妈爱小兔子多一些，但小兔子会一天天地长大、长高，它对兔妈妈的爱会越来越多，越来越多……

3. 第三段故事：

（1）小兔子来到了一座山脚下，它看到了什么？

（2）小兔子是怎样用能看到的景色来表达心中的爱的？

——教师用草地示范：草地有多绿，我就有多爱你。

——你能用其他的看到的东西表示对妈妈的爱吗？

（3）除了这些东西，我们还可以用眼睛里看到的东西来表达自己的爱，还有很多东西可以用来表达爱的。

小结：原来有爱的人愿意表达出来就显得很帅、很漂亮了，心中有爱就表达出来，爱你的人也肯定多了。

三、活动延伸，知道爱要大声说出来（设计意图：通过回顾故事内容，让幼儿了解爱自己的人和自己爱的人，知道大胆地表达自己对他们的爱）

1. 这个故事里谁的爱最多？

2. 家里你最爱谁呢？你有多爱他们？

小结：当你很爱很爱一个人的时候，我们要像小兔子一样，把自己的爱大声地告诉她！让我们去找找你最爱的人，找到了，把你的爱告诉他！

中 班

奶奶的青团

（核心领域：语言）

活动设计：陶仕娴（上海市浦东新区宣桥幼儿园）

设计思路

　　《奶奶的青团》是一部优秀的中国原创绘本，书中描绘了白墙黑瓦，小桥流水，青山翠绿，孩童嬉闹，一幅幅美丽的江南小镇诗意画面……

　　到了清明节气，"清明时节雨纷纷"的情感蕴含在充盈着浓浓艾草味道的新绿中。那明艳的油菜花、甜糯的青团，连接了我们和奶奶之间绵长的记忆。为进一步帮助幼儿了解中国传统文化，我班开展了"奶奶的青团"活动，希望通过聆听故事、卡片排序、品尝青团等形式使幼儿了解故事中"我"与奶奶共同制作豆沙青团的经历，感受中国传统节日美食所蕴含的美好情感。

活动目标

　　1. 理解故事，了解与奶奶制作青团的流程，知道清明节有做青团、吃青团的风俗。
　　2. 仔细观察画面中人物的行为并大胆地猜想。

活动准备

　　1. 物质准备：多媒体课件《奶奶的青团》、自制小图书、排序卡片、豆沙青团。
　　2. 经验准备：幼儿对清明文化有一定的了解和认识。

活动过程

　　一、说——最喜欢的食物（设计意图：从幼儿已有的经验出发，谈话进入主题）
　　提问：你最喜欢吃的点心是什么？
　　小结：每个小朋友喜欢吃的点心可能都不一样，老师我最喜欢吃的就是我奶奶做的青团。一说到这啊，就想起了奶奶，还有我的家乡，那就给你们讲讲我小时候的故事吧！

二、看——忙碌的人（设计意图：根据不同形式欣赏散文，初步理解）

1. 播放课件，讲述故事开头。

师：春雨过后，江南的早春来了。在那遥远的小村庄，住着相亲相爱的村民们。清明节马上到了，各家各户开始忙活起来了。

2. 幼儿观察图片，说说人们都在忙些什么。

提问：看，这会儿大家都在做些什么？

小结：奶奶在煮红豆馅，妈妈在磨米粉，姐姐在洗莲藕，爷爷在扎风筝，邻居踢着毽子。

关键提问：咦，爸爸干什么去了呢？

小结：爸爸采艾草、买树苗去了。

追问：要艾草干什么呢？

总结：奶奶说要做青团，艾草少不了。

三、制——甜蜜的青团（设计意图：幼儿自由阅读绘本，知道奶奶做豆沙青团的步骤）

1. 小组自由阅读绘本，并讨论进行排序。

重点提问：奶奶是怎么做青团的？

总结：看来做青团真不是一件容易的事情，奶奶用碧绿的艾草汁把面和成面团，把绿色的面团压成饼。再把豆沙团放在面饼的中央。然后，把面饼的四周全捏合在一起。揉啊揉啊，一个包着香甜豆沙的青团就做好了。

2. 观看视频说说清明其他的美食。

过渡语：这时，门外一阵热闹声传了过来。是谁来啦？阿芝姑姑带来清明糕，阿根弟弟和爷爷带来了五彩蛋，小胖和姐姐端来了夹心糕，乡亲们送来了自己家做的好吃的。"谢谢！谢谢乡亲们！"

提问：乡亲们带来了什么食物？

四、品——节日的美食（设计意图：品尝豆沙青团，感受清明习俗）

1. 师：青团出锅喽！"奶奶，先给我一个，先给我一个！""别心急，再等等。"

提问：为什么要再等等呢？

小结：因为奶奶还有最后一步，要给每个青团都刷上香油，这样青团会变得又香又亮，而且吃青团太快容易烫伤。

师：你们猜猜青团吃起来怎么样？那我们一起来品尝下青团吧。

2. 幼儿品尝青团。

总结：咬上一口，甜丝丝、滑溜溜，带着春天的清香，吃进了肚子。

五、活动延伸（设计意图：引发幼儿思考，继续了解中国传统文化）

师：清明节还有什么其他的习俗吗？

中班

鼹鼠爸爸的鼾声

（核心领域：语言）

活动设计：茅庆花（上海市浦东新区南六幼儿园）

设计思路

《鼹鼠爸爸的鼾声》是一个描写鼹鼠一家温馨而可爱的绘本故事，故事中的鼹鼠爸爸因为工作的劳累而睡觉打鼾，结果引发了小鼹鼠们的不满和调皮，于是一个个矛盾和心理变化陆续出现，最终，故事以温馨、圆满的一幕结束。故事要告诉孩子们的无疑是关爱爸爸、体谅爸爸这样一种情感。

这一主题适合在中班上学期"我爱我家"活动中开展，中班孩子的语言能力正在逐渐增强，但是对于语言的理解和表达仍然存在一定的困难，本次活动主要通过故事引导孩子进一步理解与运用语言表达自己的想法。

活动中我采用边看边讲的方式，其中穿插演一演的环节，让孩子以视觉、听觉，以及亲身体验感受故事中主人公心理变化，理解鼹鼠爸爸打鼾的原因，借助图片发展幼儿语言表达能力和思维能力，从而激发爱爸爸的情感。

活动目标

1. 理解故事内容，了解鼹鼠爸爸打鼾的原因和小鼹鼠帮助爸爸的过程。
2. 体会爸爸工作的辛苦，知道为爸爸做一些力所能及的事，激起关爱家人的情感。

活动准备

1. 物质准备：故事课件。
2. 经验准备：有听过成人的打鼾声。

活动过程

一、导入（设计意图：鼾声导入，引出主题）

1. 听鼾声——这是什么声音？家里谁会发出这个鼾声？

2. 这个鼾声是一个动物发出来的,看看是谁?

小结:这是鼹鼠一家,有鼹鼠爸爸、鼹鼠妈妈和小鼹鼠们。认识它们后,就开始我们今天的故事咯!让我们一起来认识一下这位特别的爸爸!

二、分段欣赏故事(设计意图:了解爸爸打鼾的原因和小鼹鼠帮助爸爸的过程)

(一)了解鼹鼠爸爸的劳累

1. 从这张图片上,你们猜猜看,鼹鼠爸爸是做什么工作的?挖了洞给谁住呢?

小结:原来鼹鼠爸爸是一个打洞专家,而且是专门为小动物们造房子的打洞专家。

我们来看看爸爸每天都干些什么活。那让我们看看他的劳动成果,都给哪些动物造了家?

鼹鼠爸爸用它独特的办法和打洞的本领为许多小动物造了家,你觉得这是一个怎样的爸爸?

2. 鼹鼠爸爸是一位能干、本领特别大的爸爸,他为许多动物造了漂亮而美丽的家园,小动物们可感激他了。所以他也是小鼹鼠们非常爱非常爱的好爸爸!每天小鼹鼠都等着爸爸回家,瞧!爸爸回来了,猜猜看,小鼹鼠会对爸爸说些什么?

小结:有的是关心爸爸的话,有的是爱护爸爸的话,也有的是等着爸爸要陪它们做游戏的话……

(二)感受小鼹鼠的调皮

1. 鼹鼠爸爸看到他的宝贝也特别开心,说道:"吃过晚饭,爸爸来陪你们玩游戏!"猜猜看,吃过晚饭,爸爸会不会陪他们做游戏?

2. 但是,吃过晚饭,当小鼹鼠们正要和爸爸做游戏的时候,听听看,发生什么事了?谁睡着了啊?爸爸明明说要陪他们做游戏,为什么会睡着呢?

3. 小鼹鼠们有没有放过爸爸,他们都在做些什么?

为什么小鼹鼠们看到爸爸睡着了,还会做这么多有趣的动作呢?

4. 如果是你,有人挠你痒痒、吹喇叭,你会醒吗?

那为什么爸爸到现在还没有醒?

小结:是呀,爸爸劳动了一天,非常辛苦。如果这个时候,你是鼹鼠宝宝,你会怎么做呢?你们都是懂事的孩子,小鼹鼠们也很懂事,他们想了一个好办法,我们一起来看一看。

（三）了解小鼹鼠和爸爸之间的爱

1. 小鼹鼠在干什么呀？我们来帮帮它们吧！

瞧！昨天是爸爸一个人在挖洞，今天加上5个鼹鼠宝贝，还有我们，有那么多人在帮忙，人多力量大了，鼹鼠爸爸的活就怎么样？那你们觉得小鼹鼠为什么会做这些事情呢？

小结：这样做鼹鼠爸爸就可以轻松一点了，不那么累了，他们在学着帮爸爸分担一些事情。

2. 在你们和小鼹鼠的帮助下，爸爸的工作提前完成啦。到了晚上，爸爸特别感激他的宝贝，要陪他们玩游戏，可是玩着玩着……小鼹鼠为什么会睡着？

小结：小鼹鼠们帮着爸爸工作了一天，也觉得很辛苦，累得睡着了……这天晚上，鼹鼠爸爸和宝贝们一起做了一个香香的美梦。

3. 好听的故事讲完了，故事的名字叫作《鼹鼠爸爸的鼾声》。在这个故事中，让你们认识了一位好爸爸，也让你们看到了一群好宝宝。

三、共读故事（设计意图：懂得爸爸的辛苦、理解爸爸的爱）

1. 共读故事，交代故事名称。

2. 交流讨论：鼹鼠爸爸为什么有鼾声？你们喜欢鼹鼠爸爸的鼾声吗？

小结：鼹鼠爸爸为了小鼹鼠辛勤劳动了一天，太累了。

四、生活迁移（设计意图：生活中关爱自己的爸爸）

你们家也有好爸爸，你们想为爸爸分担些什么事情吗？

小结：你们真是群懂事儿的孩子，那把这个好听的故事分享给班级里其他的小朋友好不好？

中班

善平爷爷的草莓

（核心领域：语言）

活动设计：谈军妹（上海市浦东新区宣桥幼儿园）

设计思路

中班幼儿的分享意识和水平在逐渐上升，但是我观察到我们班孩子个体差异的特点和自身身心发展情况，有部分孩子分享意识还是不强，有较强的自我独占心理。为此结合班级开展的草莓种植活动，我选取了这本《善平爷爷的草莓》图画书，这是一个非常温馨温暖的故事，一个关于分享的故事。活动导入是从班级的草莓种植说起，引入图画书阅读。通过共读、分组阅读、整体欣赏等环节了解故事情节发展的脉络，理解爷爷分享了全部的草莓仍是乐呵呵的心情，使幼儿懂得"有好东西要大家一起分享"是一件快乐的事情，体验故事中善平爷爷乐于分享的快乐情感。

活动目标

1. 仔细观察画面，能较清晰地表达对故事内容的理解。
2. 知道分享是一件快乐又美好的事，体验故事中善平爷爷乐于分享的快乐情感。

活动准备

1. 经验准备：了解草莓的生长过程。
2. 教具准备：PPT课件。

活动过程

一、导入回忆（设计意图：从孩子种植草莓的回忆中，激发幼儿想了解这个故事的欲望）

这学期我们在种植草莓，说说我们种草莓的事！

过渡：刚才我们都说了我们种植草莓的事，确实种草莓是很难的，我们还失败了好几次，但是就像我们小朋友说的一样，我们不放弃，发现了草莓的匍匐茎——一个新的生命。今天老师带来了一本关于爷爷种草莓的图画书,我们一起来看看吧!

二、分段阅读故事(设计意图:在共读中了解种植草莓是一件很辛苦的事儿;在自主阅读和互动中,帮助孩子理解乐于分享的善平爷爷是如何通过分享收获陪伴和快乐的)

1.共读故事第一段提问

(1)老爷爷为什么不会寂寞?

(2)老爷爷最期待做什么事?

(3)老爷爷是怎么照顾草莓的?

(4)草莓结果了,是什么样子的?

(5)为了不让虫子吃草莓,爷爷又做了一件什么事?

小结:是呀,老爷爷一点不寂寞,有许多小动物来陪伴他。老爷爷最期待的事是种草莓,同时也会精心照顾草莓,刚结果的草莓是绿色的,老爷爷怕被虫咬,给它铺稻草,种草莓也是一件非常辛苦的事情。

2.分组阅读故事第二段

幼儿自主分成四组,分别阅读不同的(草莓变化)四段图书,并邀请一名幼儿讲述,组内其他成员补充。

过渡语:草莓在老爷爷的精心照顾下,慢慢变红了,老爷爷去观察草莓有没有新的变化。接下来我们分成四组,一起去读读,然后派代表来告诉大家发生了什么,其他组内的小朋友可以补充。

第一天小组介绍

关键提问:

(1)爷爷来到田里发现了什么?

(2)这里爷爷为什么把第一颗草莓给了小鸟?小鸟怎么说?爷爷说了什么?

第二天小组介绍

关键提问:

(1)第二天,老爷爷又发现了几颗草莓,他心里怎么想的?

(2)他带着草莓回家的路上看见了什么?善平爷爷说了什么?做了什么?两兄弟怎么说?爷爷最后怎么说?

第三天小组介绍

关键提问:

第三天,爷爷摘的草莓放在哪里了?回来的路上看见了谁?我们听听她说了什么？你猜爷爷会怎么说？最后爷爷怎么说呢？

第四天小组介绍

关键提问：

第四天，草莓园里发生了什么变化？老爷爷品尝草莓了吗？味道怎样？品尝了几颗草莓？他心里怎么想又怎么做了？

三、完整欣赏故事（设计意图：通过情感的烘托，体会到能够分享的草莓才是世界上最甜的草莓，点题"分享是一件快乐的事"）

1. 播放故事录音，完整欣赏故事。

重点提问：

——你们喜欢这个爷爷吗？为什么？

——爷爷的第一颗草莓送给了谁？第二颗和第三颗送给了谁？后结的七颗又送给了谁？爷爷自己吃了几颗草莓？最后他的草莓都红了，他又怎么做了？

2. 种植草莓是件非常辛苦的事情，但当老爷爷把草莓送给小动物们的时候，他为什么总是笑呵呵的！

小结：这是一个令人心生温暖的故事，老爷爷分享了他悉心照料的草莓，却意外收获了小动物们的回礼——感谢与陪伴。对善平爷爷来说，能与大家分享的草莓，才是世界上最甜的草莓。

四、延伸活动

过渡语：我们现在的生活很幸福，也很快乐，会有很多好吃的，很多的玩具，但是当别人真的很需要的时候，你会乐于分享吗？为什么？

中班

挤一挤，让一让

（核心领域：科学）

活动设计：沈诗瑜（上海市浦东新区宣桥幼儿园）

设计思路

升入中班后，孩子们开始关注"我"之外的人。结合"幼儿园里朋友多"主题和图画书《大家挤一挤》，我设计了以"红色列车"为模型的教（玩）具，结合中国民间益智游戏"华容道"，让孩子们在情感驱动下挑战空间思维。列车九宫格车厢内有八位乘客和一个空位子。华容道的小动物形象滑块和简易操作方法适合中班孩子。幼儿通过探究和解决实际问题，不仅获得感性经验，还发展逻辑思维。根据《3—6岁儿童学习与发展指南》，4—5岁幼儿能描述物体位置和运动方向，华容道游戏生动地呈现了方位变化，孩子们在"挤一挤，让一让"中感受互助情感。正如《儿童宣言》所言，朋友是一生的财富。在"红色列车"的行驶中，孩子们积极思考，互帮互助，这份充满温度和态度的友情将伴随他们成长。

活动目标

1. 乐于动手，感知空间方位带来的变化，并能用"向上、向下、向前、向后"的方位词进行描述。

2. 尝试和朋友共同面对困难，在积极解决问题中体验互相帮助的快乐。

活动准备

1. 物质准备：

教具：PPT课件、集体操作的乐高积木"列车车厢"。

学具：个别操作的乐高积木"列车车厢"、操作记录卡。

2. 经验准备：了解图画书《大家挤一挤》。

活动过程

一、故事导入（设计意图：回忆故事情节，激发幼儿兴趣）

出示图画书封面。

关键提问：这是发生在哪里的故事？出现了哪些动物朋友？

小结：这么多朋友挤上了红色列车，大家在一起真热闹！

二、挤一挤，在一起（设计意图：初步感知"动一动，挤一挤"的游戏玩法）

1. 出示小黑板上的"列车车厢"。

关键提问：我的车厢座位有什么不一样？小动物们坐在什么位置？

小结：小动物们有的在上面，有的在下面，有的在前面，有的在后面，在一起真热闹！

2. 动一动，挤一挤。

关键提问：××想要坐到中间去，谁可以动一动挤一挤？你打算怎么动？

重点关注：鼓励幼儿用"向上、向下、向前、向后"的方位词。

小结：小动物们向上、向下、向前、向后，在车厢里动一动、挤一挤，让××坐到了自己喜欢的位子，真快乐！

三、让一让，帮一帮（设计意图：幼儿各自操作"乐高座位"，在过程中观察、感知方位的变化，尝试解决问题）

1. "我"要下车。

游戏要求：

（1）小猪下车，其他动物不下车。

（2）动一动，挤一挤，从车门下车。

（3）哪些动物帮忙了？怎么帮的？记录一下。

关键提问：你用了什么办法下车？哪些动物动一动，挤一挤，请你说一说。

重点关注：用方位词说明小动物的位置变化，并鼓励幼儿用不同的方法帮助"我"下车。

小结：原来我们可以用"向上、向下、向前、向后"的方法动一动，挤一挤，帮助小猪下车，列车上的朋友互帮互助，真快乐！

2. "列车员"要上车。

关键提问：列车员叔叔想要找到有小旗子的座位，他可以往哪里挤一挤？

游戏：幼儿现场模拟车厢，帮助列车员叔叔上车。

小结：朋友们让一让，用不同的方法帮一帮，列车员叔叔也上车了，最后一班列车出发了。

四、我们的列车一直开（设计意图：提升难度，进一步拓展幼儿思维）

出示新要求，激发幼儿进一步探索的兴趣。

出示指定的两组动物，每组两个，且固定在一起，想办法移动（华容道）。

中班

果实是种子的旅行箱

（核心领域：科学）

活动设计：夏洁（上海市浦东新区大团幼儿园）

设计思路

午后的点心中，孩子们吃水果时，总是好奇地用手去扒拉果核或数一数香蕉中间的点数，讨论每个水果的里面都是不一样的。于是，有了前期生活经验的铺垫，我就想借着故事绘本和孩子们一起去发现果实和种子之间的秘密。本活动以"果实"和"种子"素材为主的绘本为孩子们提供了一节直观性的教学活动。

活动目标

1. 了解种子的传播方式及果实对种子的保护作用。
2. 萌发探索种子奥秘的兴趣。

活动准备

1. 物质准备：课件PPT、绘本、亲子调查表。
2. 经验准备：对种子的传播方式有一定的了解。

活动过程

一、谈话导入（设计意图：从幼儿旅行的生活经验出发激发他们的兴趣和积极性）

1. 提问：你们去旅行过吗？你们是怎么旅行的呢？

小结：我们会坐各种各样的交通工具去旅行。

2. 过渡语：那你们知道种子是怎么旅行的吗？让我们去绘本中找一找吧。

二、部分阅读，阅读至有夹子的位置（设计意图：通过不同的阅读方式让幼儿区分种子的传播方式和包含关系）

1. 提问：种子有哪些旅行方式呢？

小结：原来除了我们播种，小种子还可以通过不同的方式把自己传播出去……有些种子乘着风儿去旅行，有些种子随着水漂向远方。

追问：种子为什么要去旅行呢？它不能跟人一样一直待在家里吗？

小结：如果种子不去旅行，一个地方就会长出好多好多植物，那可就太挤了（出示PPT），所以种子要去旅行。

2. 出示亲子调查表，请幼儿介绍更多的种子的旅行方式。

3. 播放课件视频，了解更多的种子的旅行过程。请幼儿说一说不同的植物所对应的传播/旅行方式。

过渡语：小朋友们发现了不同植物的好玩的旅行方式。魔法变变变，现在有的小朋友变成种子宝宝啦，请你们去找一找属于你的旅行方式吧。

4. 找朋友游戏，并共同验证。

小结：种子娃娃的办法可真多呀，有的靠风去旅行，有的靠水去旅行，有的靠动物去旅行，还有的靠自身弹射的力量去旅行。

三、果核分一分（设计意图：以小游戏的方式引导幼儿分类归纳，认识生活中不同果实和种子的包含关系）

1. 提问

种子有这么多种旅行方式，你们觉得种子旅行会不会累呢？

小结：很多种子在旅行的时候躺在果实里，果实就像种子的旅行箱（播放PPT）。

2. 了解果实的特征

（播放课件PPT）提问：你认识哪些水果？找一找它们的种子在哪里，长什么样子？

追问：你们能在这根玉米上找到它的种子吗？

小结：这样的种子叫作果核。原来很多的种子是长在外面的……有的长在里面在旅行箱里，还有的自己又是旅行箱又是种子。

3. 整体阅读

提问：现在让我们自己翻一翻《果实是种子的旅行箱》。

在剩下的绘本中看看不一样的水果和蔬菜，找一找它们的种子和果核都在果实的什么地方。音乐结束后回到座位上。

4. 一起找果实

提问：小朋友们，刚刚我们翻阅了绘本，现在来请大家给这些果实分分类，哪些果实的种子是在里面的，哪些果实的种子是在外面的，哪些果实自己就是种子。

交流分享：互相检查调整。

小结：大自然中真神奇，原来种子的传播方式不同，种子在果实中的位置也不同。有许多种子的奥秘还没被发现呢，等待着我们小朋友用心去观察、去发现它们。请你们回家去找一找蔬菜的种子在哪里吧。

中班

谁偷吃了包子

（核心领域：语言）

活动设计：严钦君（上海市浦东新区馨苑幼儿园）

设计思路

本次活动设计以帮助妞妞抓偷吃包子的人贯穿整个环节，吸引幼儿的兴趣，提高幼儿的积极参与性；引导幼儿经过猜想—验证—新的发现—记录—帮助妞妞解决问题，最大限度地发挥孩子们的主动性。让幼儿多"说"，表达自己的想法，适当加以引导和总结，充分发挥幼儿自主性，努力使每个幼儿获得成功的喜悦和满足，促进幼儿的发展。

活动目标

1. 观察画面中的细节，寻找线索并对谁偷吃了包子进行合理猜测，大胆表达自己的想法。
2. 感受妞妞的聪明和善良，激发情感共鸣。

活动准备

1. 物质准备：PPT、绘本《谁偷吃了包子》。
2. 经验准备：有《大家来找碴》的游戏经验。

活动过程

一、故事导入（设计意图：观察画面，揣摩角色心理，激发阅读兴趣）
提问：瞧！妞妞家的包子铺开张了，生意怎么样呀？你是怎么看出来的？
重点提问：你在图片上找到妞妞了吗？她的心情怎么样？
小结：嗐，妞妞原来蜷缩在角落里，她看上去心情差极了。
追问：她为什么不开心啊？
环节衔接语：妞妞家的包子铺生意真好啊，妈妈每天忙得团团转，都顾不上妞妞了，妞妞好孤单，一个人缩在店门口。

二、理解故事（设计意图：观察画面，合理猜测，激发细节阅读的兴趣）

1. 观察与猜测

重点提问：包子铺里发生了什么事情？

追问：是谁偷吃了包子？

环节衔接语：包子铺里的包子总是变少，妈妈觉得是妞妞偷吃的，可妞妞明明没有偷吃包子，究竟是谁偷吃了包子呢？我们一起来看一看！

2. 小侦探游戏

要求：

（1）观察图片，寻找线索。

（2）用记号笔圈出找到的线索。

（3）推断"是谁偷吃了包子"。

3. 交流与分享

重点提问：你们发现了什么线索？你认为是谁偷吃了包子？

追问：谁的脚印？它还留了更多的线索，谁的尾巴？谁的影子？

小结：原来偷吃包子的"小偷"已经留下了那么多的线索，它可能是一只贪吃的猴子、一只调皮的小猫，只要仔细观察就能发现这些线索。

4. 揭晓答案

环节衔接语：你们已经帮助妞妞发现了许多线索，妞妞决定揪出这个偷吃包子的小家伙，是谁呀？

重点提问：不出你们所料，真的是一只瘦巴巴的小黑猫，抓到了偷吃包子的小黑猫，你们觉得妞妞会怎么做呢？

小结：哦！你觉得妞妞会把它绑起来；妞妞可能会喂它吃东西。我们的妞妞做了什么呢？哦！妞妞轻轻地抱起它和它说话。

追问：现在妞妞的心情怎么样？为什么？

小结：妞妞用自己的善良，收获了一个新朋友——小黑猫，她再也不孤单了，他们一起玩，一起吃包子，每天都是那么快乐。大家一起做个快乐的表情看看。

三、延伸活动（设计意图：观察画面，根据连续画面提供的信息，能较连贯地讲述故事情节）

老师把《谁偷吃了包子》这个故事放在语言区。宝贝们，你们可以带你的朋友一起看看、说说这个有趣的故事噢。

中班

西瓜和蚂蚁

（核心领域：艺术）

活动设计：胡时敏（上海市浦东新区大团幼儿园）

设计思路

《蚂蚁和西瓜》是一本极富于趣味性的图画书。漫画似的夸张和简单的线条，让这本书从头至尾都散发出一种轻松、幽默的风格，很受孩子们的喜欢。绘本情节简单有趣，讲了一群蚂蚁如何将一块被野餐的游客忘在地上的西瓜分割、搬运并带回蚂蚁窝，并用西瓜皮做了个滑梯的小故事。于是，我们深入探索绘本中的艺术元素和教育价值，结合语言表达与情感共鸣，通过引导幼儿仔细阅读绘本，理解故事情节，观察角色的动态、表情，以及背景，让幼儿在游戏中创作表现蚂蚁的不同动态，学习并掌握绘画的基本元素，如线条、色彩和构图等。将游戏元素融入绘画活动，使幼儿在轻松愉快的氛围中学习绘画技能，体验创作的乐趣，促进幼儿艺术素养的全面发展。

活动目标

1. 在绘本情境下，尝试用线条的形式表现蚂蚁的不同动态。
2. 感受美术创作的乐趣，体验合作的快乐。

活动准备

1. 物质准备：多媒体课件《西瓜和蚂蚁》、背景板、记号笔、铅画纸、胶水、可供撕贴的西瓜图纸。
2. 经验准备：幼儿熟悉绘本《蚂蚁和西瓜》，细致观察过蚂蚁。

活动过程

一、引导幼儿看绘本画面，观察蚂蚁的各种动态（设计意图：从绘本的动态画面导入，激发幼儿观察蚂蚁的各种动态）

提问：最近我们一直在看的一本有趣的书，叫什么名字呀？《蚂蚁和西瓜》，让我们回想一下。

追问：故事中小蚂蚁是怎么搬西瓜的？它们都用到了哪些本领呢？

小结：小蚂蚁搬西瓜的本领很大，有的用手推，有的用棍子撬，有的用头顶，还有的用脚踢……真是太有趣了。

二、邀请幼儿模仿表演，尝试运用线条绘画蚂蚁动态（设计意图：通过模仿表演，让幼儿亲身体验蚂蚁的不同动态，如爬行、搬运食物、交流等，从而加深对蚂蚁动态的理解）

提问：老师把绘本中小蚂蚁搬西瓜的样子记录下来，你觉得哪只蚂蚁搬西瓜的动作最有趣？请你来试试看。

小结：原来头和身体的位置不一样，就会出现不同动态的蚂蚁。

追问：咦，草地上又出现一个大西瓜，看看这只可爱的蚂蚁是怎么画出来的。

小结：原来圆圆的脑袋，身体像小水滴，小手伸一伸，小脚抬一抬，触角翘一翘，再添上一双好看的鞋子，就能画出一只搬西瓜的小蚂蚁。

三、创设游戏情境，幼儿作画（设计意图：通过创设游戏情境，激发幼儿绘画的兴趣）

（1）创设情境，大胆想象。

今天又来了一群小蚂蚁，这些小蚂蚁看到西瓜又会发生些什么故事，小蚂蚁会和同伴怎样合作搬运西瓜呢？

（2）幼儿创作，巡回指导。

四、展示并欣赏作品，分享创意过程（设计意图：通过展示和欣赏幼儿的作品，让幼儿感受美术创作的乐趣）

提问：你的小蚂蚁是怎样搬西瓜的呢？

小结：小蚂蚁搬西瓜的样子千姿百态，让我们把这个故事告诉其他的好朋友，让他们也来画画蚂蚁搬西瓜吧！

中班

我也要搭车

（核心领域：语言）

活动设计：金致（上海市浦东新区靖海之星幼儿园）

设计思路

中班的幼儿已形成了初步的规则意识，但执行规则还很不理想，需要成人的指导与督促，因此，教师在教育中应注重帮助孩子理解和接受生活、学习中的各项规则，增强自控能力，使其具有良好的社会适应能力和团结协作精神，即对孩子进行规则意识的培养。《我也要搭车》是一本将社会规则蕴含在情节事件中的图画书。在阅读《我也要搭车》这个故事时，发现此故事不仅画面幽默，还蕴含了乘车的社会规则，具有很强的教育意义。阅读这个故事，能让孩子懂得乘坐交通工具时应遵守的基本规则和自我保护的方法，知道规则的重要性。

活动目标

1. 在看看说说中了解乘车规则，知道要安全乘车。
2. 愿意大胆表达自己的想法，积极参与交流。

活动准备

1. 物质准备：教学课件PPT、背景音乐、故事图片4幅。
2. 经验准备：幼儿有坐公交车的经历。

活动过程

一、出示图片，引出规则（设计意图：通过出示斑马公交车引发幼儿阅读的兴趣）

1. 出示斑马公交车

问题：你们瞧，开来了一辆什么车？

小结：开来了一辆很特别的斑马公共汽车。

2. 出示狮子爷爷

问题：汽车开动了，司机是谁？

小结：司机就是狮子爷爷！

环节衔接语言：这么特别的斑马公交车，会有谁想来搭车？狮子爷爷对乘客会有什么要求？

二、分组阅读，了解规则（设计意图：在小组阅读中尝试根据乘车规则合理猜测并讲述故事，了解乘车的规则）

这些秘密就藏在桌子上，等会儿请你和朋友一起去看一看、说一说。

1. 出示4种动物，讲述阅读要求

重点问题：和朋友三个人一组，一起去看看是谁想搭车。

追问：相互讨论一下狮子爷爷可能会对他提什么乘车要求，为什么要这么提醒他们？

2. 幼儿分组阅读、讨论讲述

3. 各组派代表交流讲述

重点问题：谁想搭狮子爷爷的车？狮子爷爷会对他提什么要求？哪组先来讲讲？

（1）小兔——不在车上蹦蹦跳跳

重点问题：狮子爷爷会对小兔提什么乘车要求？

小结：乘车时要注意安全，在车厢内站稳坐好，小兔最爱蹦蹦跳跳了，所以狮子爷爷要提醒他在车里不许蹦蹦跳跳。

（2）臭鼬——不做令人反感的事

重点问题：臭鼬和狮子爷爷之间可能会说些什么？

追问：狮子爷爷会对臭鼬提什么乘车要求？

小结：狮子爷爷对臭鼬提的要求可真有意思，看来乘车时还要考虑到旁边的乘客，尽量不做放臭气这样令人反感的事情。

（3）长颈鹿——不做危险动作

重点问题：乘客长颈鹿会对司机说什么？司机狮子爷爷会怎么回答？

小结：乘车时要注意安全，不能将身体探出窗外，长颈鹿的脖子太长了，狮子爷爷首先想到要提醒他这一点。

（4）松鼠——排队有序上车

重点问题：小松鼠和狮子爷爷之间会说些什么？

追问：狮子爷爷看到那么多的小松鼠想上车，会对他们说什么？

小结：乘客多时我们要遵守秩序排队上下车，那么多小松鼠都想上车，当然得排好队依次上车。

三、完整阅读，拓展规则（设计意图：在完整阅读、拓展讨论中进一步了解乘车的规则）

问题：这真是一个很有意思的故事，你觉得故事的名字可能叫什么？

小结：故事的名字叫《我也要搭车》。

追问：动物乘车有很多不同的规则，那你坐过公交车吗？我们乘公交车的时候有些什么乘车规则？

小结：看来我们乘车的时候也有很多不同的规则，我们要遵守规则，注意安全，做一名文明乘客。

延伸：可以去了解一下还有哪些乘车规则，也可以再去了解一些乘坐其他交通工具的规则，一起做文明乘客。

大班

温情的狮子

（核心领域：语言）

活动设计：茅庆花（上海市浦东新区南六幼儿园）

设计思路

爱是一个永恒的主题，它需要我们用一生去追求，也需要我们用一生去呵护。随着人类文化的发展，生活水平的提高，许多东西正在慢慢淡化，其中最多的就是缺乏对亲情的感悟和表达，尤其是独生子女，成了家中的"小太阳""小皇帝"，对感恩更加漠然，而《温情的狮子》正是一本很好的感恩教育绘本。这个绘本不但充满了温馨，还蕴含着丰富的哲理，对幼儿园感恩教育具有深远的现实意义。

《幼儿园教育指导纲要（试行）》强调，引导幼儿接触优秀的儿童文学作品，使之感受语言的丰富和优美，喜欢听故事、看图书，养成幼儿注意倾听的习惯，发展语言理解能力。绘本《温情的狮子》非常符合大班孩子的情感和认知特点，能吸引幼儿注意力，大班的孩子其连贯性口头语言的表达能力有较大提高，能用清楚的、连贯性的语言表达自己的想法和感受；同时，大班的孩子情绪体验更为丰富，能有意识地控制自己的感情。

为了让爱在孩子的心里慢慢长大，本活动通过师生认真看、大胆猜、自由说的方式，让孩子们感受小狮子和狗妈妈形象，了解故事的主要内容，为孩子们的童年播下一粒"爱"的种子。在看图画的过程中渗透指导，不露痕迹地锻炼孩子仔细观察和展开想象的能力，通过交流锻炼孩子们的语言表达能力，品悟绘本的人文力量，促进他们精神的成长。

活动目标

1. 仔细观察画面，能清楚、较连贯地表达哆哆和狗妈妈的幸福、想念、感恩之情。
2. 体会小狮子在各种环境下的心情与感受，懂得感恩。

活动准备

1. 物质准备：故事PPT；文字：幸福、想念、感恩；故事中的图片若干；KT板。

2. 经验准备：有照顾动物的经验。

活动过程

一、谈话导入（设计意图：联系生活经验进行谈话导入，激发对亲情的感受）

提问：你们的爸爸妈妈平时是怎样爱你们的？

过渡：我们有了爸爸妈妈的爱，我们是多么幸福啊！

二、理解故事（设计意图：感受哆哆和狗妈妈的幸福、想念、感恩之情）

（一）观察画面，了解哆哆和狗妈妈的生活——感受有妈妈的幸福

重点提问：

1. 你们觉得这是一只怎样的小狮子？（可怜）为什么？

2. 如果你是狗妈妈，你会怎样照顾哆哆呢？（自由讲述，看图讲述）

3. 发生什么事了？哆哆愿不愿意离开狗妈妈？你从哪里看出来？

小结：狗妈妈每天让它吃得饱饱的，教它学到了很多本领，总会给它温暖的怀抱，还总是一起做游戏，哆哆和狗妈妈在一起真幸福啊！

（二）理解画面，说说哆哆离开以后的故事——感受离开妈妈的想念之情

重点提问：

1. 狗妈妈心情怎样？你是从哪里看出来的？

2. 到了晚上，哆哆会想念妈妈什么呢？它会怎么做？

小结：到了晚上哆哆就会想念妈妈温柔的摇篮曲、温暖的怀抱、和妈妈在一起快乐的时光，哆哆想念狗妈妈的一切！

提问：听到狗妈妈的呼唤，哆哆的心情怎样，从哪里看出来？

（三）观察画面，表达哆哆和狗妈妈相遇的情景（设计意图：感受哆哆对妈妈的感恩）

重点提问：

1. 哆哆飞快地跑向狗妈妈，那是什么力量让它跑得如此快？

2. 狗妈妈怎么了？你从哪里看出来？理解成语"奄奄一息"。

3. 哆哆和妈妈分开那么久，哆哆会对狗妈妈说什么？

小结：哆哆为了回报狗妈妈，付出了艰辛的努力重新回到狗妈妈的身边，哆

哆懂得了要对狗妈妈感恩，和狗妈妈永远生活在一起！

三、完整欣赏（设计意图：进一步体验哆哆和狗妈妈的情感牵挂，懂得要学会感恩）

重点提问：你们觉得哆哆是只怎样的小狮子？为什么？

小结：哆哆是一只温和、善良、有情有义的狮子，是一只温情的狮子，这个故事的名字就叫作《温情的狮子》。我们也是爱爸爸妈妈的宝贝，我们要学习哆哆这种有情有义的精神，学会感恩，去回报所有爱我们的人。现在让我们完整地再听一遍这个故事吧！

大班

种子的旅行

（核心领域：科学）

活动设计：闵英（上海市浦东新区馨苑幼儿园）

设计思路

大班幼儿有着强烈的好奇心，对于种子这种生活中接触较多的事物有着较强的探究意识。基于幼儿的兴趣以及本班幼儿自主阅读能力情况，我设计了本次集体教学活动"种子的旅行"，以集体阅读、自主阅读、实物阅读、多媒体阅读和传统阅读等不同形式与途径开展本次活动，旨在让幼儿能够在观察比较中发现种子的不同传播方式，归纳梳理种子形态与传播方式的关系。

在"感知种子不同的传播方式"这个环节中，我先以不同种子的实物呈现，让幼儿多感官感知不同种子的形态特征，在此基础上，首先观察分析蒲公英和莲子这两种较为常见而经典的种子是如何旅行的，由此引发有关种子形态与旅行方式的探讨，积累经验。第三个环节则是多画面的种子旅行的自主阅读。在这个环节中我所投放的图画书的内容和画面各不相同，让幼儿在充足的阅读过程中根据自己的能力进行选择，让不同能力水平的幼儿各有所得。在交流分享环节，教师将以思维导图辅助梳理的方式，引导幼儿关注种子形态与传播方式之间的关系，为目标完成提供支架。

活动目标

1. 感知种子的传播方式，初步了解种子的形态和传播方式之间的关系。
2. 萌发探索植物种子奥秘的兴趣。

活动准备

1. 物质准备：绘本《种子的旅行》、多媒体课件、蒲公英等不同实物种子。
2. 经验准备：有自主阅读的能力，对种子有初步的认知。

> 活动过程

一、活动导入（设计意图：以旅行、种子的问题导入，激发幼儿想了解这个故事的欲望）

1. 师：你们都去旅行过吗？什么叫旅行？你是用什么方法去旅行的？去过哪儿？

2. 师：今天老师请来了一些好朋友，它们也想去旅行。

3. 出示实物：看看是谁？你认识它们吗？谁能来说说它们叫什么名字？

小结：蒲公英、莲子、苍耳、松子、樱桃等，它们都是植物的种子。

二、感知种子不同的传播方式（设计意图：感知种子的传播方式，了解种子的形态和传播方式之间的关系）

1. 展示种子实物，了解种子的不同形态。

（1）师：这些种子都一样吗？它们有哪些区别？

归纳提升：这些种子大小不同、颜色不同、形状也不同，有的是毛茸茸的、有的是滑溜溜的、有的是带钩还长刺呢。

（2）师：这些小种子呀，迫不及待地要开始自己的旅行了，它们要到很远很远的地方去，钻进土壤里，吸取着阳光和雨水，落地、生根、发芽。但是，小种子没有手也没有脚，它们要怎样才能开始自己的旅行呢？

2. 借助多媒体课件，感知风力传播、水力传播等种子的传播方式。

☆风力传播——蒲公英旅行

（1）出示蒲公英图片。提问：蒲公英长得怎么样？像什么？

（2）猜猜蒲公英会怎么去旅行？

（3）追问：为什么蒲公英的种子会随着风儿去旅行呢？

归纳提升：因为蒲公英的种子很轻，并且有绒毛，像一把降落伞，所以蒲公英就是靠风来帮它旅行的，风能帮助蒲公英传播种子。

☆水力传播——莲子旅行

（1）师：谁能帮助莲子去旅行呢？

（2）为什么莲子会随着水流去旅行呢？

归纳提升：原来莲蓬像小船一样能浮在水上，莲子落入水中，顺着水流到别处去安家，莲子就是靠水来帮它旅行的，水能帮助莲子传播种子。

3. 自主阅读，分享交流动物传播、弹射传播等种子的传播方式。

（1）幼儿自主阅读。

（2）提问：你看到了什么种子，是什么帮助它去旅行的呢？

追问：有没有看不懂，需要帮助的？

小结：现在我们知道了带种子出去旅游的方式，有的靠风，有的靠水，有的靠动物，还有的靠自身弹射的力量，这些不同的方式带着种子旅行的时候，也在帮助它们繁衍生命。

（3）播放视频拓展知识，了解更多种子的传播方式。

大自然中的植物真奇妙，在我们的周围还有许多植物的奥秘没有被发现呢，它们都等待着我们小朋友们用心去观察、去发现呢。

大班

花 娘 谷

（核心领域：语言）

活动设计：傅熙哲（上海市浦东新区靖海之星幼儿园）

设计思路

在"我是中国人"主题开展过程中，幼儿对中国的传统文化有了一定的了解和认识。《花娘谷》是一个以"生命的美"为主题的故事，它向孩子们展现了中国村庄之美，传递了美好的情感。图画书图美、文字也美，字里行间慢慢地渗出中国式的浪漫，而故事内容也与现阶段大班幼儿的发展经验相契合。本活动以"花娘谷"作为切入点，幼儿通过观察理解画面、交流讨论发生在花娘谷的美好故事，体验对外婆的怀念之情，感受到生命延续的美好情感。

活动目标

1. 欣赏故事，理解在花娘谷发生的美好故事，并能清晰地表达。
2. 感受生命延续的美好情感。

活动准备

1. 物质准备：多媒体课件《花娘谷》、图片、勾线笔、记录单、思维导图。
2. 经验准备：幼儿有"我是中国人"主题活动经验，对中国的传统文化有了一定的了解和认识。

活动过程

一、解读封面，认识花娘谷（设计意图：从故事的封面导入，激发幼儿想了解这个故事的欲望）

1. 出示图画书

重点问题：图画书的封面有哪些美的地方？（人、老房子、树、字）

2. 小结：这是我的外婆，她生活在这样一个美丽的村庄里，这里也是我的家乡，它有一个好听的名字叫作"花娘谷"。

过渡：不过原来可不是这么美的，这里肯定发生了很多美好的故事。我们一起走进我的家乡，看看那些年我的家乡到底发生了哪些事。

二、分段阅读，理解故事（设计意图：通过不同的阅读方式让幼儿了解村庄里发生的事，从而能进一步地理解故事的内容）

（一）集体阅读

1. 出示图片2、图片3

提问：这么热闹，这里发生了什么事情？（结婚、吹唢呐）这么美好的一天，你觉得他们的心情怎么样？

小结：这一年我的外公和外婆结婚了，村里的所有人都敲锣打鼓地来贺喜。

追问：外婆嫁到村庄里的时候你们觉得村庄美吗？你觉得外婆会怎么想？会说什么呢？

小结：那时候的村庄里没有一棵会开花的树，所以人们都叫它"茅草谷"。

2. 出示图片4

提问：在这么喜庆、美好的日子里，你们觉得会是什么礼物？

小结：外婆的妈妈准备了一牛车会开花的树苗。

过渡：村里的人都很奇怪为什么要送这个呢？外公却笑着说，我的媳妇爱花，所以她的妈妈给她准备了会开花的树，把它们种在院子里，等到春天开花的时候，我的媳妇一定很高兴。

（二）自主阅读

1. 提出要求：请你和你的好朋友一组，将你们看到的美好的事情或者看不懂的画面记录下来。

2. 幼儿自主阅读（图片5—9）

3. 分享交流

（1）内容一

提问：你看到外公和外婆在干什么？为什么要种树？

追问：除了外公、外婆你还看到了什么？（满院子会开花的树。）外婆抱着的是谁？（他们的女儿桃花。）他们的心情怎么样？

小结：外公和外婆在院子里种满了会开花的树。第二年春天的时候，外公外婆有了他们第一个孩子，他们给他取了一个好听的名字，叫桃花。

过渡：一年一年地过去，外公和外婆迎来了第二、第三个孩子，分别叫梨花和杏花。村庄里的人忘记了外婆的名字，都管她叫"花娘"。外婆每生一个孩子，外公就为他们种上一片会开花的树。

追问：为什么大伙儿都叫她"花娘"？

小结：因为外婆爱花、孩子的名字中也带花，同时院子里也种了很多会开花的树，所以大伙儿都叫她"花娘"。

（2）内容二

提问：村里的人都在忙忙碌碌的，他们在干什么？

小结：村庄里的人也学着外公外婆的样子，在房前屋后种起了各种各样的树。

追问：为什么人们会学他们一样种树呢？

小结：种树可以让我们的院子变美，美好的事物大家都喜欢。

（3）内容三

提问：现在的茅草谷和之前有什么不一样？

追问：村庄里的人心情都怎么样？生活有了哪些变化？（表情、生活的变化——车）

小结：每到春天，村庄里开满了花，到了丰收的季节，村里飘出了果香。村里的人把牛车换成了小汽车，把一筐筐的果子运送到大城市，人们的生活也在越来越好。

过渡：几十年过去了，茅草谷不见了，外婆也去世了，村里的人都记着她的好，开始管这里叫"花娘谷"。

提问：现在你们知道为什么叫"花娘谷"了吗？

小结：因为村里的人都怀念外婆，是她带着村里的人用勤劳换来了生活的美好。

三、完整欣赏，知道生命的延续（设计意图：通过配乐的欣赏，让孩子们感受中国式独有的美与浪漫，同时感受生命的延续）

1. 欣赏短视频

2. 延伸讨论

提问：外公呆呆地坐在桃花林里，你们觉得他在想什么？

小结：虽然外婆走了，但是我们一直都在，外婆种下的花还在，结下的果还在，生活还在继续，而外婆也一直住在我们的心里，从来都没有离开。

每个人都有自己的外公、外婆，我们也可以听听他们年轻时美好的故事。

大班

大熊抱抱

（核心领域：语言）

活动设计：钟丽杰（上海市浦东新区南六幼儿园）

设计思路

《大熊抱抱》通过大熊与不同对象的拥抱，传达出对生命的尊重和热爱。这种情感共鸣能够深深触动幼儿的心灵，让他们感受到生命的温暖和美好。同时，该绘本也引导幼儿关注身边的一切生命，包括动植物和人类，培养他们热爱生命、尊重生命的意识。拥抱行为不仅是情感的表达，也是一种社交技能。通过观察和模仿大熊的拥抱方式，幼儿可以学会如何与他人建立亲密的关系，如何表达自己的情感和爱意，这对于他们的社交发展和情感表达能力的提升具有积极意义。在一些针对稍大孩子的《大熊抱抱》教学设计中，还融入了批判性思维和创造性思考的培养。通过分析和解读绘本中的故事情节和角色行为，幼儿可以学会如何独立思考、如何提出自己的观点和理解。同时，他们也可以被鼓励在日常生活中尝试运用这种思维方式去解决问题和创造新的想法。

活动目标

1. 理解故事内容，愿意大胆表达表演故事中的主要情节。
2. 尝试拥抱身边的朋友，感受拥抱带来的爱。

活动准备

1. 物质准备：PPT课件、小图书若干本、动物头饰、表演提卡。
2. 经验准备：有拥抱的经验。

活动过程

一、情景导入，讲述拥抱的感觉（设计意图：从同伴拥抱导入，在拥抱的过程中感受爱）

重点问题：

1. 你和谁拥抱过？和你的朋友们抱一抱。

追问：

2. 你拥抱别人的时候，你有什么感觉？你的心情是怎么样的？

小结：是啊，当你和别人拥抱的时候，心情是非常喜悦的，心里是充满爱的，这种爱会滋润我们整个心灵。

二、互动表达，理解故事内容（设计意图：通过不同的阅读方式让幼儿了解大熊拥抱的故事，从而能进一步理解故事的内容）

1. 集体阅读故事片段一

重点问题：

（1）大熊都拥抱了哪些朋友呢？

追问：

（2）动物被大熊拥抱的时候，心情会是怎样的呢？来听听它们都说了什么。

（3）以小组的形式，表演故事中动物间的拥抱片段。

小结：大熊的拥抱让所有与它相遇的动物朋友都感到了温暖，森林也瞬间变得有爱起来。

（4）除了拥抱身边的小动物，大熊还喜欢拥抱什么？

过渡：原来大熊最喜欢的还是拥抱树，无论是大树还是小树，或者是苹果树、梨子树、桃子树，每一棵它都爱。

2. 自主阅读故事片段二

重点问题：

（1）那天大熊遇到了什么事？

追问：

（2）当大熊发现那个男人要伤害那棵最古老的树时，它的心情会变得怎样？

问题：

（3）你是怎么看出大熊十分生气的？

追问：

（4）大熊是怎么做的？

（5）得到大熊的拥抱，这个男人却一溜烟逃跑了，为什么他不像其他朋友那样，感受到拥抱的爱和快乐呢？

过渡：大树终于得救了，大熊紧紧拥抱着受了伤的大树，一边轻轻抚摸着它，一边深情地说了好多温暖的话，那一刻大树觉得好多了。

3. 完整欣赏故事

三、联系生活，升华情感（设计意图：通过联系生活，让孩子们进一步理解拥抱是一件有爱的事）

1. 故事在大熊和树的拥抱中结束了，你觉得这是一头怎样的大熊？

2. 你们平时在什么时候拥抱过别人？

小结：拥抱是一件充满爱和快乐的事情，让我们像大熊一样，学着去拥抱身边的每个生命，保护每一棵树、一朵花、一株草，这样我们的生命会越来越美好。

大班

意想不到的动物朋友

（核心领域：语言）

活动设计：吴雨萌（上海市浦东新区靖海之星幼儿园）

设计思路

大班幼儿对自己身边事物的感知是敏锐的，他们通过自己的观察和思考去探索一些常见的现象，当他们的现有经验不足以解释疑惑时，就是我们去帮助幼儿梳理，推动他们进一步理解的契机。于是，当幼儿对动物的共生关系表现出兴趣和疑惑时，我选择通过图画书阅读的方式推动他们自主探索和理解动物之间这种特殊的"朋友关系"。孩子们可以通过自己喜爱的动物去感受互帮互助的情感，从而迁移到人与人之间的和睦相处。

活动目标

1. 在观察、讨论画面的过程中发现动物形象的变化，了解其形影不离的原因并清楚地表达。
2. 促进同伴之间互帮互助的友爱，感受好朋友之间相处的美好感情。

活动准备

1. 物质经验：PPT、背景音乐、展示板、纸笔、关键画面卡片等。
2. 经验准备：
（1）以调查表的形式，了解不同动物的特点与相互关系。
（2）幼儿与家长、教师共同收集关于共生动物的相关资料。

活动过程

一、聊聊自己的发现（设计意图：激发幼儿讨论兴趣，引出动物之间特殊的伙伴关系）

1. 分享初步发现

重点问题：这是一张关于动物的调查表，你在调查的时候，发现了哪些有趣的现象？

追问：能谈谈你的理由吗？

2. 分享不同观点

重点问题：你找的朋友和它一样吗？

小结：我们在前期的调查和今天大家的讨论中发现，好多动物因为习惯相似、互相帮助，它们都成了形影不离的朋友，快乐地一起生活。

环节衔接语言：朋友们，今天萌萌老师给大家带来的这本图书，也是讲述关于动物之间在一起生活的有趣事情，那么这些动物之间到底会发生怎样的故事呢？

二、讲讲书中的朋友（设计意图：在观察和讨论的过程中，深入了解动物之间互相依存的关系）

1. 分组阅读

幼儿带着问题去阅读：我们仔细观察图画书中的画面，有哪些动物？它们一起在做些什么有趣的事情？

幼儿阅读过程中的思考：图画书里的角色在不同的画面上形象、表情是一样的吗？是什么原因呢？

引导观察：

画面1：牙签鸟细长的嘴、鳄鱼张开嘴、鳄鱼的牙齿、牙签鸟圆圆的肚子。

画面2：犀牛的皮肤褶皱、犀牛的眼神、牛鹭的示警动作、远处的狮子。

画面3：寄居蟹挪动海葵、海葵上的食物、海葵旁边的碎屑。

画面4：黄金鼠看蛋、百舌鸟张着嘴、黄金鼠抬着手、迅速的线条、前方的洞穴。

2. 共同讨论

问题：在观察画面后，你发现哪些动物是形影不离的朋友？

追问：请说说你的理由。

小结：我们在今天的图画书里发现了动物之间的友好故事，它们能用自己特有的本领和同伴一起合作互助，就像是一对形影不离的好朋友。

环节衔接语言：在我们的生活中大家肯定也有这样的好朋友，他们是谁呢？你们在一起发生了些什么有趣的事情呢？

三、说说自己的好朋友（设计意图：在分享交流中，体会与同伴及其他社会成员间的友爱之情）

1. 幼儿园的朋友

重点问题：你和你的朋友又是怎么互相帮助的呢？

2. 生活中的朋友

重点问题：除了幼儿园的好朋友，你还有哪些好朋友呢？

小结：是啊，无论是小朋友还是大人，也不管是人还是动物，都能成为形影不离的朋友，也正是因为我们心中装着这么多的友好，世界才会如此温暖。

大班

爱 心 树
（核心领域：语言）

活动设计：朱亦非（上海市浦东新区宣桥幼儿园）

设计思路

《3—6岁儿童学习发展指南》中提到，社会领域内容的核心价值在于引导幼儿学会共同生活，形成和谐的社会关系，促进其"社会性不断完善并奠定健全人格基础"。俗语也说"三岁看八岁，八岁定终生"，可见幼儿期间良好品德的培养是何其重要。社会学习可以融合于各种学习活动中，并有机地渗透于幼儿一日生活的各类活动之中。

本次活动，我选了绘本《爱心树》，这是一本富有哲理和深意的绘本，讲述了一棵大树和一个小男孩之间的深厚情感。通过开展绘本阅读，旨在引导幼儿理解故事内容，感受爱的力量，激发他们对身边人的关爱，从小学会感恩和关爱家人、关爱身边人，培养良好的社会性情感和社会交往能力。

活动目标

1. 阅读画面理解故事内容，尝试大胆清晰地讲述树和男孩之间发生的故事。
2. 感受大树对小男孩的付出与爱，萌发关爱他人及懂得要感恩的情感。

活动准备

1. 物质准备：每人一本绘本、课件、背景音乐。
2. 经验准备：丰富过去与树相关的经验，有与树玩游戏的经验。

活动过程

一、赏读封面，引出故事（设计意图：从故事的封面导入，激发幼儿想了解这个故事的欲望）

1. 回顾经验

导入语（播放PPT）：前段日子，我们了解了树的秘密、去观察了树，也和树玩了游戏，小朋友都跟树成了好朋友。

——谁来分享下你和树之间的快乐事？

小结语：从你们的分享交流中，我知道了你们和树成了好朋友，很多小朋友还想到了很多爱护树木、保护树木的方式呢。

2. 引出绘本

过渡语：今天我带来了一本和树有关的绘本，一起来看看吧。

——这本绘本跟我们以前看过的书哪里不一样？

（这本书有点特别，除了封面是绿色的，其余全是黑白色的）

3. 赏读封面（播放PPT绘本封面）

——说说封面上画的是什么？猜猜他们之间可能会发生什么事情？

——封面上嫩嫩的绿色给你什么样的感觉？

二、师幼共阅，理解故事（设计意图：通过不同的阅读方式让幼儿了解男孩和爱心树发生的事，从而能进一步理解故事内容）

过渡语：今天，先请小朋友来阅读这本书，看的时候，要仔细地观察画面，很多画面连起来就是一个故事。待会儿请你们说说，图书里讲的是谁与谁之间的故事，他们之间到底发生了什么事情。

1. 幼儿自主阅读（从开始看到"小男孩非常非常爱大树，大树很快乐"）

（1）提问一

——你觉得大树和小男孩之间的关系怎样？

——他们快乐吗？你从哪里看出来的？

——大树给了小男孩哪些乐趣？

（2）师幼共同小结

——小男孩在大树身边可真幸福啊，无聊的时候，小男孩采集树叶当王冠，爬上树干，在树枝上荡秋千，同大树捉迷藏；肚子饿的时候，大树给他吃果子；玩累了，大树让他躺在自己身上。

（3）提问二

——小男孩很爱这棵大树，大树觉得怎么样？

2. 幼儿自主阅读（从"时光流逝"一页到最后）

（1）阅读后交流

——后来，大树和小男孩之间发生了什么故事？

——最后大树变成了什么？以前很茂盛的大树，最后怎么会只剩下一个树墩呢？只剩下树墩的大树心情怎么样？

——看到这里,你们的心情怎么样?为什么?

(2)小结(略)

3. 结合PPT重点共同阅读故事的后半部分

教师提问如下:

——大树怎么会只剩下树墩的?小男孩用大树做了几件事?

——大树什么时候最快乐?最后它变成一个矮矮的树墩了,为什么还是那样快乐?

4. 讨论对爱心树和小男孩的看法

——你觉得这是一棵怎样的树?如果我们来给大树取个名字叫它什么树呢?

——我们就叫它爱心树,从哪些地方可以看出来它很有爱心?

——你觉得这个小男孩怎么样?

——你喜欢故事里的谁?请说说理由。

——假如你是这个小男孩,在大树孤独寂寞的时候,会怎么做?

5. 完整欣赏一遍故事(结合动画)

提问:听了这个故事,你的心情怎么样?为什么?

三、拓展延伸,提升情感(设计意图:萌发幼儿关爱他人及懂得要感恩的情感)

师:孩子们,在生活中,有谁也像这棵爱心树一样给你快乐,给你幸福,给你爱心呢?老师设计了一张表,下次,我们再来交流吧。

甜甜的爱心调查表

班级:　　　　　　姓名:

他们为我做的事情?	我为他们做的事情?

大班

叨来的收获

（核心领域：语言）

活动设计：叶金频（上海市浦东新区南六幼儿园）

设计思路

《小狗叨叨》是红柠檬国际大奖的第一季绘本，作者卡布雷拉，由安徽少儿出版社出版，讲的是一只流浪狗因获得了罗莎的帮助而不停地帮助别人的故事。其实最打动人的是绘本最后的那篇文章《给予也是一种获得》。大班学习主题"动物大世界"也有了解动物、保护动物的内容和要求，因此希望孩子们不仅能发自内心地表达自己对别人、对动物的善意，还能自然地、真心地给予流浪的小动物或者其他人帮助而不去索要所谓的回报。这种乐于帮助别人的品质于孩子们自己才是真正的收获。于是我有了设计"叨来的收获"活动的理由和依据。

"叨来的收获"需要孩子表达出阅读作品的主要内容，并且对看过的图书说出自己的看法，对于大班年龄段的孩子学习与发展语言领域的目标是一致的。整个活动需要孩子们通过观察单幅、连续多幅画面和自主阅读、排序图片来充分理解故事中要传达"给予是一种收获"的寓意，在阅读中去感受动物与人之间的情感，体会并萌发愿意付出与给予的情怀。对马上要步入小学的孩子来说，他们的社会观正逐渐丰满，这种能发自内心地表达自己对别人、动物的善意，给予别人帮助而不去索求回报的情感，为孩子们成为一个真正的社会人奠定着情感基础。最后联系生活实际表达自己的想法，让阅读的内容与实际生活形成链接，真正学以致用，获得终身受益的品质。

活动目标

1. 仔细观察单幅或连续画面，根据故事情节的顺序排列图片，能充分表达自己对故事情节发展的理解。

2. 感受叨叨和罗莎、小镇居民之间的情感，体会给予也是一种获得，初步萌发愿意付出与给予的情怀。

活动准备

1. 物质准备：PPT课件、《小狗叮叮》图书10本、故事情节的图片、展板、视频（匿名英雄）。

2. 经验准备：幼儿有"动物大世界"主题经验，对救助流浪动物有一定的了解，帮助别人有一定经验。

活动过程

一、出现主角，情境导入（设计意图：在此引导幼儿认识主角，激发幼儿阅读的兴趣）

1. 出示寒冷的雨夜，小黑狗单幅画面

重点问题：这是今天故事的主人公小黑狗，瞧，它遇到了什么困难？

2. 小结：小黑狗慢吞吞地徘徊在幽暗的街道上。它好累，好饿，迷路了。

过渡提问：如果你遇到了它你会怎么做？

二、分段阅读，阅读理解（设计意图：使用多种阅读方式，鼓励幼儿表达对故事的理解，体会互相给予和获得的情感）

情景：（PPT画面背景音乐）和你们一样善良的罗莎在垃圾桶旁发现了小黑狗。"你肯定冻坏了。"罗莎转身向家里边跑边喊，"妈妈，妈妈！"

接下来看看罗莎一家是不是像你们一样会给小黑狗帮助呢？

（一）集体阅读

1. 出示单幅画面

重点提问：罗莎一家是怎么对待小黑狗的？没有罗莎一家的帮助小黑狗会怎么样？

过渡：罗莎给予了小黑狗帮助，看看小黑狗会怎么做？

2. 出示连续画面

重点提问：小黑狗为罗莎一家做了什么？叮叮为什么要帮罗莎一家叮东西？

小结：小黑狗开始为罗莎一家人做了很多事，还获得了一个有趣的名字——叮叮。或许罗莎的善意帮助，让她多了一个特别的小帮手。

（二）自主阅读

过渡语：没过多久，叮叮就成了整个小镇的好帮手。请你来读读这本书，看看叮叮在这一星期里面帮助小镇居民做了哪些事。（幼儿自主阅读）

1. 出示周一至周五提示板

操作提问：你们能将叮叮帮助人们的图片，对应放到这一周的时间里面吗？

（师幼共同验证）

过渡：周一叮叮帮邮局的木木先生递送报纸……人们获得小狗叮叮的帮助，"要是没有你，我们可怎么办啊？"小镇的人们都说。

追问：叮叮没有受到小镇居民的帮助，为什么它还要帮助他们呢？

小结：或许叮叮和罗莎一样喜欢帮助别人，它也觉得帮助别人是一件快乐的事。

过渡：有一天，叮叮真的不见了，小镇的人们开始思念它，找遍小镇的每个角落，叮叮会去哪里呢？

2. 出示小狗叮叮和甜甜还有它们孩子画面

重点提问：叮叮出现了吗？带给了人们一个怎样的惊喜呢？

小结：小狗叮叮回来了，带来了它的伴侣甜甜和它们的孩子。人们除了惊喜还为它们祝福。

（三）完整阅读

1. 出示故事封面

过渡：这个故事的名字就叫《小狗叮叮》，让我们把这个暖心的故事完整地听一听，感受一下给予和获得。

2. 出示心悦思考画面

提问：你最喜欢故事里的谁？

小结：你们喜欢他们，是因为他们给予别人关爱或帮助，同时也在获得帮助、惊喜和祝福。

三、联系实际，情感迁移（设计意图：在此联系实际，拓展经验，萌发幼儿付出与给予的情怀）

1. 联系实际，回顾以往

重点提问：你帮助过别人或者其他小动物吗？感觉怎么样？

你有什么获得？如果没有获得你还会去帮助别人吗？

小结：我们给予别人帮助或许没有人知道，但我们给予帮助就是不一样的获得，我们善良、开心、友爱，我们的心里是暖暖的。

2. 拓展经验，情感升华

过渡：不仅是我们，其实我们身边有很多人都在给予别人帮助，帮助亲人、同伴、朋友，甚至是不相识的人。（播放视频）

小结：因为无论是动物还是人，在给予别人善意和帮助的同时，也会收获更多的善意和快乐。

大班

花 婆 婆

（核心领域：语言）

活动设计：王玉英（上海市浦东新区靖海之星幼儿园）

设计思路

在大班主题活动"春夏和秋冬"开展中期，我在班级语言区提供了图画书《花婆婆》。自由活动时间，常常会发现有孩子认真地翻阅图书，一段时间后甚至发现有孩子会主动邀请同伴一起翻阅这一图书，孩子们也时常会聚集在一起，有的针对某一画面交流讨论，有的用绘画的方式记录表达自己的发现……

我意识到这是一个很好的集体学习活动素材，图画书《花婆婆》不仅以其美好的画面和唯美的故事打动着孩子们，同时也符合"春夏和秋冬"主题的核心经验——关注四季的明显特征、了解季节与人们生活的关系等认知与能力、情感与态度的要求，为此，我结合主题设计了本次集体学习活动。

本活动试图让幼儿在观察、欣赏、解读故事画面的基础上，在《花婆婆》美好的情感氛围中，理解"做一件让世界变得更美好的事情"的含义。

活动目标

1. 欣赏故事，理解"做一件让世界变得更美好的事情"的含义。
2. 在仔细倾听的基础上，大胆表达自己的想法。

活动准备

1. 物质准备：《花婆婆》的PPT、《花婆婆》图书。
2. 经验准备：童谣《四季花开》。

活动过程

一、导入引发兴趣（设计意图：激发幼儿对故事的兴趣和期待，引导幼儿情绪渐渐投入）

导入语：今天我带来一个故事，（出示PPT）《花婆婆》。

重点提问：花婆婆可能是个什么样的人？花婆婆可能是做什么的？

过渡：花婆婆到底是做什么的？我们一起听听故事。

二、欣赏理解故事（设计意图：在欣赏故事的过程中理解"种花能让世界更美好"）

（一）欣赏理解故事第一部分

1. 播放录音，幼儿欣赏理解

重点提问：小女孩答应爷爷要做哪三件事？

小结：到世界各地去逛逛（就是去旅行）……在海边住……做让世界变得更美好的事情……

2. 讨论

重点提问：你们觉得做什么事情能让世界变得更美好？

过渡：小女孩是怎么做的呢？

（二）欣赏理解故事第二部分

1. 教师讲述，幼儿欣赏理解

重点提问：小女孩说过的三件事情完成了吗？

追问：小女孩想到了什么很棒的点子？

小结：小女孩想，如果海边开满了鲜花，世界一定变得更美好；如果海边一年四季都开满鲜花，世界一定变得更美好。

2. 讨论

重点提问：小女孩想一年四季都有盛开的花朵，该怎么办呢？

追问：一年四季（春、夏、秋、冬）分别都有哪些花呢？

运用童谣《四季花开》的方式进行小结。

（三）欣赏理解故事第三部分

重点提问：现在你们都知道了吗？为什么叫花婆婆？（头发全白、不停地种花）

小结：花婆婆在你们的提醒帮助下，种下了一年四季的花，让世界变得更美好。

三、说说美好的事情（设计意图：深化"美好的事情"，让幼儿拥有一个短暂或许是永久的理想）

重点提问：你觉得做什么事可以让世界变得更美好呢？

小结：你们已经知道了做一件让世界变得更美好的事情。请你记住这件事情，努力去完成这件事情。等你们长大了，世界因为有了你们而会变得更美好！

大班

彼得的椅子
（核心领域：语言）

活动设计：赵倩（上海市浦东新区彭镇幼儿园）

设计思路

《彼得的椅子》是一个以"长大和分享"为主题的故事，虽然故事围绕妹妹的到来展开，但故事中比起接纳，更关乎成长中的分享，传递了一种分享快乐的情感。随着二孩、三孩政策的开放，班级中大部分孩子家里都有着弟弟、妹妹、哥哥、姐姐，他们也在经历着成长中的分享问题。此故事内容与现阶段我班幼儿的发展经验相适合，在内容上，又与大班主题"我自己"有契合点。因此，我以绘本中"彼得离家和返家"的情感变化为主线，引导幼儿通过观察，理解感知长大的变化，让幼儿在交流讨论中理解成长的意义，感受爱和分享的美好。

活动目标

1. 观察绘本内容，理解彼得离家和返家的心理变化。
2. 愿意与同伴交流分享自己小时候的物品和记忆，体会长大的美好。

活动准备

1. 物质准备：PPT（重点画面）、幼儿绘画记录自己长大的变化。
2. 经验准备：幼儿前期读过绘本。

活动过程

一、回忆绘本内容，解读封面（设计意图：学习活动前，幼儿已经熟悉图书内容。通过封面解读，让幼儿回忆绘本内容，快速聚焦到彼得离家出走的情节）

长大的彼得

提问：我们最近看了一本书，还记得叫什么名字吗？

重点提问：封面上发生了什么事？他离家出走时带了什么东西？

小结：原来彼得离家出走了，把小时候的照片、鳄鱼玩具，还有蓝色的小椅子一起带走了。

二、观察重点画面，梳理小椅子线索（设计意图：通过幼儿观察，并以思维导图的形式呈现线索，让幼儿感受爸爸妈妈对彼得的爱，深入理解彼得离家和返家的心理变化）

1. 离家出走的彼得

提问：彼得离家出走时的心情是怎么样的？你是从哪里看出来的？（引导幼儿观察关键画面中彼得的动作。）为什么他会不开心？（引导幼儿从彼得的角度出发，体会彼得的心理。）

小结：是的，就像你们说的一样，彼得很不开心，因为彼得的东西都变成了粉色，都被送给了妹妹，只剩下小椅子是蓝色的，他觉得自己好像已经失去了爸爸妈妈的爱，所以他带着这把唯一还属于自己的蓝色小椅子离家出走！

2. 彼得的椅子

提问：离家出走后又发生了什么事？想坐的时候出现了什么问题？他坐不下这把蓝色小椅子，他又干了什么事情？

追问：为什么最后彼得又会和爸爸一起把椅子漆成粉色的？

过渡：彼得想坐进小椅子时，发现自己长大了，坐不进去了，于是他明白了小时候的这些东西已经不适合他了。

重点提问：你觉得爸爸妈妈有了小妹妹后真的不爱彼得了吗？你找到哪些线索证明爸爸妈妈还是爱着彼得的？那现在他的心情还和之前离家出走的心情一样吗？

小结：彼得回家了，他长大了，知道爸爸妈妈始终爱着自己，自己也知道了要爱自己的妹妹，心情也变得很开心，愿意把自己的东西分享出来给妹妹用了。

三、联系生活，分享交流（设计意图：通过交流分享，让幼儿对自己、对同伴进一步认知，体验分享与爱所带来的快乐，并意识到长大是一件美好的事情）

1. 出示幼儿的绘画作品，交流分享

书里的彼得长大了，知道做哥哥的责任了。小朋友们想一想，你认为自己长大了吗？请分享一下你的故事吧。

2. 出示幼儿长大可以做的事情的照片

小结：我们长大了，有些小朋友长高了，很多衣服都穿不下了，就分享给弟弟妹妹；有些小朋友学习到了更厉害的本领，有了更多、更广的兴趣爱好；还有些小朋友能够照顾别人了，做一些力所能及的事情。长大是一种自豪，一种责任，长大会给我们带来快乐。

大 班

收集东 收集西

（核心领域：语言）

活动设计：沈嘉敏（上海市浦东新区馨苑幼儿园）

设计思路

活动在大班下学期开展，以"收集"为中心话题，借助画面由浅入深、由此及彼地讨论"收集"，这是比较符合这个时期的幼儿思维方式的。话题从他人、自然界、母亲等方面诠释了"收集"的广泛意义，有助于启发大班孩子从多角度思考问题。另外，这个活动对于幼小衔接的渗透开展，也可以视为是幼小衔接系列性活动的开端。我在作品的基础上，基于孩子的情感积淀，延伸到师生情谊的呈现，激发出孩子对幼儿园生活美好的怀念与深深的留恋之情，让幼儿感受"收集"源于"珍惜"情感的活动。最后，通过"离园前收集"计划，让孩子将这种情感具体化，使"收集"变得更有意义。

活动目标

1. 理解"收集"的含义，感受收集中蕴含的美好情感。
2. 寻找画面中事物间的联系，并能根据事物的特点进行合理联想。

活动准备

1. 物质准备：相关PPT、绘本图片、字卡：收集。
2. 经验准备：了解"收集"的含义。

活动过程

一、聊聊我们的收集（设计意图：理解收集的含义，感受收集能带来快乐）

出示字卡"收集"

提问1：你知道什么是"收集"？

提问2：你想收集什么？（一起说吧）

小结：收集就是将你喜欢的东西放到身边，保存起来。看来我们每个人想要收集的东西都不一样。不过，想到收集，总会让我们感到快乐。

二、阅读——看看身边的收集（设计意图：理解画面所表达的意思，发现画面中事物间的联系，感受收集中蕴含的美好情感）

过渡：对了，今天我还带来了一个故事，在这个故事里藏了许多和收集有关的有趣事情，让我们一起来看一看吧。

（一）解读封面

提问：在这本书的封面上你看到了什么？

小结：封面上有故事的名字、收集的零碎的东西和一双勤劳的手。

（二）阅读图书1—4页

1. 老师叙述故事：故事"收集东收集西"。收集东收集西，妹妹喜欢收集什么？妹妹喜欢收集花花衣。收集东收集西，哥哥喜欢收集什么？哥哥喜欢收集玩具车。收集东收集西，奶奶喜欢收集什么？奶奶喜欢收集大大小小的拖鞋。收集东收集西，清洁工伯伯喜欢收集什么？清洁工伯伯喜欢收集很多很多的垃圾。

2. 提问：故事听到这里，你听到哪些人喜欢收集？他们喜欢收集什么？

妹妹喜欢收集什么？妹妹为什么收集花花衣？

哥哥喜欢收集什么？哥哥收集到了这么多玩具车，他的心情是怎样的？

奶奶喜欢收集什么？为什么收集这些东西呢？

你们有喜欢垃圾的吗？为什么清洁工伯伯喜欢收集垃圾呢？

3. 小结：原来收集就是一件幸福的事情，有的人忙着收集是为了自己快乐，有的人忙着收集是为了爱，有的人就很伟大，他忙着收集是为了造福人类。

（三）继续阅读

过渡语：这真是一个有趣的故事，在故事后面还有一些特别的朋友，他们收集的爱好也值得我们去了解。

1. 幼儿继续阅读

提问：还有哪些朋友也在收集？

乌鸦收集的东西有一个共同的特点，是什么？有哪些？你还知道哪些亮闪闪的东西？

大海喜欢收集什么？

2. 游戏：玩一个大海喜欢收集的游戏

规则：老师来做大海，我来问你们：收集东收集西，大海喜欢收集什么？你来做大海身边的宝贝。如果大海喜欢你，就会把你收集起来，跟在大海的身边。但是要听仔细，别人说过的你就换一个说。

幼儿抱一抱，感觉在一起的温暖和快乐。

春天：春天收集了什么宝贝呢？

3. 游戏：春天收集PK赛

规则：1. 椅子分成了两组，两组小朋友讨论一下，春天喜欢收集什么。

   2. A组、B组轮流发言。

4. 小结：你们为春天收集了许许多多的东西，只要有一双会观察的眼睛，去观察你的周围，你就会收集许许多多的快乐。

三、移情——感受收集的美好（设计意图：通过故事中收集带来的美好，将收集放进自己的生活，感受收集的美好）

  今天这些时间里，我们玩了两个游戏，一个故事，也是一份快乐的记忆，请你把这个美好的记忆收集在自己的心里。每天晚上，你可以想想心中收集了多少值得回忆的快乐事，收集了多少充满爱的故事，相信你收集的美好会越来越多。

大班

我不想生气

（核心领域：语言）

活动设计：沈嘉敏（上海市浦东新区馨苑幼儿园）

设计思路

在现实生活中，班级里经常会出现不满的声音，"我们不要跟她玩了，她太小气了""老师，我不让他玩我的玩具，他就哭了""老师，他老弄我"……面对此起彼伏的告状，我觉得对大班的孩子来说，是时候让他们去理解自己、了解同伴，学会自我的情绪控制和调节，准确处理同伴之间的矛盾。所以，我酝酿着设计本次活动，使用绘本故事《我不想生气》中，一只小兔子的情绪旅程：生气的表情—生气的动作—不生气的办法，从一连串的故事情节中去层层挖掘，从而迁移到实际生活中，让孩子们明白，每个人都会生气，重要的是要知道生气的时候该怎么做，从而学会自我调控情绪及准确处理同伴之间的问题。

活动目标

1. 仔细观察画面细节，初步尝试在自主阅读基础上归纳故事中相同的情节点。
2. 了解缓和生气情绪的方法，感受调节情绪的重要性。

活动准备

1. 物质准备：图书PPT、小图书《我不想生气》人手一本、记录表。
2. 经验准备：幼儿在生活中能表达喜怒哀乐，对自我调控有一定的了解和认识。

活动过程

一、观察解读封面（设计意图：解读封面，了解故事的名称和主要人物）
1. 出示小兔
提问：小兔菲菲怎么了？你从哪里看出来的？

小结：原来从一个人的表情、动作可以看出他的心情是怎么样的。

2. 出示故事名字：我不想生气

小结：原来菲菲是一只不想生气的兔子，可偏偏发生了很多事情让它很生气。

二、阅读理解故事（设计意图：仔细观察画面，初步理解故事情节，知道小兔生气的原因以及生气的表现）

过渡语：那么到底是怎么回事呢？让我们一起来看看这本小图书吧。

1. 第一次带着问题自主阅读

要求：一页一页往后翻，仔细看清楚小兔菲菲在干什么。

2. 幼儿自主阅读，教师个别指导

3. 第一次共同阅读

提问：小兔菲菲在干什么？

追问：

（1）小兔菲菲的心情是怎么样的？小结：原来小兔菲菲生气的时候会……

（2）遇到这样的事情，小兔菲菲的心情会是怎么样的？小结：原来别人做了……，所以小兔菲菲生气了。

4. 小结

原来这本小图书说了这么多关于小兔菲菲的事情，让我们一起再来看一遍。

5. 师幼共读至第10页

过渡语：小兔菲菲为了不让生气的大火球烫伤自己，就想了很多办法让自己不生气。接下来就请你们去书里找找小兔菲菲想了什么好办法，把这些办法记下来。

三、完成记录表（设计意图：大胆讲述自己对画面的理解，初步尝试在自主阅读基础上归纳故事中相同的情节点）

1. 解读记录表：记录表上第一张图表示菲菲生气了，第二张图表示菲菲不生气了，箭头表示菲菲一开始是生气的，后来不生气了。请你们到书上去找找小兔菲菲想了什么办法让自己不生气，把它记在中间这个空格里。

2. 第二次有目的地阅读小图书并尝试着进行归纳记录。

3. 分享交流。

小结：小兔菲菲真能干，想了这么多好办法，其实让自己不生气的办法还有很多，请你们回去再想一想，然后把你的好办法也记录下来。